重庆城市管理职业学院2023年校级高等教育教学改革研究项目

《讲好新时代城市治理成就——高职城市管理类课程思政教学创新与实践》

（项目编号2023jgkt012）

城乡基层治理观察

崔慧姝 / 等著

天津出版传媒集团

天津人民出版社

图书在版编目（CIP）数据

城乡基层治理观察 / 崔慧姝等著. -- 天津 ： 天津
人民出版社，2025. 4. -- ISBN 978-7-201-21078-0

Ⅰ. D625

中国国家版本馆 CIP 数据核字第 20252VJ252 号

城乡基层治理观察

CHENGXIANG JICENG ZHILI GUANCHA

出　　版	天津人民出版社
出 版 人	刘锦泉
地　　址	天津市和平区西康路35号康岳大厦
邮政编码	300051
邮购电话	(022)23332469
电子信箱	reader@tjrmcbs.com

策划编辑	郑　玥
责任编辑	佐　拉
装帧设计	汤　磊

印　　刷	天津新华印务有限公司
经　　销	新华书店
开　　本	710毫米×1000毫米　1/16
印　　张	20.75
插　　页	2
字　　数	204千字
版次印次	2025年4月第1版　2025年4月第1次印刷
定　　价	98.00元

引论 走好中国城乡基层治理现代化之路

长期以来,国内基层治理研究尤其是城市治理研究的相关专著和教材主要围绕"城市管理学""市政学""公用事业管理""社区建设与管理""基层治理""乡村治理"等话题,其内容构成呈现出明显的"照搬化""割裂化"特征。这些论著所述理论和案例,基本取自欧美城市治理领域中的理论与实践,每个部分都有与之相对应的欧美"蓝本",拼凑痕迹较为严重,已然成为各种域外知识的"集散地"。相关论著的内容安排规律首先是抽取欧美城市治理领域教学与研究中的各种理论界说,然后隐去这些理论的欧美各年代背景和当地案例,再用中国式的思维和语言重新编排起来,如此就构成了在中国进行城乡基层治理研究和教学的普遍做法。

显然,由于"西式"城市理论中的各种流派及介说,皆生发于异域的制度框架、时代背景、风土人情之中,"先天"就与中国的城乡基层治理现实格格不入。比如,欧美城市治理中所青睐的城市自治、社区自发、居民自立,就明显不符合中国国情与市情乡情。这一状况致使相关论著对部分知识的阐述非常生硬,阅读的体验也不好,尤其是难以使人体会到中国城乡基层治理进入新时代以来所取得的显著优势和巨大成就。

其中最为明显的一大反差就是,欧美城市治理领域的教研过程中,充斥着各种华丽的理论流派、学理介说,但对自身基层治理实践中长期存在的贫富差距、居住隔离、暴力犯罪、公用设施陈旧等问题避重就轻甚至视而不见,这些纷繁复杂的理论早已成为"空中楼阁",长期脱离民众的具体生活。针对欧美城市治理在其所大肆宣扬的自由度、个性化表象之下,所隐含的利己性、商业化、逐利化的倾向和教训,有必要通过阐述中国城乡基层治理现代化所坚持的人民性和社会性,尤其是在显著提高人民群众工作生活的便捷程度、日常品质等方面的种种功绩,推动实现理论阐释与实践成就的同步进阶。

城乡治理现代化是整个中国式现代化宏大体系中的关键内容。习近平总书记一直很关心城乡基层治理工作,多次对如何推进实现城乡基层治理体系和治理能力现代化作出重要指示,提出了"要牢牢坚持以党建为引领,健全完善党建引领、统筹发展、协同高效的城市治理工作格局,把党的领导贯穿于城市治理全过程、各方面""人民城市人民建、人民城市为人民""探索具有中国特色、体现时代特征、彰显我国社会主义制度优势的超大城市发展之路""要树立全周期管理意识,加快推动城市治理体系和治理能力现代化,努力走出一条符合超大型城市特点和规律的治理新路子""城市治理是一项系统工程,需要坚持系统观念、运用系统思维、推进系统治理""城市管理应该像绣花一样精细""让城市更聪明一些、更智慧一些""建设城市大脑,走智慧城市发展之路"等一系列精辟论断。

在习近平总书记关于基层治理重要论述的科学指引下,中国城乡基层治理现代化工作取得了举世瞩目的巨大成就。中国正在面对人类历史上最大规模的城乡基层工作,拥有世界上最庞大、最复杂的城乡基层体系,群众的生活与工作几乎都与城乡基层治理存在着千丝万缕的联系。中国城乡基层治理现代化的方方面面,亦在此过程中实现了日新月异的进阶。这就使得城乡基层治理领域的理论研究工作，成为观察中国式现代化道路的一个极佳的着力点，要主动、及时地展开学理化提炼和沉淀，又好又快地实现专业优势与思政教育的全方位水乳交融。

扎根"中国大地"，紧紧围绕"中国议题"，立足探求中国城乡基层治理的"真实世界"，才是中国城乡基层治理领域学术研究及课程教学的使命和生命力所在。中国城乡基层治理现代化实践取得了丰硕成果，在"管城理乡"的各个阶段和领域，确有自己一套独创性的东西，是一个品类齐全的教研富矿，需要系统地加以挖掘。中国城乡基层治理在各个不同阶段所应用的特色机制，以及在各个领域所取得的可观进展，如"党建引领社区治理""网格化管理""数字政府""智慧城市""数字下乡""基层安全风险防范化解""全周期管理"等，都为城乡基层治理领域的研究和教学提供了丰富的素材。

对于身处高密度海量信息环境中的社会群体，很有必要向他们及时、清晰地传达党和国家治理城市的新动态新进展，助力其全面、深入地了解中国城乡基层治理方案的来龙去脉，消除各式各样的噪声和杂音，对纷繁复杂的现实环境形成理性认知。其中，尤其是通过助推青年群体更好地将专业学习、思想价值、实践运用有机融为一体，增进青年群体对中国城乡基层治理现代化成就的了解和内化，引导他们形成正确的专业观、职业观和社会观。在中国风格和中国气派的城乡基层治理现代化故事讲述的过程中，把城乡基层治理现代化的"中国成就"讲明、"中国智慧"讲透、"中国故事"讲好，全方位增强城乡基层各群体的专业方位感、职业荣誉感、工作获得感。

本书选择了在城乡基层治理研究过程中，专门以新时代中国城乡基层治理进阶之路为研究对象，尝试讲述好新时代中国城乡基层治理的各项成就，彰显专业课教学的鲜红底色、育人特色和时代亮色。通过将红色与专业、校园内外要件、经典与热点汇聚相融，达成要素累积后的复合效应和绩效倍增，创建形成一体化的"大课程大讲堂"，使社会各界通过学习中国城乡基层治理在新时代各个领域的成就和特质，全面而深刻地领会到新时代中国城乡基层治理的制度优势与治理效能，坚定对"中国智制"和"中国智治"的信念。

目　录

第一章　城市社区网格化治理观察

第一节　网格化治理对于城市社区的重要意义

一、理论意义

首先,丰富和完善基层党建引领社区治理的理论体系,在城市化进程的推进中,社区扮演着至关重要的角色。随着中国特色社会主义新时代的到来,社会主要矛盾的转变促使社区居民的利益表达趋向多样化和高端化,进而加剧社区治理的复杂性与挑战性,迫切需求创新理论与方法的引入,以驱动治理效能的飞跃。在此背景下,基层党建引领下的社区网格化治理模式应运而生,并展现出蓬勃的发展态势。基层党建不仅为社区治理指明了前进的方向,还为其注入了发展的动力与创新的源泉。因此,深入探究社区基层党建如何有效引领城市网格化社区治理的实践路径与内在机制,不仅能够为社区治理模式的创新开辟新路径,还能进一步丰富和完善基层党建引领社区治理的理论体系。

其次,构建了网格化治理的理论分析框架。当前,网格化治理的实际应用已显著领先于其理论体系的发展,使得面对社会善治的需求时,出现了理论支撑不足和逻辑根基不稳的问题。特别在阐释网格化治理的结构成分并作用于治理机制的效果时,现存理论显得力不从心。鉴于网格化治理实践与理论脱节的现状,本书采取结构功能主义的视角,深度探究社会善治追求下,网格化治理系统中结构与功能的实质演变,为深化理论分析开辟新路径。

再次,在当前中国治理理论蓬勃发展的背景下,对基层治理领域的学术挖掘日益深化。在推进中国特色社会主义制度下,地方治理的实践创新已经成为公共管理学科的一块热土,吸引了众多学者的目光。鉴于"加快推进国家治理体系和治理能力现代化"的紧迫要求,网格化治理不仅映射了当前治理实践的前沿趋势,更是社会科学中一个充满活力的研究方向。作为一项在全国广泛实施的基层治理创新,网格化治理模式虽然已经在各地落地生根,但其理论内涵与潜在的研究价值仍有待进一步挖掘。以此模式为切入点,深入探索基层治理的机理,不仅能够帮助我们更加立体地把握地方治理的多元面貌,还能为地方治理理论体系的构建注入新鲜血液。

最后,本书以H区为研究对象,对其党建引领网格化社区管理工作进行深入剖析,梳理分析社区网格化治理过程中存在的具体问题,深刻探究问题原因,提出以公众需求为导向,提供精细化、个性化的公共服务为路径的解决方案。探讨政党社会化的策略构建与实现路径,聚焦于网格化党建模式,强调基层党组织的深度参与,深化基层党建理论体系,拓宽当代政党融入社会治理的理论疆域。通过系统梳理社区网格化党建的实践经验,力求在理论维度上提炼出可借鉴的规律性认识,从而为推动社区治理向更加科学化、精细化方向发展,提供跨领域、多维度的理论支撑与启示,丰富社会治理理论内涵,为研究基层社会治理问题提供素材。

二、现实意义

首先，提升基层党建对社区网格的治理能力，为 H 区社区基层治理体系的完善贡献了可操作的建议。通过深入剖析当前社区治理的现状，揭示了治理架构中的不足与挑战，并挖掘其成因，据此提出了一系列富有针对性的策略与建议，旨在优化党建引领下的社区网格化治理架构，从而加固网格化治理的体系根基，提升治理效能与执行力。通过对网格化治理模式的研究，不断丰富网格化研究成果，发挥网格化横向到边，纵向到底的治理作用，从而创造出一个以科学和技术为支撑的新秩序，为实现社会基层治理现代化，推进国家基层治理体系和基层治理能力现代化提供重要支撑。

其次，丰富党建引领社区网格化治理的实践经验，尽管 H 区的网格化治理机制在党建引领下已初具雏形，但仍面临党建引领力量不够强劲、在具体实施层面存在引领效应不足、治理任务执行不力等瓶颈。本书旨在通过系统性研究，提升基层党组织强化自我建设能力，更有效地发挥其引领效能，推动 H 区社区网格化治理向高质量发展迈进，确保每个网格得到精细治理，全面提升服务社区居民的效率和能力，增强城市基层党建引领社区网格化治理的成效。

最后，通过对 H 区网格化治理情况进行实地调查及访谈调研，从基层治理视角出发，梳理网格化治理在基层治理应用过程中存在的不足，深入其背后作用机制进行研究，明晰网格化治理功能发挥的条件，理清管理与自治之间的界限，明确供需不平衡的资源配置问题，提出有效的对策建议，这对于提高城市社区治理水平、推动数字化和信息化建设、促进社会和谐稳定发展、优化公共服务供给和完善社会基层治理体系等方面都具有重要的现实意义，从而进一步提升基层治理能力，也为其他地区应用网格化治理提供参考和借鉴。

第二节　相关研究综述

一、国内相关文献

(一) 党建引领社区治理

在当前的政治学研究领域中,对于党建引领社区治理这一主题的探讨被归纳为三个主要方向。首先,解析党建引领社区治理的核心理论框架和本质特征。其次,探究党建引领在社区治理中的角色与功能,以期明确其在社会管理结构中的定位。最后,通过对具体实践案例的分析,来考察"党建引领"模式在实际操作层面的路径与效果。此分类不仅体现了理论与实践的紧密结合,也反映了学术界对党建引领社区治理议题的全面关注,从理论阐释、功能剖析到实践探索,构成了一个系统性的研究体系。这种多维度的分析方法有助于深化对该治理模式的理解,并为其在未来的应用提供坚实的理论支撑和实践指导。

第一,从学术视角出发,学者们构建了党建引领社区治理的内在机理模型,旨在深化理解其核心构成与运作逻辑。曹海军认为,他提出社区治理的新主体架构应体现"一核多元"与"一核多能"的特性,强调以党的核心地位为中心,同时容纳多样化的参与主体。基于"凝聚党心服务民众"的理念,社区的政治引领力及为民服务的效率得以显著增强。[1]张冬冬的研究侧重于理论与实践相结合,即党建引领与社区治理的相互促进机制。在他看来,城市社区治理实践中,已初步显现"一核多元"的体系特征,其中"一核"代表社区党委(或党总支)扮演的主导角色,而"多元"则涵盖了社区内的各类活跃

---

① 曹海军:《党建引领下的社区治理和服务创新》,《政治学研究》,2018年第1期。

主体,如居委会、社会组织、居民、物业、业委会及辖区内的企事业单位,共同构建了多元共治的社区生态。①周庆智聚焦于基层社会治理的多元协同机制,主张构建一个由政府、市场和社会三方面主体共同参与的治理格局。他描述的社会治理蓝图中,政府、企业以及包括社团、社区、社会工作者和社区企业的社会力量,形成"共建、共治、共享"的动态平衡,这反映了当下基层社会关系结构的特点及其演变趋势。②

第二,围绕党组织在社区治理中所扮演的角色,学者们深入探讨了其功能定位,旨在阐明党建引领在社会治理中的核心价值。孙柏瑛和邓顺平提出,党组织能够利用其独特的优势,有效吸纳社会精英、鼓励公众参与、整合社会团体,同时在塑造社会共识、弘扬社会主义核心价值观和提高公共服务质量上发挥引领作用。她认为,这些举措将有力地促进社会整合,从而显著增强社会治理效能。③吴新叶则从多个维度解读了"党建引领"的内涵,认为它应致力于构建"共建共治共享"的社会治理新模式,坚持以人为本的治理导向,优化社会治理效能,以及提升技术治理的能力。这种全方位的引领策略,旨在打造一个包容性更强、响应度更高的社会治理体系。④林尚立指出,基层党组织在社区治理中应担当起守护民众福祉与社会和谐的重任,通过强化组织建设和党员的社会融入,激发更广泛的社会政治参与。他强调,以党建引领基层治理,不仅是加强党的建设之需,更是推进政治文明进步的关

---

① 　张冬冬:《党建引领社区治理创新的理论和实践逻辑》,《毛泽东邓小平理论研究》,2019年第11期。

② 　周庆智:《基层党建如何引领基层治理》,《人民论坛》,2019年第10期。

③ 　孙柏瑛、邓顺平:《以执政党为核心的基层社会治理机制研究》,《教学与研究》,2015年第1期。

④ 　吴新叶:《党建引领社会治理的中国叙事——兼论国家-社会范式的局限及其超越》,《人文杂志》,2020年第1期。

键所在,体现了党在社会层面的积极介入与深远影响。①综上所述,学者们的观点凸显了党组织在社区治理中不可或缺的地位,以及党建引领在推动社会治理现代化过程中的重要作用。通过深化对这些功能定位的理解,可以进一步优化社区治理策略,实现社会和谐发展的目标。

第三,学者们依托理论分析,深入探究了"党建引领"在社区治理实践中的推动路径,旨在提炼有效的实施策略。王立峰和潘博主张,基层党组织应通过价值重塑、利益协调与结构优化,强化其在社区治理中的核心作用,以克服"去组织化"倾向。他建议,通过构建全面覆盖的网络体系来巩固党组织的权威地位,并倡导公益导向,促进多元主体之间的横向联动与合作,以此提升整体治理效能。②姜晓萍和田昭则强调,授权赋能机制是推动社区治理转型的关键。该机制要求将管理与服务的重心下沉至基层,激发组织及个体的内在动力,强化协同治理机制,同时注重管理与服务质量的提升。她认为,这将有效应对当前社区治理转型中的挑战,实现组织结构优化、主体能力增强、居民参与度提升、资源保障充足及可持续发展的目标。③段妍专注于研究党建引领下的社区治理如何达到精细化管理和智能化升级。她指出,运用"党建+网格联动"模式可实现社区治理的精准施策;"党建+数据平台"模式则助力信息整合与决策支持;而"党建+问题导向"模式确保了治理措施的针对性与实效性。这些模式的应用,极大地提升了基层治理的精准

① 林尚立:《社区:中国政治建设的战略性空间》,《毛泽东邓小平理论研究》,2002年第2期。

② 王立峰、潘博:《社会整合:新时代推进党建引领城市基层治理的有效路径》,《求实》,2020年第2期。

③ 姜晓萍、田昭:《授权赋能:党建引领城市社区治理的新样本》,《中共中央党校(国家行政学院)学报》,2019年第5期。

度和智能化水平,为社区治理现代化提供了有力支撑。[①]综上所述,学者们的分析不仅揭示了"党建引领"在社区治理实践中的多元化路径,还为提升治理效能、促进社区和谐稳定提供了理论依据和实践指导。

第四,一些学者从理论角度审视并反思了党建引领社区治理过程中存在的实际障碍,旨在通过理论与实践相结合,提出有效的治理策略。陈亮和李元指出,基层社会的分散化与流动性对党组织的直接介入构成了挑战,导致"引领"与"嵌入"难度加大,进而削弱了党组织的指导和动员效果。为此,他们建议构建多层次的联动治理网络,以及创建多元化的协商平台,以促进信息流通和共识形成,增强社区治理的协同效应。[②]杨妍和王江伟则认为,关键在于创新党建模式,通过重建社区治理权威、整合治理资源和提供优质服务,最大化发挥党建引领作用。他们强调,优化党建形式不仅能提升社区治理的效率和质量,还能增强社区凝聚力,实现治理目标的高效达成。[③]刘笑言的研究聚焦于城市区域化党建中出现的"内卷化"问题,即权责不清、创新乏力,以及社区参与主体间的疏远。她指出,要克服这一困境,必须赋予基层工作者、社会组织和普通居民更多的自主权,建立一个连接政府与民众的紧密互动网络。通过权力下放,激发社会力量的主动性和创造性,促使基层治理主体间形成真正的协同动力,从而打破"内卷化"的僵局,推动社区治理向更深层次、更高水平发展。[④]这些学者的分析与建议,为深化党建引领

---

① 段妍:《党建引领基层社会治理智能化与精细化思考》,《人民论坛·学术前沿》,2019年第20期。

② 陈亮、李元:《去"悬浮化"与有效治理:新时期党建引领基层社会治理的创新逻辑与类型学分析》,《探索》,2018年第6期。

③ 杨妍、王江伟:《基层党建引领城市社区治理:现实困境实践创新与可行路径》,《理论视野》,2019年第4期。

④ 刘笑言:《党治社会:区域化党建过程中的内卷化倾向研究》,《社会科学》,2020年第6期。

社区治理实践提供了宝贵的视角和可行方案,有助于构建更加高效、协同和创新的社区治理体系。

(二)城市社区治理机制

国内众多学者从不同角度对于社区治理机制进行研究,尹浩从制度、社区、技术三个层面赋权讲述了社区治理的赋权机制;[①]王升平认为社区治理创新的一般逻辑为"自治"与"治理"统一机制,服务与管理相互融合的机制,自上而下的压力型效应与榜样引导示范型效应相杂糅而生成的机制;[②]钱荷娣、冯国红提出新思路,即将社区教育融入社区治理机制中,建立人员统一,多元主体参与,规范制度,奖惩分明的可持续发展社区治理机制;[③]徐增阳、张磊认为社区治理机制创新最主要的就是社区公共服务精准化,社区公共服务中关系复杂问题繁多,如何做好精细化服务,提升社区居民满意度,是社区治理机制的关键;[④]管志利认为社区治理机制中的协商民主有其天然优势,社区治理最主要的就是基层政府工作的协商民主能力,其贯彻方方面面,在社区治理理念、制度管理、沟通洽谈、多主体参与都发挥重要作用。[⑤]

(三)社区治理趋势

经国内学者研究,社区治理未来发展的趋势可能是党建引领、网格化治理、多元主体参与等创新的社区治理模式。谢小芹认为党建引领是社区治

---

① 尹浩:《城市社区微治理的多维赋权机制研究》,《社会主义研究》,2016年第5期。

② 王升平:《我国城市社区治理机制创新的模式、逻辑及趋势——一种中观视角的考察》,《长白学刊》,2017年第1期。

③ 钱荷娣、冯国红:《社区教育融入社区治理的机制探索与路向思考——以宁波市江北区文教街道为例》,《职教论坛》,2018年第11期。

④ 徐增阳、张磊:《公共服务精准化:城市社区治理机制创新》,《华中师范大学学报》(人文社会科学版),2019年第4期。

⑤ 管志利:《城乡社区治理中协商民主的现实样态与机制建构》,《领导科学》,2020年第2期。

理的重要条件,在党的领导下,我们的社区治理才能长治久安,持续发展。[①]郑杭生、黄家亮认为随着科技进步信息发展,信息化网格治理是社区治理的发展趋势。[②]宗成峰认为,社区治理机制与"互联网+"将形成新的治理机制,主要体现在互联网能在社区治理方面给予技术支撑,信息平台及微信小程序等多种应用会让烦琐基层政府建设变得可视化,让人一目了然,智能化社区建设是"互联网+"带来的必然结果;[③]郝国庆认为,城市社区治理的趋势就是因地制宜,在完善的顶层设计下,充分发挥当地政府的创新治理能力,保障基层政府的公共服务效率和水平。[④]王轲认为城市社区治理的未来趋势就是加深多元组织合作共同治理的程度,增强政府公共服务的购买力,加快发展智慧社区力度。[⑤]

(四)网格化治理

首先是网格化管理到治理的转变,刘伟、王柏秀对转变内容和过程进行研究,具体包括治理理念、治理目标、治理功能、运行机制等多方面转变。[⑥]

其次是网格化治理的逻辑、理念。陈玉生认为社区网格化治理逻辑,原则是社区根本上是服务群众,而不是被行政事务耽搁,治理逻辑和社会逻辑

---

① 谢小芹:《党建引领城市社区治理的运行机制——基于H社区的扩展个案研究》,《求索》,2024年第4期。

② 郑杭生、黄家亮:《当前我国社会管理和社区治理的新趋势》,《甘肃社会科学》,2012年第6期。

③ 宗成峰:《中国"互联网+"城市社区治理:挑战、趋势与模式》,《城市发展研究》,2020年第10期。

④ 郝国庆:《城市社区治理创新的发展趋势与路径选择——以武汉市汉阳区社区治理模式为例》,《理论月刊》,2015年第12期。

⑤ 王轲:《中国城市社区治理创新的特征、动因及趋势》,《城市问题》,2019年第3期。

⑥ 刘伟、王柏秀:《国内学界的网格化管理研究:回顾、反思与展望》,《公共管理与政策评论》,2022年第1期。

相结合,注重"社会秩序""社会整合""社会修复"三方面;①张建、陈醉认为网格化社会治理不能离开法治化,安全性、可控性,这是法治化给社区网格化治理的重要保障,法治理念、法治体系、法治机制都是需要网格化社会治理去不断完善的。②

最后是关于网格化治理特点的研究。杨帆、章志涵提出政府调节网格化治理的自主性,在侧重综合执法和公共服务两种不同模式时可以自由切换,拥有政府"职能部门协同"和"政府—社会协同"两种网格模式,根据不同的客观因素,自主调整网格化治理模式;③武小龙认为"政党整合"从政治整合、组织整合、资源整合、技术整合四方面探讨城市社区网格化治理机制;④张现洪在浙江、江苏、广州三座城市开展案例研究,从经验视域下,探讨网格化治理与技术治理适配的模式与机制,总结得出,治理的本质还是需要多元主体的参与,目标是提升社区居民整体满意度;⑤沈迁提出要明确社区治理的责任,主要是建立街道社区治理体系,包括"管家网格体系""网格管家"等网格化创新实践。具体包括网格区域的划分,明确社区治理的责任,赋予"网格管家"权力,调动他们的积极性,使其真正下沉至社区,在发现问题时,具备处理问题的能力等网格化创新实践;⑥樊佩佩认为社区作为基层政府治

---

① 陈玉生:《细事细治——基层网格化中的科层化精细治理与社会修复》,《公共行政评论》,2021年第1期。

② 张建、陈醉:《我国网格化社会治理的实践逻辑及法理反思》,《云南师范大学学报》(哲学社会科学版),2022年第2期。

③ 杨帆、章志涵:《分类协同:基层政府主动调整治理关系的行动逻辑——以S市网格化管理为例》,《甘肃行政学院学报》,2022年第4期。

④ 武小龙:《城市社区网格化治理中的政党整合逻辑》,《内蒙古社会科学》,2022年第6期。

⑤ 张现洪:《网格化治理与技术治理适配的模式与机制》,《中南民族大学学报》(人文社会科学版),2024年第5期。

⑥ 沈迁:《重新明确治理责任:理解社区治理内卷化的一个分析框架——基于重庆市C街道网格化创新实践的考察》,《华东理工大学学报》(社会科学版),2023年第1期。

理的第一责任,在网格化治理过程中,政府各部门都会把工作安排至第一责任人,社区压力倍增,会影响其正常工作。社区还面临着要钱没钱,要人没人的处境,在面对多部门协同时,社区更多接受的是指令,而不是共同协商处理问题,并且社区网格化治理与社区基础工作相互杂糅,上级部门安排的事情要优先处理,会使工作紊乱,无法正常进行社区网格化治理。[①]

国内学者对网格化治理的理论和实践进行了多方面研究,在取得一定成效的同时,也丰富了理论内涵,但仍存在着理论与实践不相统一的问题。

二、国外相关文献

(一)政党与社会治理的关系

部分海外学者对中国政党与社区互动的模式给予了特别关注,他们对社区党建能否与基层民主形成互补和协同机制表示质疑。有学者指出,因地域差异导致的社区治理模式多样性,造就了政党与公民之间互动关系的复杂性。具体而言,社区与政党的关系形态受到治理方式的影响:在政府影响力较强的经济发达地区,社区治理通常凸显党组织的领导地位;而在推崇自治理念的欠发达社区,社区党建与社区本身呈现出一种相互依存的状态,平衡着集中控制与自我管理的双重需求。

美国学者奈斯比特对此有独到见解,他认为中国实行的是"纵向民主",即高层与基层之间存在双向沟通机制。在此模式下,上级部门在汇集并整合基层意见后,制定宏观政策,再由下级执行。执行过程中,基层机构根据实际情况灵活调整,上下级联动,共同推进政策目标的实现。[②]

---

① 樊佩佩:《责任下沉与治理悬浮:基层网格化治理实践何以"内卷化"?》,《贵州社会科学》,2023年第1期。

② [美]奈斯比特:《中国大趋势:新社会的大支柱》,魏平译,中国工商联合出版社,2009年。

从埃莉诺的视角来看,强化社区党组织的作用可能会压缩社会自治的空间,因此他们更倾向于倡导社区自我管理、服务与治理,主张利用社区独有的资源,让居民充分享受社区资源带来的福利。①古多什尼科夫则提出,尽管中国共产党在政治、社会和文化领域保持较高的集中度,但在特定情境下,通过适度的自治措施,能够促进政治和社会活动的独立性,激发各参与方的积极性,从而维护社会的和谐与稳定。②

这些分析表明,中国在政党与社会关系的处理上,既有集中的决策机制,也有适应地方特点的灵活性,通过这种结合,旨在构建一个既能反映民众意愿又能维持秩序与发展的社会治理体系。

(二)社区及社区治理

一般认为,现代意义上的社区研究发端于西欧,繁荣于美国,流行于发达国家,后来才蔓延至我国等发展中国家。1887年,德国学者滕尼斯的《共同体与社会》一书中,指出社区主要存在于乡村中,是人与人之间关系密切的社会团体。③随着学者们对社会治理的研究不断加深,社区概念的定义也在不断变化。直到十多年以后,美国学者把滕尼斯的"Gemeinschaft"译成"Community",才正式揭开了美国学界关于"Community"的研究,随着社会经济发展和科技的不断进步,国外对社区及社区治理的研究也更加深刻。

在国外,关于社区发展和定义的研究,涉及多个方面,其中既有理论的发展,也有治理的实践,不仅视角丰富,而且硕果累累。从社区的理念、实践结果以及社区参与主体等,国外学者都有比较全面的研究。美国学者博克

---

① [美]埃莉诺·奥斯特罗姆:《公共事物的治理之道》,余逊达、陈旭东译,上海译文出版社,2012年,第111~113页。

② 王洪树、郭玲丽:《回顾与展望:新时代中国政党制度国外研究述评》,《马克思主义与现实》,2020年第1期。

③ [德]斐迪南·滕尼斯:《共同体与社会》,张巍卓译,商务印书馆,1999年。

斯认为社区治理就是社区居民自治,"以人为本"的思想就是其社区治理的核心,这也实现了美国社区治理的差异化特点。[①]因此,虽然在国外,人们对社区治理的看法各不相同,但是"民主"却是每一位学者都要探讨的问题,人们普遍认为社区治理要以民主为基础,以人民群众为主体。美国在这一方面是典型代表,其在社区治理上有着丰富的经验,着重强调公民自治的主导地位,社区治理主要是以非政府企业主导,社区居民积极主动参与,市场化服务主体为辅助的治理模式。为解决社区治理问题提供新思路,并取得了不错的社会、经济效益。美国的社区治理模式可以概括为"以公民为中心的治理结构"。

(三)社区网络化治理

网格的概念来源于美国计算机领域,目的是实现动态多机构组织中的资源共享和协同问题解决。无缝隙政府是20世纪90年代美国学者拉塞尔·M.林登提出的,他认为"无缝隙组织是一种流动的、灵活的、弹性的、完整的、连贯的组织形态;以一种整体的而不是各自为政的方式提供服务;是以满足顾客无缝隙需要为目标的一种组织变革"[②]。无缝隙政府以顾客为导向、以竞争为导向、以结果为导向,被视为官僚机构开展的一场"政府再造"革命。无缝隙政府最大的特征就是打破了传统的部门界限和行业壁垒,促进信息共享和资源整合,从而提高政府部门间的横向协作能力,以应对公共管理领域中日趋严重的"合作困境"。城市社区网格化治理模式吸收了无缝隙组织结构的特点,以及立体式、全方位的服务方式,社区网格化治理模式被形象地比喻为"摸清社区的脉络",方便区域内的问题被彻底且及时地解决。该

---

① [美]理查德·C.博克斯:《公民治理:引领21世纪的美国社区》,孙柏瑛译,中国人民大学出版社,2005年,第4页。

② [美]拉塞尔·M.林登:《无缝隙政府:公共部门再造指南》,汪大海等译,中国人民大学出版社,2002年。

模式已在美国、新加坡、日本等多个国家得到广泛实施并取得了良好的效果。

21世纪以来,伴随着信息技术的不断发展,大数据和数字化已经渗透到社会生活的方方面面,社区网络化治理也随之快速发展。国外关于社区网格化治理的研究相对较早,斯蒂芬·戈得史密斯、威廉·埃格斯认为网格化治理体系研究比较重要,从网格化治理的理念、运行机制、参与主体、特点、意义等多方面展开讨论,得出网格化治理有益于提升社区居民参与积极性,有利于智慧社区、美好社区建设;[①]唐纳德·凯特则认为社区规范制度、考核评估机制及薪资福利是网格化治理的关键,有专业的从业人员和充足的资金,网格化治理才能落到实处;[②]迈克尔·豪利特和M.拉米什认为,政府单位和社区居民虽站在不同的角度看待问题,但是大家最终的目标是一致的,都是为了追求美好生活,追求美好社区。网格化治理就是帮助政府和社区的治理办法,将社区与社区居民融合在一起,各自发挥优势,共同建设美好家园。[③]

总的来说,社区网格化治理模式在国际社区服务中的实施已经取得了较好的效果,但同时也暴露出不少问题。不同国家和地区之间的差异与问题,也为各国的社区网格化治理模式的改良和发展提供了参照和启示。

三、国内外研究评述

国内学者围绕党建引领社区网格化治理这一综合性议题,进行了深入探讨,众多研究文献详细阐述了理论分析、实证研究与对策建议。研究主题

---

① [美]斯蒂芬·戈德史密斯、[美]威廉·埃格斯:《网络化治理:公共部门的新形态》,北京大学出版社,2008年。

② The Tools of Government: A Guide to the New Governance, *Choice Reviews Online*, 2002,40(04).

③ [加]迈克尔·豪利特、M.拉米什:《公共政策研究:政策循环与政策子系统》,庞诗等译,生活·读书·新知三联书店出版社,2006年。

集中于社区网格化治理的模式探索、党建引领概念的界定,以及对现有成功案例的模式总结。

在社区网格化治理模式的研究中,学者们从多维视角出发,揭示了我国社区网格化治理仍面临"行政主导"和治理"割裂"的问题。基于此,他们呼吁改革现行体制,推进法治化建设,实施顶层规划,倡导从单一主体向多元主体转变,构建协同协商机制,优化参与平台设计。具体策略上,学者们提倡国家与社会的"双向授权",推行"三社联动"机制,以及"一核多元""一核多能"的社区治理构架,旨在通过党组织嵌入社区,实现党建引领,推动"共建、共治、共享"治理格局的完善。

国外学者在社区治理领域的研究起步较早,积累了丰富的理论成果,提出了新自由主义、社区主义以及"第三条道路"等多种治理模式,为我国社区网格化治理研究提供了理论参照。不过,由于"党建引领"概念的特殊性,外国学者的相关研究较为稀缺。加之意识形态和国情差异,少数学者对"党建引领"持有偏见,甚至全盘否定这一中国特色的治理模式。

鉴于此,深化"党建引领"在学理层面的合法性和正当性论证,加强与西方学术界的交流对话,是拓展"党建引领"研究广度和深度的重要途径。同时,考虑到社区网格化治理研究的动态性,其应紧密贴合不同时期社区发展的真实需求,因此党建引领社区网格化治理的研究前景广阔,有待更多研究者的持续探索和贡献。

综上所述,国内学者的研究在丰富理论框架、挖掘实践经验、提出创新策略方面做出了重要贡献,同时也指明了未来研究的方向和重点,即深化理论探讨,拓展国际合作,以及关注社区治理的动态演进,以期构建更为成熟和有效的社区网格化治理体系。

第三节 研究思路与研究方法

一、研究思路

首先,本书通过对党建引领社区网格化治理相关文献的整理、分析和总结归纳,对国内外党建引领社区网格化治理的概念、理论和实践方面的研究进行了梳理,同时从网格化治理、社区治理、精细化管理、协同治理、城市社区党建理论等角度考虑,分析党建引领网格化治理水平提升的可行路径,为本书奠定了理论基础。

其次,研究分析H市党建引领社区网格化治理的实践情况,分析治理的基本情况、治理体系、治理具体措施、主要特点等,分析总结出H区党建引领社区网格化治理的现状和特点。

再次,向H区社区工作人员和居民开展访谈和问卷调查,并且整理分析数据,归纳存在的问题,并分析问题原因。

最后,结合理论知识和实地考察情况,提出优化建议,探究推进党建引领社区网格化治理建设的有效路径。

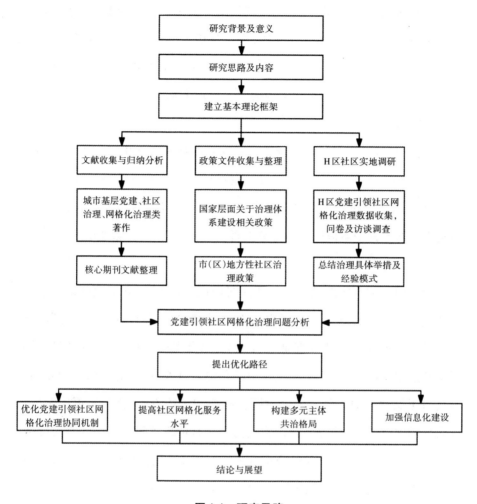

图1.1　研究思路

二、研究方法

(一)文献研究法

关于党建引领社区网格化治理的探讨比较丰富,本书通过借助校内拥有的国内外文献检索数据库、学术文献搜索引擎等网络资源收集、查阅、整理文献资料,通过对文献资料的研究,形成对事实科学认识的方法。本书主要研究社区网格化治理中存在的问题,同时提出完善的对策,通过查阅、整理相关资料,从个别总结共性问题,进行分析。通过整理,分析了社区网格化治理产生的背景,并对我国目前的社区网格化治理现状有了客观、科学的认识,为研究我国社区网格化治理的问题奠定了基础。

(二)访谈法

根据研究需要,实地走访调查了解现阶段H区网格化治理情况,与网格化管理中心工作人员、社区书记、网格员进行访谈,通过访谈了解社区在党建引领网格化治理模式下的真实状态,调查网格化治理方面的问题。在实地调查访谈过程中掌握第一手的数据资料,为本书撰写积累调研素材。

(三)问卷调查法

为全面了解H区的党建引领社区网格化治理现状,在实地调研基础上,广泛查阅了相关文献资料,结合该区的具体情况,初步设计了一份社区治理状况的调查问卷。在指导老师的帮助下,综合考虑了相关管理部门提供的意见和建议,并根据基层实际工作中的具体表现及存在的问题,对问卷的内容进行了调整。通过细致的修改题目框架和表述方式,使问卷更加贴近社区居民的实际需求,确保问题设置更为合理且能准确反映居民的真实感受。整个调查过程严格遵循客观公正的原则,力求避免任何主观偏见的影响。本书调查所用的问卷分为两个主要部分:一是收集社区居民的基本信息;二是针对社区治理的具体情况进行统计分析,以便对参与者的数据进行量化和质化的对比研究。为确保研究数据在论文中的呈现更为详尽,本次调研特别关注了社区居民对网格化服务的感受、党建引领网格化治理的效果、网格化服务水平以及多方主体共同参与的情况等多个方面的问题。

第四节　核心概念和相关理论

一、核心概念界定

(一)城市社区党建

城市社区党建是基层党建的一种现代形态,它的起源与城市社区的兴起紧密相连,指的是在城市社区范围内,基层党组织的构建与发展。1989年,党的十三届四中全会上,《中共中央关于加强党的建设的通知》的发布标志着"加强党的基层组织建设"这一任务首次被官方文件正式提及。随着改革开放的深入,计划经济时代中占主导地位的单位党建逐渐减弱,城市社区党建随之崛起,成为推动基层治理创新的重要力量。

城市社区党建是以社区党组织为核心,集合社区全体党员与区域内企事业单位等基层组织共同参与的新型党建模式。其参与主体涵盖了社区所有党员,以社区党支部为基础,社区党委(工委)为核心,构建起一个立体化的组织网络。相较于传统基层党建单纯追求党组织战斗力以巩固党的领导,城市社区党建更侧重于促进社区治理现代化,增进党组织与居民的联系,营造和谐的社区氛围。

传统基层党建主要依赖行政手段实现目标,而城市社区党建则采取指导与服务并重的领导方式,活动主体不再局限于街道党组织,而是以社区党组织为主导,联动社区内企事业单位的党组织,共同调动资源,协同推进党建活动。城市社区党建可视作街道党建的深化与拓展,超越了街道党组织单一管理党员的局限,强调社区内多元主体的共建共治,通过跨部门、跨行业的资源共享,实现党建与单位党建、行业党建的深度融合。

顺应新时代发展要求,城市社区党建对党组织的功能与活动模式进行了创新,旨在巩固党的执政根基,有效应对城市社区发展中可能涌现的新挑战。这一系列变革不仅拓宽了党建工作的领域,也为解决社区治理中的复杂问题提供了新的思路与方法,体现了城市社区党建在推动社会进步中的积极作用与时代价值。

(二)党建引领

党建引领是一个复合概念,由"党建"与"引领"两部分组成,其中"引领"在字典中的定义为"引导、领航"。从政治学的角度审视,党建引领涵盖的深层含义主要体现在三个方面。首先,党建引领强调党引领民众认同党的领导地位,这是执政合法性的基石;其次,党引领民众追求共同的奋斗愿景,即实现中华民族伟大复兴,确立了执政的目标导向;最后,党引领民众通过法治途径实现自我治理,明确了执政的方式选择。

张戈认为:"基层党建与基层治理相辅相成,二者目标一致,路径相通,共同促进,实现双赢。基层党建品质的高低,直接体现在基层治理现代化的程度上,而基层党组织的坚强领导,则是推动基层治理实践的根本保证。基层治理现代化对基层党建工作提出了高标准,提升基层治理效能,离不开基层党建的有力支撑。"[①]张冬冬用"一核多元"来概括党建引领的实质,其中"一核"指党在社区治理中的领导角色,具体表现为通过政治引领和提供公共服务,加强党的基层组织建设和社区治理整合;"多元"则回应了新时代社区的多样化需求,旨在整合社区内的各类资源和力量,达成多元共治的格局。[②]学界普遍认为,党建引领的核心在于"党的领导与自身建设"对政治与社会治理的指导作用。在社区治理场景中,党建引领意味着在坚持党组织

---

① 张戈:《党建引领基层治理:逻辑机理、价值表征和实践进路》,《云南社会科学》,2020年第2期。

② 张冬冬:《党建引领社区治理创新的理论和实践逻辑》,《毛泽东邓小平理论研究》,2019年第11期。

核心领导的前提下,突出政党组织的职能和影响力,动员并整合社区各方资源参与治理。尤其在当前全面从严治党的背景下,党建引领不仅能够稳固党的领导根基,还能推动基层社区治理向精细化方向迈进。

综上所述,党建引领在社区治理中的实践,既是提升治理效能的有效途径,也是深化党的领导与民众参与的双轨并进,共同促进社会和谐稳定。

（三）社区

“社区”的概念起源于19世纪80年代,首先是由德国社会学家滕尼斯提出“共同体”的概念,20世纪30年代初,费孝通等人开启中国社区研究。1948年,费孝通在《二十年来之中国社区研究》一文中,第一次将“社区”一词引入我国,结合我国实际情况,将其定义为:“若干的社会群体（家族、氏族）或社会组织（机关、团体）聚集在某一地域里所形成的一个生活上相互关联的大集体。”[1]

最初,学界普遍认为社区主要是空间关系,是介于邻里和区域间的一个社会实体。我国社会管理者们将“社区”作为地理空间单元看待,将街道与居委会间的承担衔接功能的行政机构称为社区,社区在现代管理学上,更加强调民主管理、自我服务。现在普遍意义上的社区,实际上是对我国省市县乡组织架构基础上的延伸,是落实党和政府政策、改善民生的最后一环,作为居民自治组织的社区没有行政级别,但实际上接受街道领导。

（四）社区治理

社区治理一词源于治理理论,是除全球治理、国家治理、地方治理之外的又一种新的存在方式,而社区治理就是指在贴近于市民日常生活的多元复合的经济社会内依靠着政府行政机构、民营企业、社区机构和市民自治团体及其个人的各类服务网络系统处理经济社会中的共性现象,共同完成并

---

① 于显洋:《社区概论》,中国人民大学出版社,2006年。

促进了街区内社会事务管理与服务的现代化进程。[①]

社区治理是社会管理的一个高级类型,社会管理工作大多需要由政府部门牵头或支持,社会管理的市场主体具备多样化的特征,社会管理活动中,能够最大可能考虑大众群体需要,以满足整个社会居民生存需要、发展需求、文化需要,维护社会整体利益,全面提高整个社会居民素质和生存效率,整体促进经济社会生活发展为治理目标。[②]

(五)网格化治理

2004年,北京市东城区将网格化理念引入城市管理中,率先推出了城市管理网格化模式。自此,"网格"概念在城市管理学中得到了广泛应用。[③]部分学者指出,网格化是指基于统一的城市管理和数字化平台,将城乡行政管理辖区按照行政标准划分为不同的单元"网格"。借鉴计算机科学中的"网格"概念,将物理空间中的信息逻辑化和数字化,从而使"网格"信息数据立体化、系统化,成为政府开展社会治理、有效管理基层社会化服务民众的逻辑单元。

随着社会管理的发展,"网格化"逐渐成为一种重要的管理模式。2013年11月,党的十八届三中全会通过的《中共中央关于全面深化改革若干重大问题的决定》明确提出,全面深化改革的总目标是完善和发展中国特色社会主义制度,推进国家治理体系和治理能力现代化。此后,"网格化管理"逐渐演变为"网格化治理"。

网格化治理指的是将基层街道和社区划分为多个责任网格,将人、地、

---

① 夏建中:《治理理论的特点与社区治理研究》,《黑龙江社会科学》,2010年第2期。

② 王名、蔡志鸿、王春婷:《社会共治:多元主体共同治理的实践探索与制度创新》,《中国行政管理》,2014年第12期。

③ 李晓燕:《新时代社区治理创新理论与案例》,社会科学文献出版社,2019年,第15页。

物、事、组织等要素全部纳入具体的网格中。每个网格覆盖一定数量的居民住户,并由专职网格员负责管理和提供服务。通过运用现代信息技术,网格员能够全面且迅速地完成网格内的人、事、物的基本信息采集,以及包括社会治安、人口登记、劳动保障、民政服务、城市管理、居民自治等在内的多项管理和服务职能。网格化治理不仅涵盖了人口信息采集、隐患排查等社会控制内容,还通过网格为居民提供各种服务,并引导居民参与社区管理,实现居民自治。[①]

(六)党建引领网格化治理

党建引领网格化治理作为创新的党建工作模式,着眼于党员的数量与分布特点,通过将社区细分为楼宇、住宅区、企事业单位和社会组织等多个网格单元,设立相应的网格党组织,实现了对社区内党员的全面、信息化管理。这种模式确保了横向覆盖的广泛性,触及社区的各个角落,纵向则深入每个层面,形成条块结合、以块为主的管理格局,强调整体推进,开创了开放式区域党建的新局面。

近年来,基层党建的组织形态正在经历由单一垂直向多元网络的转变,具体表现为:在横向层面,社区党组织将各类组织纳入其管理范围,推动多元主体在社区治理中的参与,通过民主讨论、提案建议等方式,充分吸纳各方意见,以协同合作的精神推进各项工作。纵向层面,党组织向基层深入,街道党工委和社区党支部获得更多的职权与责任,着力推动治理资源下沉,让服务深入社区的每一个角落,提升党组织的服务效能和覆盖面,从而巩固党的基层组织并不断提升服务水平。

党建引领网格化治理区别于传统的单一管理,将"服务群众"置于核心位置,组建专业的网格管理服务团队,确保网格员拥有高水准的专业技能和

---

① 段继业:《网格化社会治理概论》,南京大学出版社,2020年,第148页。

服务意识。网格员运用信息技术,对网格内的事务进行全面巡查,实时收集民情信息,迅速响应居民的迫切需求,解决急难愁盼问题。通过发挥党员干部和党组织负责人作用,实现"小网格推动大党建",并激发社区内各种力量的参与热情,优化资源配置,构建起资源整合、条块协同、上下联动、共建共治的治理模式,致力于改善社区环境,提升公共服务质量,满足居民日常生活需求。

党的十八届三中全会提出的"创新社会治理体制"战略,强调以网格化管理与社会化服务为导向,完善基层综合服务管理体系,及时反映和协调民众的多元化利益诉求。"党建+网格"模式正是在此理念基础上诞生的党建工作新范式,顺应了社会发展需求,是推进党建社会化、加强社会治理创新的必然选择,对于提升社会治理效能具有重要意义。通过"党建+网格",不仅能够密切党群关系,还能有效整合社区资源,促进社会和谐稳定,提升居民的幸福感和满意度。

二、相关理论

(一)城市社区党建理论

社区作为城市结构的基石,在社会管理和基层政权架构中占据核心地位。社区党建理论是关于基层社区党的组织、制度、思想、作风等方面的建设,以及社区党组织在领导居民自治、社区管理、社区服务、社区文明等方面建设的系统化的思想和理论。[①]

我国的城市社区建设始于20世纪80年代,彼时引入了"社区"概念,并于1989年以立法形式明确了社区服务的地位。2000年,《民政部关于在全国

---

① 张大维:《中国共产党城市社区建设理论体系研究》,《理论与改革》,2011年第4期。

推进城市社区建设的意见》出台,将强化社区党组织建设视为基层治理的关键环节,标志着我国城市社区建设的基础阶段大致完成。至2006年,中共中央发布《关于构建社会主义和谐社会若干重大问题的决定》,倡导全面启动城市社区建设,同步推动农村社区发展,优化社区管理与服务体系,旨在营造一个秩序井然、服务周到、文明祥和的社区环境,彰显了党对社区建设的深度关切。

自党的十八大以来,中央愈发强调加强基层党组织的作用,对社区治理提出更新、更高的要求。2017年,《中共中央 国务院关于加强和完善城乡社区治理的意见》重申,以基层党建为引领,深化社会治理创新,旨在增强基层党组织的向心力和执行力,为社会和谐提供坚实支撑。此意见鼓励以创新精神探索党建新路径,推动社会治理现代化。

2019年发布的《关于加强和改进城市基层党的建设工作的意见》进一步强调,要切实推进城市基层党建工作,稳固党的城市根基。党的十九大报告则呼吁加强社区治理体系构建,提倡党委领导、政府主导、社会协作、公众参与、法治保障的多元共治模式,提升社会治理的专业化、法治化、智能化和社会化水平。这些论述为新时代社区党组织建设指明方向。

社区党建作为一项新兴领域,对于革新基层管理体制、强化党在城市建设中的群众根基至关重要。它不仅促进了社区民主政治的健康发展,也维系了社会稳定。在社区工作创新中,基层党建担当重要角色,确保社区运作更加科学、规范和精细,提升了工作效率和服务品质。此外,利用现代信息技术,加强党建信息化和数据化管理,有助于深化群众服务,推动城市治理现代化进程。

综上所述,社区党建不仅是城市基层治理的有力推手,也是实现社区治理现代化和提升居民生活质量的关键策略。随着时代发展,其内涵和实践方式将持续演进,以适应不断变化的社会需求。

（二）网络化治理理论

曼纽尔·卡斯特认为，随着全球化的发展，人类世界的融合度进一步增强，由此形成了一种网络状的社会，在网络化社会中，相关的信息资源通过网络进行联系。在此背景下，人类的治理模式也发生了变化，产生了一种以合作治理为指导的网络化治理，在该理论中，网格是由人、物、事所构成的一种关系形态，其中人、物、事是网格的节点。[①]

网络化治理理论围绕"信任、合作、相互依赖、协商"等概念展开，其主要具有如下四个特征：

一是多元化的治理主体，网络化治理理论认为面对日益复杂的社会形势，多元化的治理主体才能实现有效治理。

二是强调多元化治理主体之间是合作信任的关系，同时合作信任也是网络化治理得以运行的前提。

三是多元化治理主体之间采用相互协商的行动策略，多元主体之间充分考虑各方利益和意见，通过切实可行的集体选择和集体行动来达成一致目标，共同解决问题。

四是一种共同学习的动态过程，与科层制管理不同，在网络化治理下，社会公众通过开放共享的平台进行学习，并在合作状态下对网络化治理中存在的问题进行不断完善，从而达到社会的有效治理。[②]

（三）社区治理理论

在社区治理形势不断变化的过程中，社区治理理论的研究不断深入，内容也不断丰富。作为治理理论的重要组成部分，社区治理理论为社区治理过程中所涉及的协商谈判和协调互动等活动的开展提供了一定的理论保

[①] 张康之、程倩：《网络治理理论及其实践》，《新视野》，2010年第6期。

[②] 俞可平：《治理和善治：一种新的政治分析框架》，《南京社会科学》，2001年第9期。

障。在社区治理理论的推动和影响下,社会公共物品和资源的分配更加合理,社会秩序更加稳定,社区治理水平不断提升。和治理理论相比,社区治理理论的主体更加多元,不仅包括政府组织和社会组织,还包括广大社会公众;社区治理的基本前提不是依靠行政力量进行干预管理,而是在遵守自愿和平等原则的基础上进行协商管理;在社区治理的整个过程中,主体之间不是单一管理和被管理的关系,而是不断互动以及多方向进行交流的关系。[①]

(四)精细化管理理论

由于多年的保守习惯,很多城市所习惯的传统的粗放理念,制约了城市管理水平的提升。时代在进步,老方法解决不了新问题,过去粗放的管理模式已经满足不了现在群众的生活需求。可以说现在社会的方方面面都在不停的变化,城市社区管理的创新和发展一直在前进。"城市社区网格化治理"是把企业中被广泛运用的精细化管理理念进行有效运用,主要就是把原先提供整体服务,变为根据个人需要提供一对一的精细化管理服务。可以说,精细化管理是我们城市社区管理现代化的一种必然趋势。习近平总书记在视察武汉青和居社区时也曾强调,要改革创新,完善基层治理,加强社区服务能力建设,更好地为群众提供精准化、精细化服务。[②]

精细化管理的历史可以追溯到19世纪后期泰勒的科学管理,然后在日本被广泛运用。所谓的精细化管理是一种基于科学管理的管理理念,其特点是操作精细,一对一、点对点,降低无用效率。可以说,精细化管理作为一种被广泛运用的管理方法,对于城市管理具有重要的启示作用。各方学者将精细化管理理论总结为以下内容:

一是要有明确的管理目标。确定目标的同时,要将任务进行分解和细

[①]　池忠仁、王浣尘:《网格化治理和信息距离理论》,上海交通大学出版社,2008年。

[②]　毕娟、顾清:《论城市精细化管理的制度体系》,《行政管理改革》,2018年第6期。

化,便于实践操作。

二是要确定相关责任对象。制定实施计划的同时,要求执行人做好被评估的准备,以保证计划如期实现。

三是要有严格的工作流程。计划制定时,会明确详细的工作程序和所有步骤的执行标准,确保计划实施无误。

四是管理方式的现代化。充分利用现代管理手段为精细化管理的综合应用打好基础。如利用 VF 技术建立的数据库,在企业管理实践中取得了良好的效果,逐步扩展到其他领域。也正是由于精细化管理理论在管理领域取得了成功,实现了政府行政效率的提高。[①]

(五)协同治理理论

协同治理理论是自然科学协同论和社会科学治理论的交叉理论。协同治理指在国家行政管理、公共事务管理和公共产品供给等领域,以政府、市场组织、社会组织和公民为代表的各类主体,通过合作、协商等方式,实现公共服务的提供和公共产品的供给,达到"1+1>2"的目的。协同治理理论认为,社会是由多个子系统组成的大系统,在这个大系统内,各个子系统既是各自活动又是相互依存的过程。协同治理理论有以下几个内容:

一是治理主体的多元化。在现代社会中,治理的主体早已不单单是政府,而是包括企业、非政府组织和公民等为主的多元主体。这些主体都可以参与社会公共事务治理,但这些主体的价值利益和目标可能会不同,所以也会形成竞争关系。每个主体要实现各自的目标,单靠自己的资源是无法实现的,所以在公共利益的实现上,需要各方主体的共同努力,最终实现共赢的结果。

---

① 刘中起、郑晓茹、郑兴有等:《网格化协同治理:新常态下社会治理精细化的上海实践》,《上海行政学院学报》,2017年第2期。

二是各个系统间的协同。每个社会系统和治理主体拥有不同的资源和权力,要达到某个目的,必须和其他治理主体实现资源的交换和协商,获取所需的其他资源。可以说,任何一个社会系统和治理主体都不是独立的,必须和其他组织之间实现信息和资源的共享和互换,互通有无,合作共享,实现资源利用的最大化和结果的最优化。

三是建立协同机制。协同治理强调竞争与协作,各个治理主体间是平等协商和沟通的,而要保证沟通流程和信息资源的顺利交换,就要建立协同机制。这就需要政府起到发挥引导和统筹的作用,建立各方主体的协同机制,这是各个组织间形成竞争与协作关系,进资源互享、信息交换的基础和保障。

第五节　H区党建引领社区网格化治理情况及调查

一、H区概况

H区是华北某城市中心城区之一,位于市中心市区东部。总面积39.63平方千米(不含位于外省飞地T街道),占全市总面积的0.33%。截至2022年底,常住人口83.96万,户籍人口77.92万,户籍户数31.97万,常住人口占全市6.13%。2023年,H区地区生产总值为497.5亿元,仅占全市2.97%,经济发展水平在全市范围内较低。截至2023年6月,H区下辖12个街道162个社区(不含位于外省飞地T街道)。就住房条件而言,H区内有大量的老旧小区,这些小区大多建于2000年之前,覆盖了12个街道、473个片区、3141幢房屋,总面积达1572万平方米,共有23万余户家庭居住于此(不含位于外省飞地T街道)。由于H区经济发展水平较低,各街道老旧小区多,居住环境较差,人口流动性较大,人口结构复杂等因素,社区治理面临着较大的挑战。

二、社区网格化治理实施概况

(一)网格划分全覆盖

H区各街道办事处的内设机构配置如下:主要包括"一委八办三中心",以及一支综合执法队伍。具体来说,"一委"指的是纪检监察工作委员会;"八办"包括党政办公室、党建办公室、党群办公室、宣传文化办公室、公共服务办公室、公共管理办公室、公共安全办公室以及社区建设办公室。此外,还设有人大街道工作委员会,作为区人大常委会的派出机构,单独设立街道人民武装部。"三中心"是指街道所属的事业单位机构,具体包括党群服务中心(亦称综合便民服务中心)、综合治理中心(亦称网格化管理中心)和退役军人服务站。这种设置确保了街道办事处能够高效地履行其职责,涵盖了纪检监察、党务政务、社会事务管理、文化宣传、公共服务、安全管理等多个方面的工作,同时强化了对社区居民的服务和支持。

2013年,该市民政局正式发布了《关于深化社区网格化管理及服务体系构建的指导意见》,指导意见明确指出,原则上应由社区党组织的核心负责人或居民委员会的主席担任网格化管理的总负责人,即总网格长,全面负责统筹协调社区网格的整体运作,其划分依据主要基于居民户数。H区各街道下辖社区现在已经完全实现网格化治理模式。各街道遵循每个网格内约有300户居民、人口约为1000人的原则,构建了"街道—社区—小区—楼栋—居民"的五级网络组织体系。在此基础上,街道综合考虑社区人口数量、住宅小区分布、楼栋户数、辖区单位分布等因素,并将行政中心、商务楼宇、商圈市场、各类园区、学校医院以及企事业单位等一并纳入网格划分之中。除特殊区域火车站周边外,其余12个街道则统一要求将每个社区依据大约300户居民的规模细分为多个网格单元,全区范围内共精细划分出1545个网格单元。每个网格均配备有1名网格管理员,这些管理员通常由具备专业素养的社区工作人员担任,他们采用一职多能的工作模式,专注于网格区域内各项事务的管理与协调。此外,为增强网格化治理效能,还积极吸纳了社区物业管理人员、楼栋负责人、居民代表及社区志愿者等多方力量,共同参与网格管理,形成合力,有效辅助网格管理员开展日常工作。

(二)精细化管理范畴

H区各街道办事处借鉴其他地区的社区管理经验,深入探索网格化治理的有效途径,以提升社区基层治理水平。H区网格化管理中心依据"九全"网格化治理工作体系,即工作机制人员全配备、入户全覆盖、信息全采集、民情全掌握、问题全上报、微信全建立、力量全整合、奖惩全兑现、责任全压实,由社区工作人员担任网格员,负责网格化治理工作。

根据《全市一体化社会治理事项清单》,社区网格员的工作职责被划分为九项一级分类:公共信息、医疗卫生、公共教育、社会保障、城市管理、城市设施、公共安全、疫情防控与复工复产,以及其他事项。这九大类一级职责涵盖了市民咨询、法人咨询、人口与计划生育等三十七项二级分类,并进一步细分为二百三十项三级分类。网格员的职责覆盖了居民日常生活中可能遇到的方方面面,确保了网格化治理的全面性和有效性。

为提升网格化治理的精细化水平,H区将辖区内的人、事、物全面纳入网格管理,并明确了管理范围。具体如下:

第一,网格内的人分为骨干人群:包括网格员、党员、社区社会组织负责人、楼门栋长、退休干部、志愿者和优抚对象等。维稳人群:涉法涉诉人员、司法解救人员、吸毒人员、缠访人员、流动人口等。弱势人群:空巢老人、高龄老人、低保户、特困户、残疾人、重病患者或因突发事件导致家庭变故、返贫的家庭。其他人群:网格内居住的其他居民。

第二,网格内的事务分为生活事务:就学、就业、煤水电气等基本生活需求。调处事务:家庭纠纷和邻里纠纷调解,居民与施工单位、社区单位关系调处,居民或单位违章建筑调处,社区与社区单位以及网格间关系调解等。公共事务:社区治安、社区服务、宣传教育、文化、卫生、体育、环境、社会救济、社会福利、应对公共危机等。突发事件:火灾、群访、管道爆裂等紧急情况。

第三,网格内的物分为宣传设施:宣传长廊、电子显示屏、黑板报、橱窗等。文体设施:健身器械、社区文化广场等。环境设施:休闲座椅、路灯、垃圾箱桶、绿化植物等。楼门设施:楼门内的公共设施、楼门文化建设、楼门卫生等。

通过上述措施,H区确保了网格化治理能够全面覆盖社区的各项需求,提高了社区治理的效率和质量。

(三)网格事项处置体系

H区遵循"人在格中走,事在格中办"的办事原则,通过构建信息化平台、优化组织体系、合理划分网格、配备网格员、明确职责分工和进行考核培训等多种途径,持续探索和完善社区网格化治理。目标是实现"责任网格化、平台信息化、治理精细化、服务人性化",为社区居民提供全方位、全过程、全覆盖的动态管理服务。为此,H区各街道综治中心、社区居委会均配备了"一体化社会治理法治化平台"专用电脑,并通过区委网信办分配的IP地址连接骨干网专线,确保区、街道、社区间的专线网络互联互通。网格员每天通过手机软件上报"社区自行处置事件",综治中心则通过电脑平台接收信息并对社区工作进行指导。

H区网格事项处置模式分为三种类型:自上而下的交办模式、自下而上的流转模式以及吹哨报到的综合处置模式。这些模式均通过城乡一体化社会治理法治化平台来处理上报的社会治理事项。具体如下:

第一,自上而下的交办模式,综合治理手机软件与12345政务服务热线、市长信箱、综合治理手机软件等诉求反映渠道实现了互联互通。手机软件内部设置了随手拍功能模块,居民可直接上传身边的社会治理事项。此类事项以及领导交办的其他事项,会从市级或区级平台向下逐级交办给相应的责任部门处理,并要求在规定的时限内反馈进展情况和处理结果,形成事项处置的闭环流程。

第二,自下而上的流转模式,网格员每日在网格内进行走访巡查,使用移动终端将发现的问题上报至信息化平台。报告事项按街道、各行政区、城市的层级顺序逐级流转,由各级管理员分派给相应的职能部门办理。若当前层级无法解决问题,则由该层级管理员向上一级报告,直至上报至市级平台,由市级部门统筹解决。

第三,吹哨报到的综合处置模式,对于责任不清或涉及多部门交叉的复杂事项,采用吹哨报到模式进行综合解决。该模式以街道为发起主体和牵头单位,赋予其"吹哨权"。街道可以召集多个相关区级职能部门到场,打破部门间的职能壁垒,共同解决网格事项。通过信息化平台对整个过程进行跟踪督办,确保问题得到及时有效地解决。

通过这些模式的应用,确保了网格治理事项能够得到有效处理,并且通过信息化手段提高了处置效率和透明度。

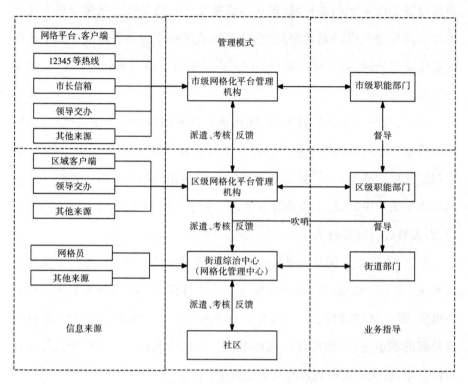

图1.2　一体化社会治理平台体系及运转模式

三、党建引领社区网格化治理实施概况

(一)党建引领基层共建治理体制

自2019年以来,该市启动了党建引领基层治理体制机制的改革创新工程,旨在强化党建引领的作用,以社区党组织为核心,全面整合基层治理资源与力量。2023年,该市通过《党建引领基层治理行动方案》,强调以高质量党建引领高效能治理,实施"六治工程",即政治引领、综治能动、法治保障、德治教化、自治强基、智治支撑,以加强基层党组织建设,提升基层治理能力。方案致力于构建网格化治理、精细化服务、信息化支撑的治理服务体系,推动基层治理从社会管理向社会治理转变,并通过一体化社会治理平台

等信息化手段提升治理水平。同时,注重资源保障与队伍建设,确保基层治理工作的有序推进。

(二)党建引领社区网格化治理实施架构

H区各街道党建以网格化为纽带,加强条块联动,将街道机关党支部与居民区网格实现互通互融。机关独立支部的党小组下沉至居民区网格,街道党政领导和机关党员联络员负责指导和联络工作,推动资源、管理和服务下沉基层。构建了“街道党工委—社区党组织—网格党支部—楼栋党小组—党员中心户”的纵向格局,将社区所有党员逐一编入网格党支部与邻里党小组,将党建引领基层治理下沉楼栋深入居民。其中,街道党工委负责协调指导全街道网格化党建工作;社区党组织负责各自居民区内的工作落实;网格党支部是网格化治理和服务的基本单元,负责具体落实上级党组织的决策部署,发挥带头作用,组织党员积极参与社区治理,推动社会治理创新;邻里党小组则由各楼宇党支部组成,专注于服务职责范围内的居民;在居民楼栋中设立“党员中心户”,每户联系周围10名左右党员,发动党员帮群众认领实际问题。这种整体框架,打破了传统的行政和职能划分界限,形成了适应城市社区治理特点的新工作体系,实现了基层党建工作的全方位覆盖社区网格化治理。定期组织社区党员参加党组织活动,规范党员的日常教育管理。实现党员进入网格、楼门,参与网格事务管理,使党员队伍成为社区共建的关键力量。同时,党员志愿者作为联系、发动、组织普通居民群众的核心力量,社区党组织依靠党员志愿者引导广大居民参与社区共建。这种模式为提高社区治理水平、推动共建共享社区提供了坚实的制度保障。

实施党建引领社区网格化治理后,街道改变了以往单一的社区治理模式,将分散的党建力量凝聚成一个共同体,提升了社区治理的整体效能。

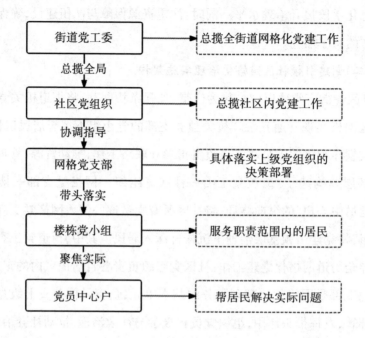

图1.3　街道基层党建五级架构

(三)建立在职党员参与制度

构建在职党员组织体系,实施在职党员"双联系双报到"制度及机关干部"入列轮值"制度。

为促进在职党员更好地融入社区并发挥作用,要求每位在职党员前往其居住地所在社区的党组织报到,同时要求各企事业单位的党组织与各自包联的社区党组织进行对接。此举旨在推动机关在职党员主动在社区亮明身份,树立良好形象,并积极贡献力量。这不仅为机关工作人员直接服务社区和社会提供了更广阔的平台,也为社区治理注入了新的活力。社区党组织将这些在职党员纳入日常管理工作之中,并借助"市党建先锋号"微信公众号,将包联单位的资源和在职党员的个人专长与社区的实际需求相结合,实现了资源共享和优势互补。推动入列轮值党员与社工、网格员一体化履职,在入列轮值期间完成"五个具体工作任务",包一社区网格、解一群众难题、献一为民实策、讲一特色党课、形成一篇调研报告",将党员干部真正充实到基层一线,将治理链条有力延伸到群众身边,破解基层治理"谁来做、如何做"的难题。

(四)统筹整合基层多元力量

充分发挥社区党组织的轴心作用,统筹整合基层多元力量参与网格化治理,构建"网格+警格+物业"联动的社区治理新格局。

首先,在社区工作力量方面,实现社区党组织书记和居委会主任"一肩挑",社区党组织统筹整合社区居委会工作人员、社会工作者、机关下沉干部等力量加快"红色物业""红色业委会"建设进度,积极引进符合"红色物业"标准的企业参与小区管理。全面整合社区民警、下沉干部、入列轮值党员、楼门栋长、物业人员及志愿者等多方力量,叠加网格与警格的区域划分。互通平台信息,联动数据共享,提高见警率、入户率、管事率。

其次,在社会力量方面,推进社区"大党委"建设,以社区党组织为核心,与物业公司、社区志愿者、驻区单位、政府部门、"两新"组织等多元社会力量紧密协作,在社区"大党委"的指导下,发挥各自的优势,共同参与社区网格化治理工作。

最后,建立党员志愿队伍,推动党员认领服务项目。落实"党员进社区、人人做公益",在网格内打造党员参与公益的有效途径。针对不同类型的党员,列出适合他们参与的网格管理服务事项,注重事项的公益性和可参与性,并采取一定的激励措施,鼓励身体条件、时间条件允许的党员,主动认领网格服务事项,参与组团式联系走访群众,通过志愿服务促进社会和谐发展。街道始终将人民群众对美好生活的向往作为党建工作的出发点和落脚点,鼓励党员带头参与党员志愿服务团队的活动,树立党员形象,扩大党在基层的影响力。

(五)党建引领多元共治工作主线

H区坚持党建引领的原则,不断提升基层党建的科学化水平,持续推进治理体系和治理能力现代化。H区构建了一个以街道党工委为核心,各社区党组织和居委会为基础,网格化为支撑,业主委员会、社会组织、物业公司为纽带,并吸纳驻区单位、广大党员干部和志愿者队伍共同参与的社区网格化治理模式。这种模式致力于打造一个共驻共建、共治共享的美丽社区。

为实现"党建引领,多元共治"的工作主线,H区全面实施街道大工委和社区大党委制度,以扩大党建工作的覆盖面和影响力。具体措施包括:

第一,推广以社区党委为核心的新模式,涵盖社区党组织、社区居委会、业主委员会和物业服务企业的"四位一体"合作机制,定期召开民情恳谈会、四方联席会和重大事项听证会等会议,共同商议社区事务。加强政企合作,促进社区与驻街企事业单位的共建共享。

第二,构建"红色物业",指导物业服务企业加强党建工作,并将接受党组织领导等内容纳入公司章程,成立物业服务企业党支部。通过构建"红色物业",可以进一步加强和改进社区物业管理工作,理顺社区管理体制机制,健全"四位一体"党建引领住宅小区物业管理的工作联动机制。2024年3月,在S街道党工委的领导下,依托"红色物业"机制,S小区坚持"关注民生、推进民主"和"统揽社区全局、协调各方单位"的原则,推动物业公司及业委会落实责任,协调配合梯控安装推广工作,从物业管理角度消除电动车入户隐患,最大程度保障小区居民的安全。

第三,群众既是基层治理的受益者,也是基层治理的参与者。H区充分发挥群众在基层治理中的主体作用,积极引导群众实行自我管理、自我服务、自我教育、自我监督。通过党建引领把群众家门口的事情办实办好。通过积极搭建"社情民意"平台,形成"党委推动、党员行动、居民互动"的社区联动机制。以微信网格群为依托,以"社区通"平台为载体,组织党员入网进群,探索推进"智慧社区"建设的路径方法,推广运用"爱社区"程序,以大数据手段对网格事件数据进行深度挖掘与多维分析,对物业管理、车辆乱停、噪声扰民等频发问题集中力量进行靶向治理,为推进社区治理工作提供了便捷、高效、实时的信息化手段支撑。

(六)党建引领"全科网格"推动管理服务精细化

H区街道党工委坚持党建引领与网格治理相融合,以S街道建设W社区专属网格示范点为契机,推动区域内专属网格资源与社区需求有序对接,打造网格化治理、精细化服务的"全科网格"升级版,激活基层治理的神经末梢。

为提高管理服务的精细化水平,在S街道党工委及相关部门的支持下,W社区党委在原来5个住宅网格的基础上,结合辖区大型商业广场覆盖情况建立了3个专属网格,并根据商业实际情况将3个专属网格细化为8个微网格,搭建"街道—社区网格长—网格员—微网格员"的四级管理架构,统筹构建"网格员+街道包保干部+行业主管部门对接人+社区民警+专属网格单位联络员"专属网格"五包一"工作模式,将党的建设、治安维稳、矛盾化解、食品安全等社区治理事项纳入网格,在商场、写字楼各楼层的显著位置加挂"W社区专属网格服务公示栏",有效地解决了商户有问题找不到人的问题。

为确保居民和商户的问题得到解决,社区党委通过在线协作台账的形式,实时记录收集的问题,将问题分门别类,对于需要多个部门联合解决的问题,通过"吹哨报到"寻求帮助,逐条进行销账,形成工作闭环。此外,社区党委积极整合商业综合体、商务楼宇管理力量,将商圈楼层管理员、安保人员纳入网格管理队伍,延伸服务触角,提升治理效能。

社区党委坚持问题导向和需求导向,积极响应企业和群众需求,整合网格内的商企公益资源打造"党建+"志愿联盟,共同创建"公益市集"品牌,充分发挥商圈优势,形成资源共享、优势互补的党建工作新格局。2024年以来，"公益市集"提供的志愿理发、健康义诊、法律咨询、电信反诈宣传等项目服务居民超千余人次。

社区党委还针对部分商户的特定需求，开展定制服务，为企业发展保驾护航。网格员在走访时发现，部分企业员工不了解工伤方面的政策，社区党委积极链接服务资源，联合H区人社局、市社会保险学会面向辖区企业、员工开展工伤预防主题宣传活动，从源头上控制和减少安全事故的发生率，为企业和谐稳定健康发展拉起"保护网"。针对部分企业关心的法律知识问题，社区党委联合壹心社会工作服务中心、辖区10余家企业、医疗机构、律师事务所等多方资源，安排公益律师开设线上法律小课堂30期、线下法律讲座2期，引导企业运用法律手段化解生产经营中遇到的问题。

通过逐级压实党建工作责任，确保各级网格充分发挥作用。街道总网格需强化党建工作在基层社区组织建设、公共管理等基本职能中的核心作用，履行加强党的建设的主要职责。行政党组、机关党组及区域联席会议理事会应相互协调，加强条块联动，确保服务群众的"最后一公里"畅通无阻。同时，创新网格化党建模式，将业主代表、街区商家、商务楼宇等纳入社区党建成员，并逐步开展各类党建活动，探索"企业+商圈+街区"等新模式。社区网格应积极组织网格微公益行动等活动，引领和协调各方力量积极参与社区问题的发现、讨论和解决，并加强网格内的信息共享与协调，落实"一岗双责"制度，充分发挥基层党组织和网格员的作用。微网格作为居民区网格的支撑点，应通过党员责任区等方式带动党员关注并参与社区事务，推行居民区微公益项目党员认领清单，同时党支部应发动带领周边群众参与社区自治共治，对存在的问题共同商讨解决方案。

创新"一网多用"模式，推进党建、行政、服务"三网融合"。街道注重将自治要素有机融入社区网格化治理模式中，不断增强基层居民自治的意识和能力，鼓励党员在网格中积极发挥作用，确保党组织和党的工作影响力落到实处。在党建方面,街道建立党建工作领导小组,定期开展各项工作,不断提升党组织的凝聚力和战斗力。在行政方面,街道建立完善的行政管理机制,加强对各项事务的管理和监督,提高了行政效能。在服务方面,街道为居民提供了多项便民服务,如社区健身设施、文化活动等,增强了居民的满意度和归属感。这种基于微网格的社区治理模式,不仅激发了社区居民和楼宇白领的积极性和创造力,也提高了社区治理的精准度和效率,使街道基层社会治理效能得到全面提升。

H区各街道不仅提升了网格化党建工作的质量和效果,还促进了社区治理的现代化与精细化。这些举措加强了基层党组织的领导作用,提高了社区服务水平,增强了居民的参与感和满意度,为构建和谐社区奠定了坚实的基础。

四、党建引领社区网格化治理实施成效

(一)巩固党组织在社区治理中的政治核心地位

巩固党组织在社区治理中的政治核心地位。H区社区网格化治理进程中,党的领导作用得到了充分体现。首先,社区党组织运行体系化,社区党组织通过建立网格党支部和楼栋党小组,加强了基层党组织的战斗堡垒作用。网格党支部由社区内按片区划分的网格中的所有党员组成,并选举产生党支部书记、副书记及委员,负责网格内党员的日常管理工作。楼栋党小组作为网格党支部的延伸,组长通常由在职党员担任。其次,在职党员下沉社区网格,活跃在社区的各个角落。他们从处理长期堆积的垃圾开始,关心慰问孤寡老人,从自身的专业出发,在小区开展法治宣传和消防演练等活动。在职党员在社区中发挥模范带头作用,以党员和社区居民的双重身份积极参与社区治理,激发治理活力,并自觉接受社区居民的日常监督。

H区高度重视党建与社区治理的深度融合,通过一系列具体行动拉近了

党和群众的距离,将党抽象的形象转变为具体为民服务的实际行动,既加深了群众对党的了解,也增强了人民群众对党的信任和支持。

(二)构建社区多元主体协同共治新局面

多元主体协同参与,构建社区共治新局面。通过推行党建引领社区网格化治理模式,H区各街道在区域化党建、居民区党建、"两新"组织党建、机关党建等领域实现了融合,确保了党组织能够全面覆盖基层社区网格,为社会治理提供了强有力的支持。同时,党组织发挥牵头作用,联动网格内的多方人员,组建了相应的队伍,实现了各种力量之间的协同合作。这一做法充分发挥了各方的优势,促进了资源共享,使社会治理变得更加高效和便捷。

在基层党组织的引领下,推行了全周期的管理模式,形成了多主体参与、协同高效的工作体系。例如,C社区党委拓展建立了邻里党小组,形成了"社区党委—网格党支部—邻里党小组—党员中心户"的四级架构。在216个居民楼栋中设立了65户"党员中心户",每户党员中心户联系周围的10名左右党员,发动了123名党员认领群众的"微心愿",帮助解决了实际问题。成立了党建联盟,定期开展"点亮微心愿、释放微能量、递送微服务"等活动,并定期召开党建联席会研究社区事务,解决了诸如人居环境改善、物业纠纷等一系列群众身边的"关键小事"。

这种多元治理模式协同参与社区治理,不仅有效弥补了政府单方面力量触及不到的短板,还能够更加全面地满足社区居民多样化的服务需求,推进了社区治理现代化的进程。

(三)提升治理效率和精细化管理水平

H区秉承精细深入的原则,致力于提升治理效率和精细化管理水平。为此,H区进一步完善了网格架构,优化了网格设置,并在硬件和软件两个层面为网格化党建提供了全面支持,确保服务管理工作落到实处。通过网格化党建和党群服务阵地建设,紧密结合多元共治的要求,采用线上线下相结合的服务模式,提供智能化民生服务,使居民能够更好地体验数字技术带来的便利。此举不仅丰富了居民的精神文明生活,而且显著提高了他们的幸福感和满意度。

H区充分利用居民对党组织和党员的信任,在社区网格的实际运作中,确保党组织队伍和人员尽可能到位,党员干部需积极参与,以便居民能够看到代表大家表达和完成民意诉求的可信之人。同时,加速数字科技与社区的深度融合,借助信息化手段建立数据库,收集并汇总居民实际情况和日常问题,更好地掌握工作底数。实施居民区日常巡查制度,对需要综合协调的问题及时上报综治中心,确保党组织能够实时掌握辖区实际情况。这种方式改变了以往粗放式的治理模式,使广大党员积极参与其中,让更多的群众获得实实在在的利益。

第六节　调查设计及实施情况

为深入探究H区在党建引领下社区网格化治理的现状与成效,设计并实施了一项综合调研,该调研聚焦于H区的社区居民,通过问卷调查的形式收集他们的意见与反馈。同时,我们还对相关治理工作者进行了深度访谈,旨在从一线实践者的视角获取更为直观和深刻的见解。所有收集到的数据和信息均经过了严谨的分析与整理,确保了研究结果的科学性和合理性。

此次调研的核心目标是识别并剖析社区网格化治理过程中存在的关键问题,通过深入分析,提炼出问题的本质,为进一步制定有效的应对策略奠定基础。我们的最终期望是,通过剖析H区的经验与问题所在,为其他地区开展类似的社区网格化治理工作提供有益的参考与启示,促进社区治理模式的优化与创新,提升整体治理效能。

一、问卷设计

(一)调查目标

社区居民作为网格化治理的核心受众,他们对党建引领下的社区网格化治理成效有着最为直观的感受和评判。因此,从居民视角出发,对其满意度进行调查评估,是检验治理水平高低的有效途径。居民满意度直接映射出居民对社区治理的实际需求和期待。为确保社区治理工作真正贴近民心,以提升居民满意度为关键指标,既是测评的重点,也是研究的焦点。本次调查旨在全面考察社区居民对党建引领与网格化治理的融合度、社区服务效能、多元主体参与度、信息化平台使用体验等方面的认知与反馈,通过归纳与分析,探寻H区党建引领社区网格化治理的优化策略和改进方向。

(二)调查群体

本次问卷调查的对象选定有一定规模的治理模式成熟社区的居民。依据第七次全国人口普查中的人口分布数据,采取分层随机抽样的方法,确保不同年龄层次的居民按比例参与调查,以获取全面、均衡的样本数据,收集并整合社区居民对治理工作的直接感受和真实评价。

(三)调查内容

本书围绕党建引领与网格化治理的协同机制、社区服务品质、多元治理主体的参与度、信息化平台应用等多个维度展开调查。问卷设计涵盖了居民参与度、社区资源分配、公共服务获取渠道、服务内容满意度、服务质量感知等多个层面,其中个人信息单选题5道、治理情况单选题8道、治理情况多选题4道、量表打分题16道,共计33道问题,旨在全方位捕捉居民对社区治理的综合评价。通过居民的反馈,可以在研究中深入剖析社区治理的现状,识别潜在问题,为H区社区网格化治理的持续优化提供数据支持和策略建议。

二、访谈设计

(一)调查目标

本书采用了访谈法,旨在深入了解H区社区党建引领网格化治理的实际情况及存在的问题。研究过程中,对街道网格中心工作人员及社区工作人员进行了访谈,并详细记录和分析了访谈内容,对发现的问题进行了深入剖析。通过对访谈资料进行学术化处理和编码,揭示了具体的案例细节,为解析社区治理背后的逻辑机制提供了重要的实证支持。

(二)调查群体

本次访谈的对象选定两个在党建引领社区网格化治理应用较为成熟的街道,通过访问X街道、S街道网格中心工作人员、社区书记和网格员,获得第一手资料。

(三)调查内容

访谈围绕党建引领与网格化治理协同运行的管理模式、实际情况、监督考核机制等多个维度展开调查。通过工作人员的反馈,获得了第一手资料,对资料的系统整理和分析,揭示了社区党建引领网格化治理中存在的关键问题及其背后的原因,为后续的研究和改进提供了坚实的基础。

三、调查实施与分析

(一)问卷发放情况及信效度分析

此次问卷通过网络(问卷星)及现场纸质版问卷的方式开展调查,共下发问卷220份,回收有效问卷202份,回收率91.8%。

被调查人员基本情况如下表所示。男性103人,所占百分比51%;女性为99人,所占百分比49%。年龄在18—30岁78人,所占百分比38.6%;31—50岁98人,所占百分比48.5%;51岁及以上26人,所占百分比12.9%。其中

31—50 岁(48.5%)最高,51 岁及以上(12.9%)最低。职业为政府工作人员 15 人,所占百分比7.4%;企业员工 116 人,所占百分比57.4%;个体经营者 71 人,所占百分比35.1%。其中企业员工(57.4%)最高,政府工作人员(7.4%)最低。在 H 区居住时间1—3 年43人,所占百分比21.3%;3—5 年72人,所占百分比35.6%;5 年以上87人,所占百分比43.1%。其中5 年以上(43.1%)最高,1—3 年(21.3%)最低。

表 1.1　被调查人员基本情况

调查项目	选项	频数	百分比%
性别	男	103	51%
	女	99	49%
年龄	18—30 岁	78	38.6%
	31—50 岁	98	48.5%
	51 岁及以上	26	12.9%
职业	政府工作人员	15	7.4%
	企业员工	116	57.4%
	个体经营者	71	35.1%
您在 H 区居住的时间:	1—3 年	43	21.3%
	3—5 年	72	35.6%
	5 年以上	87	43.1%

利用数据分析软件 SPSSAU 对问卷数据进行分析,对其中问卷量表题的全部16个变量进行分维度信效度检验。用 KMO 和 Bartlett 检验对问卷效度进行效度分析,得到调查问卷的信度和效度数据(如下表所示)。根据总体信度系数为0.878,说明问卷总体的可信度极好。使用 KMO 和 Bartlett 检验进行效度验证,KMO 检验的系数结果为 0.865,Bartlett 检验卡方值为1500.000(Sig.=0.000<0.01),说明问卷总体的效度极好。

表1.2　可靠性统计总体信度分析

维度名称	Cronbach　Alpha	项数
党建引领与网格化治理融合机制	0.853	4
网格化服务能力	0.844	4
多元治理主体参与	0.851	4
信息化平台	0.859	4
总体	0.878	16

表1.3　KMO和巴特利特效度检验

KMO　取样适切性量数		0.865
巴特利特球形度检验	近似卡方	1500.000
	自由度	120.000
	显著性	0.000

(二)访谈情况

在本次研究中,选取了10名自愿参与的受访者进行面对面的深入访谈。这些访谈对象在职业年限、岗位职责以及社区网格化治理的实践经历上展现了广泛的代表性。通过对访谈资料进行学术加工和编码整理,细致地记载了访谈的详细内容。观察这10位受访者的职务分布,包括街道网格化管理中心工作人员、社区党组织书记以及社区网格管理员,均为社区网格化治理的实践者,且均具备丰富的社区工作背景,对社区治理提出了独到见解。从工作年限上看,平均工作年限为6.4年,说明受访者对社区网格化治理有着深入地认识,并对治理工作的优劣及改进空间提出了具体看法。通过对这10位受访者的访谈,能够更准确地把握当前社区治理的现状,从而赋予研究以权威性。

表1.4 访谈记录表

序号	访谈对象编码	访谈时间	访谈地点	访谈对象	工作年限
1	A	20240321	X街道会议室	网格化管理中心工作人员	12
2	B	20240322	S街道会议室	网格化管理中心工作人员	8
3	C	20240321	X社区办公室	社区书记	8
4	D	20240321	C社区办公室	社区书记	7
5	E	20240322	W社区办公室	社区书记	5
6	F	20240322	Y社区办公室	社区书记	6
7	G	20240321	X社区办公室	社区网格员	6
8	H	20240321	C社区办公室	社区网格员	5
9	I	20240322	W社区办公室	社区网格员	4
10	J	20240322	Y社区办公室	社区网格员	3

第七节 H区党建引领社区网格化治理问题分析

一、党建引领与网格化治理融合度低

从理想的视角审视,基层党建应能指导并提高社区网格化治理的效率,将体制的优势无缝转换为实际操作的效能,从而推动社区网格在各个领域取得创新性突破。然而在实际操作层面,基层党建与社区网格化治理之间显现出若干不和谐之处,二者融合程度有限,有时甚至存在对立与摩擦。

(一)工作性质的差异

基层党建侧重于思想引领,强调理论与实践的统一,常被视为偏向于"精神建设"。相比之下,社区网格化治理则聚焦于直接应对和解决具体问题,其成效明显且迅速,常被视为"实践导向"。在社区中,网格员面临繁重的工作量与人手不足的困境,这使得他们难以同时承担党建责任与网格管理职责。鉴于此,网格员往往倾向于优先处理能即时显现成效的网格事务,而非党建活动。访谈C社区书记D时,她表示:"网格员日常网格管理的工作烦琐且工作量大,对于党建相关工作任务,难以分出专门的工作时间来专门做,常见的是在日常网格工作中见缝插针,将党建工作的检查资料备齐,难以达成精神引领的效果。"根据问卷调查结果显示,65.8%的居民对于党建引领社区网格化治理模式了解程度低,56.4%的居民认为党建引领在社区网格化治理中的作用并不重要。

表1.5　党建引领了解程度频数统计

访谈内容	选项	频数	百分比%
您对党建引领社区网格化治理模式的了解程度是:	非常了解	15	7.4
	比较了解	54	26.7
	了解一点	56	27.7
	完全不了解	77	38.1
	汇总	202	100
您认为党建引领在社区网格化治理中的作用:	非常重要	23	11.4
	比较重要	65	32.2
	一般	53	26.2
	不重要	61	30.2
	汇总	202	100

(二)资源投入与回报的不对称

基层党建通过组织各类活动,如党员志愿服务、主题党日、党建知识竞赛及科普讲座,旨在激发党员的参与热情,但这些活动的实际影响力远未达到预期目标。社区居民参与活动的动机往往源自奖品吸引,而非对活动主题的真正兴趣,导致活动表面化,未能有效传播志愿服务的精神内核。根据问卷调查结果显示,仅有17.3%的居民经常参与社区活动,参与比例较低。访谈X社区网格员G时,她表示:"发出社区活动或党建活动通知,往往需表明参与活动有相应的小礼品,参与度才会多一点。而到了活动当天,参与居民对活动内容的兴趣不大,大多都等着发小礼品。但因为经费和资源不足,并非每次活动都能发放小礼品,没有小礼品的活动参与者很少,难以获得预期的效果。"

表1.6　社区活动参与频数统计

访谈内容	选项	频数	百分比%
您参与社区活动的频率?	经常参与	35	17.3
	偶尔参与	113	55.9
	从未参与	54	26.7
	汇总	202	100

(三)治理形式的差异

社区党建致力于服务民众,加强与群众的联系,遵循上级党组织指示,履行党建使命,以思想引领为核心,力求在社区治理中展现党建的主导作用,追求居民满意度的最大化。而社区治理则首重秩序维护,通过制定规则约束民众行为,旨在培养良好的生活习惯。在这一框架下,居民更多被视为管理对象,服务仅在确保规章制度得以遵守的前提下予以考虑,这与党建倡导的服务先行治理形式形成鲜明对比。访谈X社区书记C时,她表示:"社区的一些专项工作会造成居委会与居民间的矛盾,比如清理消防通道的垃圾或上门检查燃气情况等,这是社区治理中不可避免的,这些矛盾也会转移到社区党建工作中来,有过矛盾的党员或群众,很难配合参与党建活动。"

二、社区网格化服务能力有待提高

(一)社区网格工作者能力待提高

在党建引领社区网格化治理中,人才是推动这一机制有效运行的核心要素。问卷调查数据显示,24.3%的居民对于社区网格服务不满意,30.2%的居民基本满意,满意度较低。

表1.7　社区网格服务满意的频数统计

访谈内容	选项	频数	百分比%
您对所在社区网格服务的满意度是:	非常满意	26	12.9
	满意	66	32.7
	基本满意	61	30.2
	不满意	49	24.3
	汇总	202	100

在关于党建引领社区网格化治理工作待提升项目统计数据显示,47.5%的居民认为工作人员综合素质待提升,需加强队伍建设。关于党建引领社区网格化治理措施统计数据显示,49.5%的居民认为应提高网格工作人员的服务态度和专业水平。

表1.8　党建引领社区网格化治理待提升项目统计

访谈内容	选项	响应		普及率%
		n	响应率%	
您认为党建引领社区网格化治理工作还有哪些方面需要提升	党组织引领作用待加强	75	15.991	37.129
	宣传力度待加强,居民思想共识的凝聚力相对不够,参与度低	88	18.763	43.564

续表

访谈内容	选项	响应		普及率%
		n	响应率%	
	工作人员综合素质待提升，需加强队伍建设	96	20.469	47.525
	社区事务处理的效率待提升	92	19.616	45.545
	社区文化活动的内容和形式待丰富	74	15.778	36.634
	对困难群体的帮扶和关爱待加强	44	9.382	21.782
	汇总	469	100.00	232.178

表1.9 党建引领社区网格化治理统计

访谈内容	选项	响应		普及率%
		n	响应率%	
在党建引领社务网格化治理工作中，您认为以下哪些措施能进一步提升社区服务质量	增加社区服务项目，服务更加精细化全面化	74	18.137	36.634
	提高网格工作人员的服务态度和专业水平	100	24.510	49.505
	加强社区服务设施建设	40	9.804	19.802
	定期收集居民的意见和建议	49	12.010	24.257
	加大社区服务的宣传力度	79	19.363	39.109
	完善党组织的建设，加大党员的教育、管理及监督	66	16.176	32.673
	汇总	408	100.00	201.980

社区网格工作者，作为基层治理现代化进程中的关键角色，虽然H区已对其进行多轮培训，但在实际工作中仍暴露出很多能力短板，工作能力不足具体表现如下：

统筹协调能力欠缺。一些网格工作者缺乏实战经验,仅依赖岗前培训,当面对错综复杂的事务时,往往手忙脚乱,难以从容应对。加之日常还需承担大量行政任务、参与会议和应对各种检查,这消耗了大量时间,致使直接服务于民的时间大幅缩减,难以实现行政与服务并重的理想状态。

创新解决问题能力薄弱。部分网格工作者如同社区治理机器中的被动部件,机械地执行上传下达的任务,依赖惯性思维处理问题,受限于权限范围,难以提出创新性的解决方案。这导致他们在面对新情况时,既无法依赖旧法,又无新政策可用,陷入僵局。

学习适应能力有限。社区党支部书记,通常由在职党员担任,平均年龄约40岁,这一群体往往思维定式,对新知识的吸收和新事物的接纳能力有限,显示出心有余而力不足的状况。

上述实际工作能力短板若不加以重视,长期下去,将对整个团队的素质造成负面影响,后果堪忧。访谈中,W社区党委书记E提道:“社区网格员流动性较大,许多人员在初步掌握工作技能后,因难以承受高强度工作和压力,突然选择离职,而新入职者尚未具备所需的专业能力,导致工作屡屡陷入被动局面。”当前,部分工作人员能力有限,直接反映在工作效率低下上。社区工作迫切需要一支专业、高效的人才队伍。在与Y社区网格员J的交流中,当被问及H区如何具体实施党建引领社区网格化治理时,她无法清晰地阐述大党委架构与社区网格体系的区别与关联,这反映出部分工作人员对自身职责和专业知识掌握不足,能力提升迫在眉睫。

除了工作能力,部分网格工作者在思想层面也存在短板,政治素养与服务意识有待加强,对党建工作态度冷漠,将党建学习简化为参会听讲,过分强调形式而忽视内容,其主要动机在于应对上级考核,而非真心实意地投身党建工作。访谈X社区书记C时,她表示:“部分党员干部认为参加学习会议是时间的浪费,因而教育成效不佳。真正潜心钻研理论、灵活运用政策的党员干部数量不多,导致对相关政策和制度的理解与把握存在偏差,政策执行效果大打折扣。更有甚者,一些党员干部缺乏作为党员应有的责任感和使命感,缺乏服务群众的意识,将社区工作视为个人职业发展的跳板,对待工作敷衍塞责,忽视社区长远发展和居民福祉。"对中央关于基层党建的理论与方针的学习理解不深入,未能在思想和政治上同党中央保持高度一致,对党员身份的责任感和使命感认识肤浅。这种表面化的学习导致所学知识难以转化为实践智慧,最终使得党建引领社区治理的努力付诸东流。

综上,调研数据表明,在 H 区推行党建引领社区网格化治理的过程中,部分城市社区网格工作者的综合能力亟待提升,以确保治理机制的有效运转和持续优化。为实现这一目标,必须采取措施强化培训,提升网格工作者的综合素质,包括但不限于加强统筹协调能力、培养创新思维、提升学习适应速度,以及建立稳定的人才梯队,确保社区网格化治理的顺利进行。

(二)社区网格服务供给能力不足

在社区网格化治理的实践功能中,其设计初衷旨在兼顾纠纷调解、联防联控、信息采集的管理职责,以及需求反馈、服务供给、民意沟通的服务功能,然而在实际操作中,这两者之间的均衡关系并未得到有效维持。网格化治理的突出优点在于,它通过垂直的网格体系构建,打破了基层治理中部门间的界限,旨在将各类基层事务化解在最基层的网格单元中。然而在执行层面,基层的决策权限与治理资源的不足成为瓶颈,导致部分网格员仅限于收集上报基层事务,而缺乏解决实际问题的能力,形成重收集轻解决的倾向。问卷调查数据显示,56.9%的居民对于网格员的工作内容了解甚少,可见居民接受的网格服务也并不多。

表 1.10　居民对网格及网格员的了解程度统计

访谈内容	选项	频数	百分比%
您是否了解居住地所属的网格,是否了解网格员具体工作?	非常了解	23	11.4
	比较了解	64	31.7
	了解一点	53	26.2
	完全不了解	62	30.7
	汇总	202	100

关于党建引领社区网格化治理成效的统计数据显示,仅有社区环境更加整洁美观及社区活动更加丰富多样两个选项的比例超过40%,邻里纠纷的解决、社区治安及公共设施维修方面普及率均低于40%,由此可见社区网格服务供给量和治理成效均不足。

表 1.11　网格化治理成效统计

访谈内容	选项	响应		普及率%
		n	响应率%	
您认为H区党建引领社务网格化治理的成效有哪些?	社区环境更加整洁美观	87	21.859	43.069
	邻里纠纷能更及时有效地解决	66	16.583	32.673
	社区活动更加丰富多样	108	27.136	53.465
	社区治安明显改善	79	19.849	39.109
	公共设施维修更加及时	58	14.573	28.713
	汇总	398	100.00	197.030

深层次分析,网格化治理模式的内在属性源于行政力量与现代信息技术的结合,其组织架构承袭了明显的行政色彩,受到科层制和压力传导体制的影响。基层网格员往往将网格服务视为上级政府分配的行政任务,倾向

于执行那些有明确考核标准的"管理"任务,尤其是强调维护社会稳定,而对于网格居民的服务需求响应不足。服务职能由于缺乏具体的评估指标和量化标准,在网格员有限的工作时间和精力下,易被边缘化。从服务力量的角度看,网格化治理采用多层次联动机制,各级网格的职能与权力配置各异,尽管问题的发现依赖于下级网格内部的信息快速传递,但问题的解决仍需依赖于向上级政府的汇报与协调。当前H区社区网格的权责失衡,缺乏相应的职权和资源配置,使得网格内问题难以在基层层面得到有效解决,缺乏足够的治理资源支撑,进而导致公共服务供给能力受限,网格服务功能的发挥受到制约。

（三）党建引领社区居民自治能力不足

在H区的城市居民自治框架下,社区居委会和基层党组织面临着领导群众自治能力的局限,主要体现在以下五个方面:

第一,党建工作上未能实现全面覆盖及深入群众,思想层面的引领作用有待提升。一些基层党组织将党建视为"务虚"工作,未能深刻理解党建引领社区居民自治的重要性和必要性。党建教育培训流于形式,内容单调乏味,多数活动仅仅停留在文件学习、党课听讲和会议记录的层面,缺乏实质性的内涵和深度。这种认识上的偏差,导致社区党组织在实际工作中重业务轻党建,重治标轻治本。缺乏从政治站位的高度把握基层方向和引导居民依法参与社区治理的能力。同时,部分党员存在责任意识不强、能力不足等问题,导致党员先锋模范作用发挥不足,进而影响到居民自治能力的提升。

第二,居委会的角色界定模糊,行政色彩浓厚,自治特性未能充分彰显。调研显示,H区的多数居委会主要精力集中在协助政府部门处理治安、环境卫生、民政事务等行政任务上,成为基层政府职能的延伸,而对推动居民自治的工作投入相对有限。居委会往往被视为完成政府指派任务的执行者,而非自主引领社区治理的组织。

第三,社区居民的归属感、认同感和参与度偏低。访谈Y社区网格员J时,她表示:"很多居民认为居委会是服务的提供者,居民是服务的享受者,并不清楚社区是居民自治组织,少部分居民知晓居民自治,但也明白参与自治并不是强制行为,特别是在职居民,参与意愿较低且没有时间,而能参与的老年人和儿童能发挥的作用有限,所以总体居民自治效果并不好。"许多居民对社区居委会作为自治组织的性质缺乏认知,即便知晓,也表现出参与意愿不强。参与社区活动的往往是老年人、儿童和低收入群体,中青年人群的参与率较低。居民参与社区事务的方式多为被动跟随,即在网格员的主导下,参与已定议程的活动,而对于社区规划、决策过程和公共权利监督等实质性议题的参与度极低。

第四,居委会自身建设乏力,资源匮乏,具体表现在:其一,资金来源几乎完全依赖政府拨款,缺乏调动社会资源的能力。其二,工作人员薪酬偏低,这不仅削弱了在职人员的工作热情,也难以吸引高素质人才加入。其三,工作能力需提升,居委会习惯于行政性工作,缺乏自治服务的技巧,对居民需求的了解不足,导致与居民需求对接不畅,目标不一致,居民对社区的归属感减弱。

第五,居委会在处理与物业公司、业主委员会、驻区单位及社会组织等多元主体的关系时,以及在整合调动社会资源方面,能力尚显不足,难以满足居民自治的现实需求。访谈X社区网格员G时,她提道:"很多居民投诉的事情我们很能理解,但居委会的职权有限,大多时候只能上报至有关部门解决,如果最后解决不了,居民总是说我们不作为。"由此可见,在协调各主体关系方面若不采取针对性措施,居委会可能陷入信任危机,失去社区居民的信任和支持,进而影响社区治理的整体效果。

三、多元治理主体参与不足

(一)网格多元主体协同治理机制待完善

推进党建引领社区网格化治理现代化,核心在于发挥党建的引领作用,构建多方主体共同参与的治理格局,从而全面提升城市社区治理的现代化水平。当前,多元化治理主体在权责分配上存在的问题,主要源于多元主体间互动与协作机制的不健全。这一问题可细化为以下三个层面:

首先,动员机制存在缺陷。访谈 W 社区书记 E 时,她提道:"党员干部下沉社区效果不理想,社区对下沉干部没办法强制安排工作,他们本职工作繁忙,遇到社区的任务常常是来打个卡就走了,参与度并不高。"尽管要求包联单位的党员干部全面下沉社区,但在非紧急状态下,党员的参与度并不高,多数情况下,由于党员在本职工作中负担繁重,社区会议和活动的出席率较低,影响了动员效果。

其次,责任界定不清。在党建引领的社区治理中,涉及多个主体的合作,但由于牵头单位与责任主体不一致,容易产生责任归属的混淆。访谈 W 社区书记 E 时,她表示:"社区居民的很多需求需要相关部门认领并解决,但在执行过程中出现问题时,居民往往直接向社区问责,而非相关部门。某社区物业把枯死的树砍掉了,居民本就和物业有矛盾,找到居委会投诉物业违法砍树,社区没有处置违法行为的权力,只能上报给相关部门,但解决过程不顺利,被投诉的还是居委会。"为此,在启动任何项目之初,应明确定义责任主体,并对外公布,以避免责任推诿。

最后,激励、考核与监督机制的缺失。这三者构成了一个完整的管理体系,若缺乏明确的奖惩标准,将难以激发主体的积极性;若考核机制不健全,就无法客观评价工作绩效;若监督不到位,也无法确保激励与考核的公正性。单方面的奖励或忽视惩罚都会削弱机制的有效性,同样,监督力度不足也会导致机制失灵。因此,必须构建和完善激励、考核、监督的闭环机制,为社区多元主体的协同治理提供坚实的制度支撑。

(二)多元治理主体权责关系失衡

伴随党建引领社区网格化治理现代化的推进,多元主体间的权责失衡问题日益凸显,表现为权责关系的模糊与不匹配。具体而言,问题集中于以下三个方面:

首先,多元主体在处理社区事务时,权责不对等问题尤为显著。居民遇事求助社区已成为常态,而社区作为基层政策落地的终端,承载着双重角色:既是居民需求的响应者,需全心全意服务民众,解决实际困难;又是行政体系的延伸,肩负完成上级布置任务的职责。这双重身份使得社区工作既复杂又繁重,特别是在行政任务的压力下,社区被迫承担过多的行政责任,却缺乏相应的实质性权力。在实际操作中,社区往往需要与其他主体协作,但权力的缺失导致权责关系失衡。

其次,街道层面同样面临权责不对等的挑战。党建促基层能力提升专项行动,其运行机制形成了市委到街道、社区直至居民的两条线。这种层级关系下,街道对下属社区的党组织建设虽负有责任,却缺乏实际管控力,对辖区单位党组织的约束力有限。这导致工作人员虽有热情与动力,却因权力不足而缺乏底气,工作推进依赖个人关系或上级指令,严重影响了治理效率。权责不对等成为制约治理效能的关键因素。

最后,单位在参与社区治理时,也遭遇权责不对等的困境。市直单位承诺满足居民需求,但诸多事务涉及跨部门审批,单位本身并无直接执行权,导致居民需求清单难以迅速兑现。究其根源,权责关系的不匹配是症结所在。

访谈中,C社区书记D提及:"虽然各治理主体均设有权责清单,但社区本质上缺乏实际执行权。面对居民多元化需求,社区尽最大努力解决,无法完成的则需上报或转交相关部门。在处理社区事务时,我们秉持全心全意为人民服务的宗旨,但由于缺乏强制执行力,在涉及居民权益问题时,我们只能进行安抚与协商,必要时提供合法途径的建议。"

访谈 C 社区网格员 X 时,她表示:"包联单位在认领任务后,会制定计划并实施,但资金与人力资源的不足,以及权力受限导致审批不畅,均会影响任务执行的效率。"

(三)社区党组织凝聚多元主体参与社区治理的能力不足

问卷调查结果显示,64.3%的居民认为多元主体参与网格化治理的效果并不好。社区党组织在动员凝聚多元主体共同参与社区治理方面的能力尚待提升,尽管社区网格化治理体系正逐步完善,多元治理主体的角色也已明确,但从实际操作层面来看,社区党组织的统筹协调功能需进一步强化,未能充分发挥其在社区治理中的引领作用。这一现状导致驻区单位、物业公司及社区居民等多元主体的协同效应不显著,制约了多元主体在社区治理中的有效参与。

表1.12　多元治理主体参与网格化治理的效果统计

访谈内容	选项	频数	百分比%
您认为多元主体参与网格化治理的效果如何?	非常好	16	7.9
	较好	56	27.7
	一般	53	26.2
	不好	77	38.1
	汇总	202	100

首要问题是基层党建对社区网格化治理的引领作用不足。问卷调查结果显示,对于社区治理主体,居民和社区居委会的普及率超过40%,党组织、物业公司、业主委员会、相关企业和政府机构的普及率均低于35%。由此可

见,大部分居民并未感受到多元主体治理。在H区,多数社区的党建引领社区网格化治理中,党员网格员的比例偏低,未能有效汇聚社区党员的工作能量,致使党建在网格化治理中的引导作用不突出。实地考察发现,部分驻区单位及在职党员对共建工作重视不足,未将其置于党建工作的重要位置,仅在上级党组织的指示下勉强建立共建关系。实践中,对相关政策文件的理解与传达存在偏差,社区党组织未能有效激发驻区单位的主观能动性。例如,在组织活动时,联动单位常常仅限于按社区要求提供物资,而不积极参与活动策划及其他社区治理活动,导致共建机制的实际效果与预期相去甚远。在此过程中,社区党组织应积极引导驻区单位根据自身职能特色,发挥优势,提出创新性的社区治理方案,以增强共建机制的实效性。

表1.13　社区治理主体统计

访谈内容	选项	响应		普及率%
		n	响应率%	
您认为社区治理的主体有哪些?	居民	90	20.270	44.554
	社区居委会	90	20.270	44.554
	党组织	52	11.712	25.743
	物业公司	61	13.739	30.198
	业主委员会	45	10.135	22.277
	相关企业	37	8.333	18.317
	政府机构	69	15.541	34.158
	汇总	444	100.00	219.802

其次,社区党组织在调动物业公司参与社区治理的积极性方面表现欠佳。当前,H区部分社区内的物业公司已建立党组织或党务小组,但仍有众多物业公司未设立独立的党组织,物业公司的党建工作亟须加强。此外,H区的许多社区党组织未能充分整合物业公司在社区治理中的力量,物业公司的作用和价值未能充分体现,导致其在社区治理中的参与度不高,服务品

质参差不齐,与居民之间时有纠纷。针对这一问题,社区党组织应主动作为,加强与物业公司的沟通协作,推动物业公司党建工作的开展,提升其在社区治理中的参与度和贡献度,确保物业服务质量,构建和谐的社区环境。

（四）多元主体治理利益冲突

在社区网格化治理的框架下,党建引领意味着以社区党组织为中心,充分发挥其政治引领力和组织效能,促进多元主体的协同参与,实现资源整合与行动一致,进而推动社区治理的和谐与高效。然而随着国家与社会关系的演变及二者界限的模糊,实际操作中多元主体间的冲突与差异性日渐凸显,其各自的利益追求与行为逻辑纷繁复杂,呈现出日益多元与分散的趋势,进而加剧了治理的复杂性。

社区党组织在整合多元主体与资源方面面临的挑战,主要源于社区内部利益主体与价值观念的多样性,以及由此引发的矛盾冲突。这种"撕裂"状态不仅体现在目标与行动上的不一致性,也体现在各主体参与治理的动机差异上。访谈 X 社区网格员 G 时,她提道:"社区下辖的某小区是公寓楼,水电费和物业费比普通住宅贵很多,居民怨声载道,找社区进行调解,但是社区的职权有限,甚至可以说除了劝说没有其他措施可以提供,最终与物业公司谈判失败,我们也很无奈。"作为盈利导向的物业公司,其在社区服务中的表现可能更侧重于经济效益,而非服务品质,这往往导致与社区居民间的摩擦。

在实践中,多元主体间的协调难度可归因于社区党组织与其他主体间存在的潜在矛盾。我国当前社区治理中自治水平普遍偏低,若党组织过度依赖行政权力主导治理,可能会抬高其他主体参与的门槛,抑制物业公司、社区居民等主体的主动性和参与度。社区党组织的权威性可能限制了物业公司在治理中的作用空间,使其难以找准定位,影响了对居民的服务质量。

社区书记在协调社区各方主体关系中扮演着关键角色,他们需要应对复杂多变的利益格局与价值冲突。在现有制度下,社区治理强化社区党组织的领导力,但如何在多元化背景下实现各方主体的和谐共处,仍是一项艰巨任务。访谈中,X社区书记A指出:"社区党组织、业委会、物业公司共同构成了社区治理的'新三驾马车',但在实际运行中,仍面临协调不畅、联动不足的难题。虽然联席会议制度的引入取得一定成效,但要实现真正的协同合作,还需进一步完善制度设计与约束机制。"

四、信息化平台不完善

在H区,党建引领下的社区网格化治理模式充分利用网格平台,展现了"网格化+大数据"在基层治理中的潜力与成效。然而问卷调查数据显示,对于信息化平台的满意度仅有43.1%。网格平台的建设与运行面临着一系列挑战,包括信息采集滞后、基础数据共享效率低下、业务数字化进程缓慢、信息技术应用水平有限等问题,这些问题直接影响了党建引领社区网格化治理的实际效果。构建党群网格平台的目的在于汇集数据、动态维护,若缺乏实时数据支持与有效维护,其作用将大打折扣,特别是在信息采集更新方面,问题尤为突出。

表1.14　信息化平台评价统计

访谈内容	选项	频数	百分比%
您对H区信息化平台在网格化治理中的作用评价是:	很好	25	12.4
	较好	62	30.7
	一般	54	26.7
	较差	61	30.2
	汇总	202	100

(一)信息采集的及时性较低

首要难题在于信息采集的及时性。访谈中,网格员反映网格内流动人口数量庞大、变动频繁,尤其是在节假日、就业高峰期和淡季,人口流动速度极快,导致信息采集工作难以跟上节奏。C社区网格员H表示:"社区中一些求职者短暂居住,工作不合适便迅速搬离,网格员刚完成信息录入,不久后又需更新或删除,增加了工作负担。此外,房产交易活跃的小区,房东更换频繁,且房主通常不会主动向社区报备,网格员需通过上门访问或电话核实来确认信息变更,这可能导致人口数据的准确性受到影响。"

很多网格员表示遇到居民不配合的情况,C社区网格员H指出:"流动人口管理难度大,信息采集不易,希望在出现遗漏时能够理解而非责罚。面对管理规模过大的网格,敲门难、采集难成为常态,凸显了流动人口信息采集的挑战。"

主观因素同样构成采集障碍。网格平台依据人口台账分配走访任务,涉及特殊人群如残疾人、老年人的关怀工作,以及与公安人口数据不一致的个案,网格员需上门核实。

人员短缺导致信息维护不力。网格员流失率高,某些网格员空缺,长期由社区两委委员暂代,但仅能完成最基本的工作,如"一日双巡"和定期走访等常规任务难以执行,影响信息的及时录入与更新。网格调整或网格员变动期间,数据更新延迟乃至遗失的情况时有发生。

精细化管理的真谛在于将管理责任具体到个人,确保服务与管理精准到位,而这正是当前网格化治理模式中亟待加强的环节。为克服上述挑战,需采取措施提升信息采集效率,加强数据维护,优化网格员配置,确保网格化治理机制的顺畅运行,从而充分发挥党建引领在社区治理中的积极作用。

(二)数据共享机制不健全

H区的党建引领社区网格化治理模式,其数据管理优势集中体现在"一网统管"的理念上。网格员所收集的信息,经由统一平台存储,可供有需求的单位依据数据共享协议,向大数据中心申请调用,避免了基层重复劳动,减轻了基层负担。然而这一模式在实际操作中也遭遇了一系列挑战。

首先,难题在于跨部门数据资源整合。访问中,X街道网格化管理中心工作人员A表示:"想实现不同部门间数据的互联互通,难度颇大,限制了'网格化+大数据'模式潜力的充分挖掘。为了提升行政效率,须无缝对接各区政府部门,整合其资源与职能,方能为民众提供最优服务。尽管网格平台已建成,但由于市级平台对关键政务数据(如公安、社保、医疗信息)的垂直管理,数据保密的规定,加上网络互通障碍,数据共享受到了较多客观限制。我们除了自己收集到的数据外,很难看到其他平台的数据。"结果是,数据融合互通的"一方采集,多方使用"愿景难以实现,从而影响了工作效率。与之形成对照的是,北京市东城区通过实施大联动机制,实现了政府各职能部门之间的高效对接,堪称典范。

其次,基础数据的共享问题也颇为棘手。网格员采集的基础信息,总体而言,真实可靠,借助现代化信息技术,实现了标准化录入,这也是为何第七次人口普查时,相关工作被指定为网格员的专项任务。然而在后续的数据应用阶段,数据保密性问题引发了意想不到的困扰。访问中,X社区网格员G反映:"重复填报成为常态,同一信息需上报各个部门,即便信息系统完成报告,有的时候还需额外提交纸质材料。此外,各部门想要使用基础数据,程序繁复,需经过层层审批,由信息部门审核并进行数据脱敏处理后方能获取。"

(三)平台使用率较低

网格化治理模式的引入,标志着对传统科层制的革新,旨在重塑公共服务流程,促进各职能部门间的协同,以期达成"横向无边界"的治理愿景。在H区,党建引领下的社区网格化治理模式力图实现"一网打尽"的管理目标,

但实际成效不尽人意,职能部门业务接入网格平台的步伐迟缓。这一现象背后的缘由主要包括以下几点:

首先,对业务接入平台的战略意义认知不足。业务接入平台的核心价值在于彰显党的领导,秉持人民至上的服务理念,旨在精准解决民众关切,通过有效利用平台汇聚的数据与人力资源,遵循制度化、规范化、科学化的原则,逐步迈向智能化,以期提供更加高效、精准的服务,主动、前瞻地将政策下放至所需人群。然而问卷调查数据表明,仅有18.8%的居民会通过政府网络平台上报日常问题,可见信息平台的普及并不广泛。在实践中,多数业务部门并未将此作为"一把手"工程全力推进,缺乏对症下药地解决问题意识,未形成闭环工作流程,平台业务对接流于表面,形式主义倾向明显。

表1.15 居民需求上报渠道统计

访谈内容	选项	频数	百分比(%)
日常生活中遇到问题,您一般怎样解决?	联系网格员	45	22.3
	联系社区居委会	62	30.7
	拨打政府热线	13	6.4
	通过政府网络平台反馈	38	18.8
	联系物业	44	21.8
	汇总	202	100

其次,业务接入平台的工作理念落后。部分职能部门未能准确把握业务接入平台的理念。有的部门在业务接入平台的推进中盲目行事,系统融合度低,导致业务接入平台的效果不尽如人意。访谈中,S街道网格化管理中心工作人员B表示:"公共服务事项中线上办理的比例并不高,大部分都需要社区工作人员线下办结,凸显了业务接入平台的不足。"在访谈中,C社区网格员H反映:"我们对代办业务不熟悉,工作难度加大,希望获得相关部门

可以提高公共服务事项流程的培训,以提升服务能力。"

最后,业务接入平台缺乏配套的体制机制保障。受传统观念束缚,加之对网格平台运行效果认知不深,各部门搭乘平台快车的意识淡薄,缺乏刚性体制机制的推动与约束,业务接入平台的进程自然受阻。例如,推动老旧社区管理业务接入平台,需补足智能化建设短板;推进执法系统接入平台,则需完善平台档案留存、提升机制和程序,确保执法科学化、规范化,强化行政执法与司法衔接,加强法律监督,夯实党群网格平台的法制基石。

(四)智能化水平有待提高

网格化治理模式的一个显著特征在于对信息化技术的创新应用,旨在实现定制化管理和精准服务。在 H 区的党建引领社区网格化治理模式中,信息化支撑扮演着至关重要的角色,然而在实施过程中,信息技术的应用深度仍有待提升。

首先,部分职能部门的信息化意识薄弱。某些部门工作方式陈旧,缺乏创新精神,未能充分利用"网格化+大数据"模式来提升工作效率。例如,一些部门观念固化,忙于日常琐事,忽略了创新思考的机会,导致本可通过数据资源和信息化手段完成的工作,仍沿用传统方式向基层下达"程式化"任务。此外,由于对"网格化+大数据"模式缺乏足够了解,对平台运行机制认识不足,一些部门盲目依赖信息化工具直接向基层部署工作,充当"旁观者",导致工作分配不清,质量监控缺失,流程闭合不全,甚至将自身职责转嫁给基层或其他单位,这种现象极大地阻碍了信息技术的深度开发与应用。

其次,网格平台的系统建设能力有待加强。作为 H 区网格化治理模式的基石,网格平台不仅是信息化建设的核心枢纽,其建设水平至关重要。访谈中,X 街道网格化管理中心工作人员 A 提及:"部分职能部门尚未掌握如何依托党群网格平台开展工作,很多公共服务是有针对人群的,我们可以借助平台人口数据分析,精准推送服务信息至相关居民家中,但目前还是需要设置为专项任务让网格员逐户通知,信息化的优势并未体现。"基于问卷调查与访谈的综合分析,党群网格平台信息化建设存在的问题主要表现在:一是预警机制需强化,如针对网格员上报的重复隐患,系统无法自动预警,需要人工干预才能识别;二是党群网格平台服务器稳定性欠佳,网格员反映系统频繁卡顿,影响信息上报或造成重复提交;三是部分子系统功能单一,仅限于展示,缺乏实用性,日常使用频率较低。

　　为应对上述挑战,H区需强化职能部门的信息化意识,提升其创新应用能力,同时加强党群网格平台的系统建设,优化预警机制,提升服务器稳定性,丰富子系统功能,确保信息技术在网格化治理模式中的有效应用,以推动社区治理现代化进程。通过深化信息化技术的融合与应用,可以进一步提升党建引领社区网格化治理模式的效能,实现精细化管理与个性化服务的目标。

第八节　H区党建引领社区网格化治理对策及建议

　　在对H区党建引领社区网格化治理进行深入研究并分析出其中存在的问题后,本书积极借鉴了国内其他成功地区的实践经验,进而提出了改进网格化治理的具体策略与建议。这不仅有助于推动H区社区治理工作的进一步发展,也为全国其他基层政府实施网格化治理提供了有益的参考和启示。

一、优化党建引领社区网格化治理协同机制

(一)加强基层党组织建设

　　推动党建引领与社区网格化治理的深度融合,关键在于加强社区党组织的组织力建设,提升其自身的组织能力,并将党组织嵌入社区治理结构中,发挥其作为联动中枢的作用,引领社区的发展。

首先,各级组织部门应为党建工作提供人力资源支持,积极吸纳年轻党员,并对其进行持续的培养和专项教育培训,包括有计划地组织社区党组织书记前往发达地区学习和考察,借鉴其在党建引领社区治理方面的先进经验,打破传统思维模式,提升专业治理能力。

其次,应鼓励党员干部积极参与社区治理工作,强化党员教育与管理,解决党组织边缘化和形式化的问题,增强党组织在宣传动员、服务居民、调解纠纷等方面的能力。这样就可以赢得社区居民的信任,提升党组织的公信力,树立其在治理中的权威形象。

最后,需要提升基层党组织成员的经济待遇、社会福利和荣誉表彰,通过实施激励政策,增强党员队伍的自我更新能力,用待遇吸引和留住人才。此外,应增强社区党组织的开放性、包容性和渗透性,动员社区在职党员、共建单位党员以及驻地单位党员共同参与,构建党员社会网络,扩展党建活动的覆盖面,全方位地介入社区治理的各项事务。

通过内部建设和外部联动,提升社区党组织的专业化水平,有助于增强组织间的协同能力,科学高效地联动多元治理主体,以更优化的方式来应对社区治理中遇到的各种挑战。

(二)形成党员服务常态化机制

为了形成党员服务的常态化和制度化机制,应当强化党内管理,提升在职党员对社区网格化服务的参与度,确保在职党员和"两新"组织党员能够定期、有组织地参与社区服务。在社区内实行一套评价体系,通过奖惩措施增强激励效果,激发党员自发参与社区服务的积极性,从而提升他们对社区的认同感、归属感、责任感和服务社区的荣誉感。

积极倡导"党员出彩、树立标杆"的创先争优精神,鼓励党员在各项工作中发挥模范带头作用。在网格内明确党员的责任区域和专门岗位,促使党员干部积极参与社区治理,主动发现并解决问题,确保党员能够在日常工作中率先了解情况、优先展开讨论并迅速采取行动。党员应主动承担社区服务职责,展现先锋模范作用,逐步建立"工作在单位、服务进社区、奉献双岗"的共建共享机制。

(三)完善基层党建激励考核制度

加强党员示范引领的激励与考核制度建设,根据党建向基层延伸的实际需求,修订并完善党员参与社区网格化服务的量化积分考核办法。将网格内学习培训的频率、参与网格党组织活动的情况及其成效评估纳入考核体系,并将这些指标作为民主评议和评选先进的依据之一。同时,应及时检查并归档网格在各项活动中产生的文件资料。

网格的主要负责人应在日常的党建工作会议和季度党员大会上,对网格化治理工作进行总结汇报,接受其他党员和工作人员的监督。此外,应采用无记名、随机时间和对象的方式,组织网格内的群众对工作进行评价,并收集他们的意见和建议。

在此基础上,基层党组织以党员中心户为切入点,通过示范作用,积极投身于网格化治理活动,带动周边社区群众更广泛、持续地参与到网格化治理中来,营造出居民积极主动参与自治的良好氛围。

二、提高社区网格化服务水平

(一)加强网格员队伍建设

首先,逐步改善网格员的待遇,为其提供充足的财务支持。社区治理水平的提升离不开稳定的资金保障。作为处理社区日常事务的核心力量,网格员的待遇问题亟待解决。为避免因待遇不足导致的队伍不稳定现象,需要逐步提高网格员的薪酬水平,同时注重这一过程的渐进性。在提升待遇的同时,应引入科学的绩效工资制度,将薪酬结构与网格员在解决社区矛盾纠纷的数量、居民的有效评价等因素挂钩。此外,为了鼓励网格员的积极性,年度奖项应针对不同社区工作的表现授予相应的荣誉称号,如最佳纠纷调解员、最佳困难户帮扶者、最佳社区养老服务者等。

其次,要进一步加强高素质专业人才的培养,注重专业人才培养的质量。社区可以与本地高校合作,让学生在校期间既能学习理论知识又能参与社区实践,培养理论与实践兼备的人才。加大对社区党组织、居委会、监委会成员、专职人员、网格员和小巷管家的培训力度,确保他们在实践中积累经验的同时,思想认识也能与时俱进。此外,要确保培训工作的持续性和针对性。根据不同工作内容,定期邀请相关领域专家进行培训,并做好后续跟踪记录。对于实践中出现的新问题,要及时反馈给专家,并在后续培训中得到合理化指导。通过提供必要的培训和支持,鼓励网格员取得专业证书,例如减免或资助考试报名费用,促进他们走向专业化道路。

再次,减轻网格员的负担也是必不可少的一环。当前,基层工作往往面临"上面一根针,下面千条线"的复杂局面,特别是目前H区网格员大都由社区工作者兼任,负担很重。许多能够提升居民满意度的工作常常被行政性任务挤占。为此,基层党组织和居委会应将各类事务分类,实行专人专办,并提高对居民有益事务的优先级。同时,与上级部门协调好行政性工作,确保以服务居民为先。简化现有社区治理事务,减少重复劳动,让网格员有更多时间和精力专注于服务群众的基础工作。此外,明确每位网格员的职责范围,制定工作清单,切实为H区网格员"减负",以便更好地为居民办实事、解难题、做好事。

最后,在提升网格化治理水平的过程中,还需要善于发现、培养和调动社区积极分子。网格员不仅需要以高度的工作热情投入网格化治理工作,还要在日常走访中发掘潜在的积极分子,并激发他们的参与热情,引导他们为社区治理贡献力量。这样可以形成广泛的参与氛围,充分发挥居民在网格化治理中的主体作用。社区治理的核心在于做好群众工作,即通过大力发动群众,使其主动融入并积极参与,让居民从内心建立起主人翁意识,从社区服务的接受者转变为参与者。只有当居民真正积极主动地参与到社区工作中,社区治理的活力才能得到充分展现。因此,在网格化治理过程中,必须广泛动员和组织群众,激发他们的凝聚力和向心力,使他们愿意承担起社区治理的责任。

(二)以群众需求为工作导向

网格化治理的核心目标在于解决群众的实际需求,办好惠及民众的实事,各职能部门应以此为工作导向。网格员在日常巡查中发现的群众诉求和隐患问题,应及时协调解决。坚持"有工单必处理"的原则,确保群众诉求渠道的畅通无阻。对于通过市民热线反映问题的居民,应高度重视其所提出的咨询、建议和投诉等各类问题,并在第一时间进行协调处理并给予回复。

市、区、街道三级热线部门应建立顺畅的工单处理机制,确保相关职能部门能在第一时间响应并处理工单。此外,还需不断完善和提升网格化治理服务平台的功能,使公共服务与社会治理形成最大合力。网格员通过多种渠道发现的问题,应以网络派单的形式进行处理,确保各类问题能够统一接收、分类处置,并及时反馈处理结果。在整个过程中,采取督导办理的方式,将其与网格员的考核挂钩,以确保问题得到有效解决。

政府购买服务应以满足群众的实际需求为导向,重点关注老年人和儿童这两个社区服务的主要对象。作为社区参与的重要力量,这两个群体的服务需求应当优先得到满足。为此,应建设老年人活动中心、青少年活动基地,并配备健身娱乐设施,开展诸如社区老年食堂和暑期儿童托管等便民服务项目,以解决双职工家庭的后顾之忧。通过这些举措,可以提升社区居民的整体满意度和参与积极性,增强中青年家庭成员对社区的归属感。在此基础上,应结合中青年群体的具体需求,有针对性地引入外部资源和社会服务。可以借助专业社会组织作为中介,搭建多样化的治理平台,促进多方参与,增进居民之间的交流互动,解决实际问题,从而提升居民在社区生活中的幸福感、获得感和归属感。

(三)优化党群服务中心的功能、拓展社区便民服务渠道

优化党群服务中心的功能并拓展社区便民服务渠道,一方面需要不断完善各类党建服务平台的服务功能,提高服务质量。可以充分利用微信公众号、党支部微信群、商圈微信群以及楼栋单元微信群等灵活便捷的网络信息媒介,及时发布社区党建服务信息和各类便民服务资讯。这样可以使社区居民方便快捷地与党组织保持联系,随时获取最新的政策信息和社区动态,及时反馈问题和诉求,增强党组织与群众之间的沟通效率。

另一方面,要不断优化党群服务中心的子平台功能,根据居民的实际需求增加子平台的数量,提升平台的系统性和综合性。完善服务清单,优化服务流程,缩短办事时间。将服务内容、资源和流程清单化、标准化并公开透明,整合教育资源、法律援助、心理咨询和生活服务等多种资源,多元参与社区服务。通过"驿站式"建设,将党群服务中心的服务延伸至小区、社区和商场等地,实现线上线下互动,推行预约服务、延时服务和代办服务等多种服务方式,提供"一站式"便捷服务,提升党群服务中心的信息化水平和服务效果。

三、构建多元主体共治格局

(一)发挥党建引领作用

推动多元主体共同参与社区网格化治理,需要充分发挥党建引领作用,引导多元社会力量参与社会治理。

首先,实现党建的全面覆盖。应加强基层党组织建设,提升党建在社区工作中的地位。社区党组织应积极培育社会团体和社会组织,组织多样化

的社区活动,如文化、合唱、舞蹈、互助等团队,并建立多支志愿者队伍,吸引更多社区精英参与党组织生活,增强党组织的吸引力和凝聚力。通过小区党建、楼宇党建、网格党建等方式,将党组织延伸到楼栋、居民区、网格乃至微网格,将各行各业、各个区域纳入党的领导下,实现党建全覆盖。

其次,引导社会力量参与社会治理。首先,应从在职党员做起,鼓励在职党员带头在网格内开展志愿服务,树立榜样。社区应以党组织建设为核心,依托网格、楼栋、小区党组织开展党员活动,增强社区党员的凝聚力,发挥党员的先锋模范作用。通过党组织建设带动社区群众、离退休党员和社会组织参与社会治理,使社区居民能够参与到矛盾调解和社区发展中,将社区事务视为自己的事情,促进社区各界精英参与治理,增强社区自治能力。在党的领导下,推动社区管理向居民自治转变,强化社区治理的多元化参与,提升社区治理水平,实现"小事不出网格、矛盾不出社区",从而增强社会稳定。

最后,建立长效机制。为保证党建引领社区网格化治理的持续运行,需建立一套切实可行的长效机制。将党建引领社区网格化治理的成效纳入全年党建工作考核,将网格党组织的作用、社会组织党建成果、社区党组织活动开展情况以及社区党员参与社会治理的表现纳入街道和社区的综合绩效评估。同时,将社区党建工作的检查重点从单一的资料台账检查转向对党组织活动频次、党建活动影响力和党员先锋模范作用发挥情况的评估,从而推动党建引领社区网格化治理效果持久体现。

(二)推进社会组织建设

为了构建多元共治的格局,培养高质量且持久的社会组织是构建这一格局的关键切入点。目前,许多社会组织在发展过程中面临着诸多挑战,如资金短缺、人才流失、项目缺乏和管理能力不足等问题,这些问题持续存在且影响深远,阻碍了社会组织的可持续发展。由于资金、项目和人才的匮乏,许多社会组织不得不担心其生存和发展,甚至导致部分社会工作者考虑转行或离职,进一步削弱了社会组织的活力。

作为现代社会治理创新和推动社会发展的重要力量,社会组织应当加强与社区治理的合作,积极参与基层公共服务和监督体系建设,以发挥更大的作用。通过这种合作,不仅可以弥补基层党委、政府职能上的不足和市场机制的缺陷,还能提升基层公共服务的质量与效率,激发基层社会活力,成为基层党组织发挥作用的重要补充和宝贵资源。

因此,为了激发社会组织的潜力,需要采取以下措施:

首先,改革社会组织的管理制度,依法建立管理框架,引入"负面清单"机制,进一步完善社会组织的信用体系和退出机制,加强守信激励与失信惩戒措施。同时,引导和支持关键社会组织发挥集聚效应,例如社会组织服务中心和社会组织联合会等机构。

其次,优化社会组织的成立流程,简化注册程序,确保社会组织的权利与责任清晰、依法自治。在制度设计上,应注重社会组织的政策法规、发展环境、人才支持等方面,并引入评估机制,将评估结果作为社会组织参与政府购买服务的重要参考依据。

再次,开展社会组织试点项目,充分发挥关键社会组织在基层社会治理中的作用,通过这些组织吸引公众参与,并与党政部门及其他职能部门建立联系,从而提升社会协同治理的能力。

最后,探索建立一套成熟稳定的社会资源配置机制和规则,使社会组织能够公平、合理、高效地获取社会资源,从而增强其持续发展的动力。

(三)培养居民自治意识

当前,社区居民在参与公共事务方面仍有一定的提升空间,这对社区的健康发展构成了制约,并影响了社区自治和服务功能的有效发挥。为促进居民积极参与基层社会治理,可以从以下四个方面入手:

首先,加强宣传、教育与培训工作。通过宣传教育提升居民的文化素养和政治觉悟,鼓励居民积极参与社区治理与创新,在参与过程中不断提升自身能力。

其次,深化居民的参与程度。一方面,需要激发居民的自主参与意识,使他们自觉地参与到社区治理中来。为此,应倡导公民责任意识,增强居民履行公民义务的意识,同时也强调公民权利的重要性。另一方面,应促进社区治理主体的多元化发展,以更好地满足不同居民的需求。这不仅能增加治理的灵活性,还能降低治理成本。此外,还应推动高效的治理方式,鼓励居民通过民事行动、民主议事和民间组织等形式参与社区治理,同时推动社区自办和民主管理,提高治理效能。

再次,改善机构参与和监督机制。扩大居民参与的领域,完善社区参与制度,建立居民利益诉求表达的渠道,确保居民参与的权利得到有效保障。

最后,建立快速响应机制,如开通"热线"电话,积极开展电话访问和上门走访,了解居民需求,设立居民议事会制度,激发居民的参与热情,汇聚居民自治力量,逐步实现社区治理模式从"为民做主"向"由民做主"的转变。

四、加强信息化建设

(一)加强"党建+互联网+大数据"在社区治理中的应用

充分利用"互联网+党建"和"大数据"的优势,可以为实现科学管理和高效服务提供强有力的支撑。通过电子政务处理平台和智慧政务服务平台,确保信息传递的畅通无阻和反馈的及时有效,形成"小事不出网格、大事不出社区、难事不出街道"的基层治理闭环。借助新时代城市数字治理融合指挥平台,整合各部门的人力、资源和信息,促进群众与政府之间的"零距离"沟通,提升城市治理的效率。

利用智慧党建云视讯系统,可以召开远程会议、远程监控、远程教育和远程直播。为执法人员配备接入视讯系统的移动执法应用程序,使其能够即时获取现场信息并进行指挥调度。将城市气象系统、防火预警系统、雨水灾情系统、交通监控系统等与城市治理相关的系统进行整合,利用大数据技术来管理社区治理工作。

同时,整合市级和区级党建信息平台与政务信息平台,建立党组织、党员和社区居民的信息数据库,利用大数据技术实现资源共享与调度,促进资源的互联互通与共享。驻区单位党组织和在职党员可以通过智慧党建平台录入基本信息,实现在线"双报到",在线发布承诺事项,并实时更新履约情况,接受公众监督与评价。居民可以在平台上提交需求清单,驻区单位党组织和党员可以在线认领服务项目,实现网上菜单式服务。

合理运用"区块链"技术进行社区治理也是一个值得探讨的方向。区块链技术在城市基层治理中有其独特的优势:首先,如果区块链技术应用于城市基层管理,将显著提高数据的安全性,使得城市治理中出现的问题可以追溯源头,有助于解决实际问题。其次,区块链上的数据可以被多个单位共享,这意味着不同部门之间可以实现信息共享,每个部门可以根据自身优势制定解决方案,方便其查看其他部门的相关方案,形成治理合力。最后,区块链与大数据的结合,可以集中整理和汇总社会各阶层的信息,有助于深入了解各阶层的生产生活状况及面临的问题,为社会治理提供决策依据。

(二)完善信息保障机制

提高社区智能化水平是一个长期且复杂的系统工程,仅凭社区现有的财政收入难以维持技术治理所需的高成本运作。因此,市政府加大资源投入和技术支持,成为改善社区信息化建设的必然选择。

政府需完善信息化保障机制。一方面,加大财政投入。以政府投入为主体,结合多种方式设立专项资金,推动社区智能化建设。一些城市通过PPP(Public-Private Partnership,即政府和社会资本合作)项目模式来打造智慧城市和智慧社区的做法值得借鉴。PPP模式通过市场化运作,解决了从开发到运维的全过程问题,将专业事务交由第三方企业处理,相较于政府单独投资,既能降低成本,提高效率,还能在硬件维护、软件更新和技术人员培训等方面解除社区的后顾之忧。

另一方面,建立社区治理智能化工作领导小组机制。社区智能化的长远发展需要政策的持续支持与更新。领导小组应紧跟政府发布的关于基层治理智能化的相关文件,据此进行调整,制定相应的配套政策和标准,指导具体实施。

(三)打造智慧社区

在"互联网+"的时代背景下,伴随着社会治理现代化的需求,信息化治理或智能化治理已成为社区技术治理的最新实践形式。网格单元不仅是物理空间的划分,也是信息的集合体,社区网格化治理初步构建了信息化治理的基础。随着网格化治理的深入推进,作为智慧城市概念在基层延伸的智慧社区,成为基层治理创新的重要组成部分。尽管网格化治理是应时代变革而生,但仍需适应时代发展的需求进行升级与优化。

可以与领先的数字经济企业合作,利用互联网公司的技术优势,将智慧社区与网格化治理相结合,作为推动基层治理智能化发展的关键举措。一方面,继续发挥网格化治理模式在基层治理中的制度优势,优化组织与个体之间的联系,实现精细化管理和无缝隙服务;另一方面,进一步利用智慧社区在物联网、区块链技术和人工智能等领域的应用,通过技术手段敏锐地捕捉有价值的信息,挖掘数据的潜在价值,为居民提供更加多样化和深层次的服务。

将技术创新与制度创新相结合的智慧网格,可以在便民服务、社会管理、综合治理等多个核心领域发挥作用,涵盖党建宣传、民政事务、消防安全等具体应用场景,展现出基层治理智能化水平提升的具体成效。

中国特色社会主义的核心特质在于坚持中国共产党的领导,这一原则不仅是中国特色社会主义体制的优势所在,也是基层党组织在社区网格化治理中发挥领导作用的关键。H区基层党组织通过深化党的全面领导至基层一线,创新治理机制,提供精准服务,强化了其政治、思想引领及民众凝聚和社会号召力,确保了基层治理的正确方向,推动社区治理体系与能力的现代化,有利于构建党建引领下的共建共治共享新格局。H区基层党组织在强化领导核心作用的同时,积极发挥党员先锋模范作用,赋予社区网格自治组织充分的民主权利,协调多方力量参与治理,旨在提升服务质量,增强居民满意度和幸福感。

然而面对复杂的社区环境,H区基层治理仍面临着党建引领与网格化治理融合度低、网格化服务能力不足、多元主体参与不足、信息化平台不完善等问题。在新时代背景下,党建引领社区治理的研究与实践意义重大,需结合实际探索创新治理模式,以党建为引领,不断开创社区治理新局面。

附录A 问卷调查

尊敬的先生/女士:

您好!非常感谢您在百忙之中抽出时间参与本次问卷调查。本次调查旨在了解H区党建引领社区网格化治理的现状和问题,您的回答将为我们的研究提供重要的参考依据。本问卷采用匿名方式,所有数据仅用于学术研究,请您放心作答。感谢您的支持与合作!

一、基础题

1. 您的性别:

A. 男　　　　　　　　B. 女

2. 您的年龄:

A. 18—30岁　　　　B. 31—50岁　　C. 51岁及以上

3. 您的职业:

A. 政府工作人员　　B. 企业员工　　C. 个体经营者　　D. 其他(请注明)

4. 您是否居住在H区?

A. 是　　　　　　　　B. 否

5.您在H区居住的时间：

A. 1—3 年　　　　　B. 3—5 年　　　C. 5 年以上

二、单选题

1.您是否了解居住地所属的网格,是否了解网格员具体工作?

A. 非常了解　　　　　B. 比较了解　　C. 了解一点　　　D. 完全不了解

2. 您对所在社区网格服务的满意度是:

A. 非常满意　　　　　B. 满意　　　　C.基本满意　　　D. 不满意

3.您参与社区活动的频率:

A.经常参与　　　　　B.偶尔参与　　　C.从未参与

4.日常生活中遇到问题,您一般怎样解决?

A.联系网格员　　　　B.联系社区居委会

C.拨打政府热线　　　D.通过政府网络平台反馈　　　E.联系物业

5.您对党建引领社区网格化治理模式的了解程度是:

A. 非常了解　　　　　B. 比较了解　　C. 了解一点　　　D. 完全不了解

6.您认为党建引领在社区网格化治理中的作用:

A. 非常重要　　　　　B. 比较重要　　C. 一般　　　　　D. 不重要

7.您对H区信息化平台在网格化治理中的作用评价是:

A. 很好　　　　　　　B. 较好　　　　C. 一般　　　　　D. 较差

8.您认为多元治理主体参与网格化治理的效果如何?

A. 非常好　　　　　　B. 较好　　　　C. 一般　　　　　D. 不好

三、多选题

1.您认为H区党建引领社务网格化治理的成效有哪些?

A. 社区环境更加整洁美观

B. 邻里纠纷能更及时有效地解决

C. 社区活动更加丰富多样

D. 社区治安明显改善

E. 公共设施维修更加及时

2.您认为党建引领社区网格化治理工作还有哪些方面需要提升？

A. 党组织引领作用待加强

B. 宣传力度待加强,居民思想共识的凝聚力相对不够,参与度低

C. 工作人员综合素质待提升,需加强队伍建设

D. 社区事务处理的效率待提升

E. 社区文化活动的内容和形式待丰富

F. 对困难群体的帮扶和关爱待加强

3.在党建引领社区网格化治理工作中,您认为以下哪些措施能进一步提升社区服务质量？

A. 增加社区服务项目,服务更加精细化全面化

B. 提高网格工作人员的服务态度和专业水平

C. 加强社区服务设施建设

D. 定期收集居民的意见和建议

E. 加大社区服务的宣传力度

F. 完善党组织的建设,加大党员的教育、管理及监督

4.您认为社区治理的主体有哪些？

A.居民

B.社区居委会

C.党组织

D.物业公司

E.业主委员会

F.相关企业

G.政府机构

四、量表题

请您根据您的实际感受在相应的选项上打钩。

党建引领与网格化治理融合机制

1.党建引领与网格化治理的目标一致性程度：

A.非常高　　　B.较高　　　C.一般　　　D.较低　　　E.非常低

2.党组织在网格化治理中的协调作用发挥程度：

A.非常好　　　B.较好　　　C.一般　　　D.较差　　　E.非常差

3.党建工作与网格化治理工作的资源整合程度：

A.非常高　　　B.较高　　　C.一般　　　D.较低　　　E.非常低

4.党员在网格化治理中的先锋模范作用体现程度：

A.非常明显　　B.较明显　　C.一般　　　D.不明显　　E.非常不明显

网格化服务能力

1.网格化服务的便捷性程度：

A.非常便捷　　B.较便捷　　C.一般　　　D.较不便捷　E.非常不便捷

2.网格化服务的精准性程度：

A.非常精准　　B.较精准　　C.一般　　　D.较不精准　E.非常不精准

3.网格化服务的专业性程度：

A.非常专业　　B.较专业　　C.一般　　　D.较不专业　E.非常不专业

4.网格化服务的及时性程度：

A.非常及时　　B.较及时　　C.一般　　　D.较不及时　E.非常不及时

多元治理主体参与

1.社区居民参与网格化治理的积极性程度：

A.非常高　　　B.较高　　　C.一般　　　D.较低　　　E.非常低

2.社会组织参与网格化治理的广度和深度：

A.非常广且深　　　B.较广且深　　　C.一般

D.较窄且浅　　　E.非常窄且浅

3.企业参与网格化治理的主动性程度：

A.非常主动　　B.较主动　　C.一般　　　D.较被动　　E.非常被动

4.多元治理主体之间的协作效果：

A.非常好　　　B.较好　　　C.一般　　　D.较差　　　E.非常差

信息化平台

1.信息化平台的数据准确性程度：

A.非常准确　　B.较准确　　C.一般　　D.较不准确　　E.非常不准确

2.信息化平台的功能完整性程度：

A.非常完整　　B.较完整　　C.一般　　D.较不完整　　E.非常不完整

3.信息化平台的操作便捷性程度：

A.非常便捷　　B.较便捷　　C.一般　　D.较不便捷　　E.非常不便捷

4.信息化平台的安全性程度：

A.非常安全　　B.较安全　　C.一般　　D.较不安全　　E.非常不安全

再次感谢您抽出宝贵的时间参与此次问卷调查！您的意见和建议对我们的研究至关重要。祝您生活愉快，工作顺利！

附录 B　访谈提纲

一、街道网格管理中心工作人员问题

1. 现行党建引领网格治理模式各项工作运行机制是否切合实际,运行顺畅?

2. 在隐患巡查上报事件、民意诉求工单调度处理时,存在哪些问题? 有何意见建议?

3. 在各项工作绩效考核上以及网格员日常监督管理上存在哪些问题? 有何意见建议?

4. 在落实党建引领网格治理各项机制时有哪些成效? 存在哪些短板,有什么意见建议?

5. 对党群网格运行机制、网格化管理措施、提升处置调度效能等方面有何意见建议?

二、社区书记问题

1. 现行党建引领网格治理模式各项工作运行机制是否切合实际,运行顺畅?

2. 社区管理模式及网格员日常管理工作中存在的问题?

3. 党群服务中心运行情况。

4. 对基层治理工作相关的问题及有何意见建议?

5. 在各项工作绩效考核上以及网格员日常监督管理上存在哪些问题?有何意见建议?

三、网格员问题

1. 日常巡查情况:日常巡查、入户的频次,巡查过程存在什么问题或困难,上报案件有什么问题或困难。

2. 专项任务情况:各职能部门是否有未经过网格中心审核直接下派的专项任务,下派任务是否有重复劳动现象,街道是否存在未经系统备案直接下派的额外工作。

3. 公共服务情况:办理公共服务的情况。对公共服务的业务掌握度如何,平时办理较多的公共服务都有哪些,在公共服务办理过程中存在哪些问题。

4. 志愿服务情况:动员社区志愿者开展志愿服务情况如何;志愿者主要集中在哪类群体,服务主要集中在哪些领域,开展活动时间一般在何时;在志愿者发展和开展活动上存在哪些问题。

5. 走访关怀情况:两类群体(特殊群体和关爱群体)信息是否存在系统数据与实际情况不符的情况,原因是什么;两类群体定期走访存在什么问题,日常管理上有什么问题。

6. 绩效考核情况:现行绩效考核机制是否能较好地体现实际工作成绩;社区书记评分是否科学公平公正;是否存在"轮流坐庄"式打分情况;是否形成了有效的评价模式。

7. 基础信息采集:了解基础信息采集工作情况,了解在基础信息采集中存在的问题。

第二章 城市老旧社区改造后续管理观察

第一节 老旧社区改造的研究积累

一、国外研究现状

(一)旧城区改造阶段研究

国外的老旧小区改造主要以旧城区改造、社区更新的形式进行,伴随着城市化发展,其内容也不断丰富,用于解决不同的城市问题、满足居住者需求。20世纪30年代至50年代,旧城区改造的主要目的为解决住宅匮乏问题,通过清除贫民窟、大面积推倒重建方式进行。美国简·雅各布在《美国大城市的死与生》一书中指出这种旧城区改造是将贫民窟由一处搬到另一处,不但没有从根本上解决住房问题,还破坏了原本的社区邻里关系,并提出应尊重居住小区的多样性,以小规模、渐进式方式在社区治理中进行改造。刘易斯·芒福德在《城市发展史》中进一步提出城市更新应"以人为本",关注人的现实需求。20世纪80年代,受新自由主义影响,政府主导下的福利主义社区重建转变为市场导向、以房地产开发为主要形式的旧城再开发,公、私、社区三方合作共同参与其中。20世纪90年代起,人本主义思想和可持续发展观成为城市更新的主导思想,旧城区改造不仅是房地产开发和物质环境改善,更是对社区的更新,注重保护社区历史建筑,保持社区邻里关系。此外,社区更新内容还逐步与适老化、绿色化、智能化、民主化等发展趋势相结合,在带来更新标准提升的同时也产生一定的溢出效应。Mahir Yazar et al 指出,尽管社区更新有可能从绿色城市、可持续发展战略中获益,但出于逐利性最终会导致公共绿地流向价值更高的地方成为私有化。①Torres,S.认为尽管社区更新为长期居民创造了更好的居住环境,但周边环境的变动,对于健康状况较差、可支配收入较少、社会联系减少的老年人而言,意味着养老地点、方式的选择在减少。②

(二)旧城区改造政府作用研究

尽管政府作为社区更新、旧社区改造的主导者和核心的地位正在逐步弱化,但政府的参与始终有利于实现社会经济发展的目标,③例如Seong-KyuHa发现在韩国由个人和建筑公司主导的市场化住房重建使得房价、租金上升,导致现有低收入人口的迁移,无法缓解低收入人群住房压力,政府主导有助于开展低成本房屋重建项目。④但政府的过度参与也会影响旧城区改造的效率,要求政府减少参与的呼声也在增加,Deniz Ay对土耳其主导的城市更新项目进行研究,认为过度中央集权阻碍城市更新项目实施,将权

---

① Yazar, M., Hestad, D., Mangalagiu, D. et al.,From urban sustainability transformations to green gentrification: urban renewal in Gaziosmanpaşa, *Climatic Change*, 160,2020.

② Torres, S., "For a Younger Crowd": Place, Belonging, and Exclusion among Older Adults Facing Neighborhood Change, *Qual Sociol*, 43,2020.

③ Verhage, R., Renewing urban renewal in France, the UK and the Netherlands: Introduction, *J Housing Built Environ* 20,2005.

④ Ha S.K., Housing renewal and neighborhood change as a gentrification process in Seoul *Cities*, 2004, 21(5).

力下放至基层居民组织,能够弥补中央政府在基层能力不足。[①]随着实践的发展,金融机构、社会组织、居民个人等更多的主体在政府主导下参与到旧城区改造中,与政府共同推动政策制定、资金筹集、更新实施等环节。Lanny Arvan and David Nickerson(2006)指出公共投资和私人投资在旧城区改造领域存在一种均衡:过度的公共支出会导致个人在保险、物业维修和社区整体质量方面投入不足。[②]Kon Kim et al.(2021)认为国家资金支持的中介组织在城市更新中具有实现社区可持续发展和保留国家控制权、确保政府议程合法化双重作用。[③]

（三）旧城区改造社会参与研究

随着政府有意识缩减自身在旧城区改造、社区更新领域的支出和影响力,社会参与的力量和作用被逐步凸显。Ton van der Pennen and Gerard van Bortel(2016)基于荷兰和英国的实证研究,提出在政府实行紧缩政策,"大社会""社会参与"等主张的时候,重视个人参与社区更新的作用。[④]Tarek E.Virani(2020)提出要承认且尊重公众多元性,意识到社区并非线性和同质,才能够改变公众难以参与社区更新的现状。[⑤]但对于社会力量参与社区更新,

---

①　Deniz, Ay., Diverging community responses to state-led urban renewal in the context of recentralization of planning authority: An analysis of three urban renewal projects in Turkey - ScienceDirect, *Habitat International*, 91.

②　Arvan L., Nickerson D., Private Investment, Public Aid and Endogenous Divergence in the Evolution of Urban Neighborhoods, *The Journal of Real Estate Finance and Economics*, 2006, 32(1).

③　Kim K., Krinik B., Kamvasinou K. Between the state and citizens: Changing governance of intermediary organisations for inclusive and sustainable urban regeneration in Seoul, *Land Use Policy*, 2021, 105(1).

④　Van der Pennen, T., van Bortel, G., Exemplary Urban Practitioners in Neighbourhood Renewal: Survival of the Fittest… and the Fitting, *Voluntas*, 27, 2016.

⑤　Virani T E., Micro-community engagement and area-based regeneration in east London: The case of Chrisp Street Market-ScienceDirect, *City, Culture and Society*, 2020.

也存在不同的观点：Goran Erfani and Maggie Roe 认为机构参与者未履行职责、业主存在搭便车现象导致参与式的社区治理具有脆弱性,并且机构参与者越少,合作越顺畅。[1]尽管如此,个人在社区更新中的作用也并不突出,主观方面,Ling Hin Li 指出尽管业主不断要求更多参与社区更新,但在行动中更倾向于选择不参与来实现个人收益最大化,除非货币补偿达到其预期。[2]

二、国内研究现状

随着我国老旧小区改造实践的发展,学术界关于老旧小区改造的研究也在不断深入,研究内容主要集中于以下三个方面。

(一)关于老旧小区改造研究

老旧小区改造的重要性和必要性已经形成普遍共识:我国老旧小区存在建筑性能退化、公共配套设施缺失、道路交通混杂、公共空间匮乏、安全管理堪忧和社区文化丧失等问题,[3]实施老旧小区改造有助于满足人民群众美好生活需要、推动惠民生扩内需、推进城市更新和开发建设方式转型、促进经济高质量发展。[4]此外,还具有积极应对老龄化挑战、[5]保护历史文化建筑[6]等作用。为了最大程度地提高老旧小区改造人力、财力、物力的使用效

---

[1] Erfani G, Roe M., Institutional stakeholder participation in urban redevelopment in Tehran: An evaluation of decisions and actions, *Land Use Policy*, 2019, 91.

[2] Li, L.H., Urban renewal partnerships—is there really room for participation from individual owners? *A case study of Hong Kong. J Hous and the Built Environ*, 27, 2012.

[3] 蔡云楠、杨宵节、李冬凌:《城市老旧小区"微改造"的内容与对策研究》,《城市发展研究》,2017年第4期。

[4] 《国务院办公厅关于全面推进城镇老旧小区改造工作的指导意见》,《中华人民共和国国务院公报》,2020年第22期。

[5] 赵立志、丁飞、李晟凯:《老龄化背景下北京市老旧小区适老化改造对策》,《城市发展研究》,2017年第7期。

[6] 汪美君、戚欣:《城镇老旧小区改造中历史文化保护问题浅析——以北京市西便门"国务院宿舍"为例》,《小城镇建设》,2021年第4期。

率,需要认真分析老旧小区自身及周边环境存在的问题,建立科学可行的评估体系,结合土地收益和改造更新费用,合理确定老旧小区改造更新的时机和定位。①

基于老旧小区改造实践,关于其内容的研究应运而生。郭斌等基于主客体理论,从居民特征、小区资源禀赋和管理状态角度分析,发现老旧小区存在业主和物业冲突加剧、小区设施落后、内部组织不完善、外部保障不健全等问题。②余晓燕等针对西安市老旧小区展开实地研究,发现老旧小区面临社会组织、市场力量、小区居民和社会志愿者等主体参与不足的问题,物业管理服务严重缺乏,多元主体参与老旧小区工作的治理格局尚未形成。③另有学者将具体的问题进行总结,归纳出其面临的困境:黄珺和孙其昂立足南京市J小区环境整治实践,指出在此过程中存在协调困境、过程困境、互动困境三大困境,主要表现为老旧小区资源缺乏、不确定事件的发生和强网格化管理下的弱参与。④范逢春指出老旧小区改造工作中存在资金筹措、主角虚位、执行偏差三大困境,亟须发挥"政府+市场""社区+居民""政策+机制"的作用予以突破。⑤进而,采用何种方式改进老旧小区改造工作引发深入探讨:蔡淑频等认为应根据老旧小区所属的地区、类型,灵活选择维护保留、修缮改造、功能重塑和拆迁重建等不同的改造方式,并在改造后根据小区实际

①　李倢:《北京亟待更新改造老旧小区的现状及评估》,《城市》,2007年第3期。

②　郭斌、李杨、曹新利:《老旧小区的管理困境及其解决途径——以陕西省老旧小区为例》,《城市问题》,2018年第7期。

③　余晓艳、张勇、赵银侠:《城市老旧小区综合治理问题与对策的实证研究》,《长安大学学报》(社会科学版),2020年第3期。

④　黄珺、孙其昂:《城市老旧小区治理的三重困境——以南京市J小区环境整治行动为例》,《武汉理工大学学报》(社会科学版),2016年第1期。

⑤　范逢春:《城镇老旧小区改造面临的困境及破解》,《国家治理》,2021年第47期。

情况、尊重居民意愿,灵活选择后续管理方式。①考虑到大规模拆除重建所需资金量大、对改造小区位置、功能要求高,蔡云楠等提出通过"微改造"的方式,发挥其易组织、成本低、周期短的优势,在城市较小尺度、有限人群范围内开展老旧小区改造,并且建立老旧小区全生命周期分析和评估体系,改造后依照预设目标对实施效果进行再评估,实施与老旧小区寿命一致的持续性评估,建立老旧小区系统有机更新的常态机制。②安建米等则将对老旧小区微改造的研究进一步深化、细化,梳理"微资源"台账,对老旧小区的空间类和建筑类资源做到心中有数,渐进式"微改造"落地,通过盘活资源实现"微盈利",为老旧小区的"微更新"和长效运营提供源源不断的资金支持和有力保障。③此外,随着居民生活水平的提高,老旧小区改造的项目也不断丰富,除了关于楼体建筑、周边环境等传统项目的改造规划、技术等方面的研究,对于各类生活配套设施改造提升的研究也更加细化。李东泉和王瑛以广州市老旧小区改造加装电梯为例,分析在此过程中的集体行动困境,即协商规模之困和价值偏好之困,并提出确定小规模实施单元和合理设定出资比例和技术标准的解决措施。④许定源和李迅认为尽管停车设施在老旧小区改造中属于完善类内容,但与基础性改造一次性投入、不产生现金流相比,改造、完善停车设施能够产生持续、稳定的现金流,保障老旧小区设施长

① 蔡淑频、周兴文、马阒:《城市老旧小区改造的模式与对策——以沈阳市为例》,《沈阳大学学报》(社会科学版),2014年第6期。
② 蔡云楠、杨宵节、李冬凌:《城市老旧小区"微改造"的内容与对策研究》,《城市发展研究》,2017年第4期。
③ 安建米、郭玲、徐岩等:《微更新视角下老旧小区改造的微利可持续商业模式探讨》,《城市发展研究》,2022年第9期。
④ 李东泉、王瑛:《集体行动困境的应对之道——以广州市老旧小区加装电梯工作为例》,《北京行政学院学报》,2021年第1期。

期运营和实现居民良性互动、促进邻里和谐的双重作用。[①]

　　经过多年老旧小区改造实践,各地总结出各具特色的老旧小区改造模式:"劲松模式"源于北京市朝阳区劲松北社区,是全国老旧小区改造的一面旗帜。邢华、黄祖良总结了劲松北社区将社区治理融入老旧小区改造实践,通过加强党建引领、引入社会力量,实现党委领导下政府、企业、居民良性互动,构建多元化网络治理格局,充分体现居民的需求。[②]实现资金平衡是推动老旧小区高质量改造的关键,梁颖等则从资金平衡角度入手,总结劲松街道与社会资本愿景集团合作的基础上,通过设置空间利用运营激励、完善基础物业管理来实现资金整体、动态平衡的成功经验。[③]望超凡总结重庆市 W 社区"院坝会"经验,提出构建以事务为中心,构建紧密利益共同体作为自治单元的老旧小区治理模式,破解老旧小区中设施老化、资源不足等自治困境。[④]谭俊杰等立足广州市以居委会为主导的老旧小区改造协作模式,搭建沟通平台从"改什么""怎么改""如何维护"三个方面层层递进推动老旧小区改造工作,但也指明居委会主导的改造更新模式是以项目制推动的,其常态化和可持续发展机制仍有待提升。[⑤]深圳市推行市场化的城市更新模式,拟建立老旧小区改造多元协同机制,政府发挥宏观把控和引领协调作用,由开发商主导直接和居民沟通进行产权交易,实现政府、市场、社区三方利益共

　　① 许定源、李迅:《既有城市住区停车问题、趋势及对策》,《城市发展研究》,2021年第6期。
　　② 邢华、黄祖良:《老旧小区改造如何"以人为本"? ——北京劲松北社区改造中的党建引领与社会资本重塑》,《上海城市管理》,2021年第5期。
　　③ 梁颖、江曼、刘楚等:《资金平衡导向下北京老旧小区改造的问题与策略研究——以劲松北社区改造为例》,《上海城市规划》,2022年第2期。
　　④ 望超凡:《利益共同体自治:老旧社区治理困境的破解机制——基于重庆市 W 社区"院坝会"治理实践》,《湖北行政学院学报》,2020年第6期。
　　⑤ 谭俊杰、廖绮晶、袁媛等:《居委会主导的老旧小区改造协作模式研究——以广州市仰忠社区为例》,《上海城市规划》,2021年第5期。

享。李翔和向立群发现,在实践中市场主体领导力不足,导致居民权力膨胀,产权转移的拖延影响了项目进度和多元主体协同机制的形成,兼之受参与规则不清晰、政府审核监管不足、协商过程缺乏、参与文化不成熟等因素影响,难以完成老旧小区改造工作。[①]

(二)关于老旧小区改造后续管理研究

客观、真实、全面评价改造效果是进行老旧小区改造后续管理的前提和基础,通过评估发现老旧小区改造的不足之处,有助于在后期管理阶段提前谋划、重点跟进。早期,对老旧小区改造成果的评价主要集中于对于房屋建筑、水电燃气管道等物质领域,随着改造项目的丰富,关于老旧小区社区治理的因素逐渐进入评价体系,并且成为衡量老旧小区改造成果的重要考察指标。张晓东等选取AHM模糊综合评价法编制老旧小区更新综合体系,主要评估对象为房屋建筑及公共服务设施,发现当发挥群众参与、重视环境美化和完善基础设施时,对老旧小区改造更新的评定评价等级更高。[②]肖屹等在对居住功能提升工程实施效果和设施完善工程实施效果进行评价外,还将基本物业管理、长效管理机制、公众参与情况也纳入更新评价体系,同时通过设立评价常设机构、建立评价专家人才库、动态管理评价结果来提升评价质量。[③]刘垚等引入治理理论,将广州市老旧小区微改造的全过程纳入评估体系,重点对项目的实施效率、实施过程及实施效益进行评价,发现由于居民和社会出资不足,改造项目的后期管理仍面临较大困难;虽然制度建设日益完善,但居民参与程度、社会资本出资情况、意见反馈渠道等方面依然

---

① 李翔、向立群:《老旧小区改造中的多元主体协同机制研究——基于深圳市场化政策改革的经验》,《建筑经济》,2022年第8期。

② 张晓东、胡俊成、杨青、蔺彦玲:《基于AHM模糊综合评价法的老旧小区更新评价系统》,《城市发展研究》,2017年第12期。

③ 肖屹、陈健、刘博:《老旧小区更新提升实施效果评价方法研究》,《建筑经济》,2019年第1期。

滞后。[①]李德智等从投入和产出角度,采用主程序分析法(PCA)和数据包络分析法(DEA)对老旧小区改造后精细化治理情况绩效进行评估,得出结论:街道人力有限无法实现对老旧小区的全面管理,应引入专业物业公司来实现老旧小区精细化长效治理;为克服老旧小区管理难度大、物业费收缴率低的问题,可以采用前期资金补助和扩大融资渠道等开放性政策。[②]

为巩固老旧小区改造成果、构建老旧小区改造后续管理长效机制,刘贵文等提出政府主导下的老旧小区改造要坚持"改造+长效治理"思路,从完善小区物业管理体系和建立居民自治两方面构建长效治理机制,以实现改造的系统、持续、常态化实施。[③]李政清认为应建立改造后的老旧小区维护和管理机制,根据居民收入水平实施不同等级的专业化物业管理,增强业主责任意识,对拒不缴纳物业费的行为进行处罚,明确政府主管部门及物业管理企业责任,引入市场机制,建立保险制度,从资金来源和组织体系两方面建立长效机制。[④]王承华和李智伟提出通过引进物业公司、成立业主组织、搭建公共参与平台、完善政府协调机制、编制社区规划来探索治理导向的长效机制,特别强调要设计全周期、长效性的参与流程,项目后期提供持续的监督反馈渠道,保证居民知情权、参与权和监督权。[⑤]代欣等指出社区更新的技术规范和政策体系是建立老旧社区有机更新长效机制的基础,并通过建

[①]　刘垚、周可斌、陈晓雨:《广州老旧小区微改造实施评估及延伸思考——实践、成效与困境》,《城市发展研究》,2020年第10期。

[②]　李德智、朱嘉薇、朱诗尧:《基于PCA-DEA的城市老旧小区精细化治理绩效评价研究》,《现代城市研究》,2020年第7期。

[③]　刘贵文、胡万萍、谢芳芸:《城市老旧小区改造模式的探索与实践——基于成都、广州和上海的比较研究》,《城乡建设》,2020年第5期。

[④]　李政清:《推进老旧小区综合改造的问题与对策建议》,《中国物价》,2018年第6期。

[⑤]　王承华、李智伟:《城市更新背景下的老旧小区更新改造实践与探索——以昆山市中华北村更新改造为例》,《现代城市研究》,2019年第11期。

立物业专项维修资金、房屋维修基金和新增设施有偿使用的方式解决后续资金问题。[①]张绪娥等提出公共价值共创是实现社区更新长效治理的关键,党建引领的合作生产是走向价值共创的根本原因,因此要将公共价值教育纳入基层公务员培训体系、赋予基层公务员适当的自由裁量权、重视公众在价值共创的主体地位。[②]

(三)关于老旧小区改造后续管理多元主体协同参与研究

实现多元主体协同参与是建立老旧小区改造后续管理长效机制的关键举措。与世界各国相似,我国老旧小区改造以政府为主导,主要由自上而下的行政力量推动。陈毅和何萌认为在政党主导老旧小区改造模式下,要坚持基于效率的行政逻辑、基于协商的社会逻辑和基于价值的政治逻辑有机结合,将党的建设、社区治理和服务供给三者融合起来,有利于党的领导优势和制度优势转化为治理效能。[③]冉博奥和刘佳燕认为社会性、政策性因素是老旧小区改造项目能否顺利推进的关键,政策制度文件多分散少整合、干预点重物质空间轻社会性整体性、政策类型重约束引导轻激励机制、干预环节重改造中轻改造前后是当前老旧小区改造政策体系存在的主要问题,应尽快完善整体体系,提供政策支撑。[④]

为避免老旧小区改造更新导向单一化、形式同质化、效果碎片化,戴祥玉和唐文浩提出打造参与治理的赋能体系,深挖社会力量参与老旧小区嵌

① 代欣、王建军、董博:《社区更新视角下广州市老旧小区改造模式思考》,《上海城市管理》,2019年第1期。

② 张绪娥、温锋华、唐正霞:《由合作生产到价值共创的社区更新何以可行?——以北京"劲松模式"为例》,《公共管理学报》,2023年第1期。

③ 陈毅、何萌:《政党主导旧城改造:党建引领、社区治理与服务供给——以上海市S区58个旧街坊整体改造为例》,《中共A市委党校学报》,2021年第3期。

④ 冉奥博、刘佳燕:《政策工具视角下老旧小区改造政策体系研究——以北京市为例》,《城市发展研究》,2021年第4期。

合式治理的合作空间和治理领域,以精准回应居民诉求、自适应的保证更新常态化。[1]社会力量参与老旧小区改造后续管理最直接解决的是资金不足问题。当前我国老旧小区改造资金来源以政府财政为主,[2]整体社会资本存量较低,社会参与和社会交往不足是主要原因。[3]李志和张若竹基于老旧小区改造更新对财政压力大、改造难以进行、资金投入显失公平的问题,提出拓展多元资金来源及实施财政资金分类投资,并且在老旧小区改造领域引入市场机制,通过搭建政企合作平台、构建局部拆建资金平衡、建立公益性物业服务企业完善后续管理等方式解决老旧小区改造及后续管理的资金问题。[4]面对老旧小区的资金缺口,徐晓明和许小乐(2020)主张通过建立政府主导的多方协调机制,引入社会力量,明确其参与条件和收益方式,创建"投资—改造—运营一体化"的参与模式,提高社区改造内生动力改造后的治理能力。[5]姜玲等从交易成本视角分析了社会资本参与老旧小区改造的协商成本、代理成本、信任成本、风险成本和时间成本,提出通过降低成本提高社会资本参与积极性。[6]社会力量参与老旧小区改造,除了出资,还能够通过接受政府或居民委托提供服务的方式参与。邢华和张绪娥认为社会企业在"公共服务协同提供者"和"居民利益代表者"双重身份驱使下,构建以社会

---

① 戴祥玉、唐文浩:《嵌合式治理:行政主导下老旧小区"微更新"的实践探索》,《学习与实践》,2021年第9期。

② 唐燕:《老旧小区改造的资金挑战与多元资本参与路径创建》,《北京规划建设》,2020年第6期。

③ 杨秀勇、高红:《社区类型、社会资本与社区治理绩效研究》,《北京社会科学》,2020年第3期。

④ 李志、张若竹:《老旧小区微改造市场介入方式探索》,《城市发展研究》,2019年第10期。

⑤ 徐晓明、许小乐:《社会力量参与老旧小区改造的社区治理体系建设》,《城市问题》,2020年第8期。

⑥ 姜玲、王雨琪、戴晓冕:《交易成本视角下推动社会资本参与老旧小区改造的模式与经验》,《城市发展研究》,2021年第10期。

企业为枢纽的"政府—社会企业—居民"合作模式,扎根社区、长期运营,实现老旧小区的可持续发展。①吴晓林和谭晓琴指出在设施环境差、政策引入阻力小的老旧小区中,引入"以时间换空间"的信托制物业治理模式对业主还权增利,有助于实现业务和物业企业的良性互动。②

居民和事务特征决定了老旧小区改造居民参与不足的现象具有普遍性,而居民参与不足会导致老旧小区治理难,继而影响长效机制的建立完善。③李德智等基于计划行为理论,分析影响老旧小区改造中居民参与意愿的因素,通过实证分析发现参与治理态度、主观规范、知觉行为控制对老旧小区改造居民参与治理意愿有显著正向影响,应提升社区认可、加大宣传力度、健全参与制度来提升居民参与意愿,实现参与意愿向参与行为的转化。④周亚越和吴凌芳指出居民参与不足的根本原因是社区公共性的缺失、居民在公共领域的诉求得不到满足,可通过增加社区事务公共性、减少政府干预来解决居民对社区事务参与不足的问题。⑤张佳丽等从主客观两方面分析居民参与老旧小区改造积极性不高的原因,主观原因是参与改造与自身利益不符、对社区归属感和认同感下降,客观原因是社区治理水平低、居民参与渠道不畅通。⑥刘炳胜等基于扎根理论,提出根据老旧小区改造不同

① 邢华、张绪娥:《社会企业如何推进老旧小区改造合作生产?——以北京劲松北社区老旧小区改造为例》,《城市发展研究》,2022年第9期。

② 吴晓林、谭晓琴:《以时间换空间:基层治理政策创新的"时空适配"机制——对成都市"信托制"物业治理的考察》,《公共管理学报》,2022年第3期。

③ 刘承水、刘玲玲、史兵、冀文彦:《老旧小区管理的现存问题及其解决途径》,《城市问题》,2012年第9期。

④ 李德智、谷甜甜、朱诗尧:《老旧小区改造中居民参与治理的意愿及其影响因素研究——以南京市为例》,《现代城市研究》,2020年第2期。

⑤ 周亚越、吴凌芳:《诉求激发公共性:居民参与社区治理的内在逻辑——基于H市老旧小区电梯加装案例的调查》,《浙江社会科学》,2019年第9期。

⑥ 张佳丽、温标、朱东剑等:《社区居民参与老旧小区改造积极性的影响因素研究——基于衡水市桃城区老旧小区改造的实证观察》,《城市发展研究》,2021年第10期。

阶段针对性设计共同生产路径,确保改造工作切实惠民,以居民投入型参与作为主要动力实现由内而外的社区更新。[①]

三、国内外研究评述

在上述文献中,国内外学者都对老旧小区改造或旧居住区改造及后续管理问题进行了深入研究,肯定了改造及建立健全后续管理长效机制对于提升居民生活水平、推动城市更新、促进经济发展等的重要意义,该问题在研究领域和实践领域的重要性、必要性得到充分确认。国外城市化进程较快,更早经历旧居住区改造,在相关领域的研究也更加丰富、深入。针对旧居住区改造模式的研究,随着实践的深入,逐步由大拆大建向精细化方向发展,主导力量由政府向居民、社会转移。在实施市场化的旧住宅区改造中,由于逐利性等因素造成的挤出效应,会影响居民的利益,继而影响居民参与改造的积极性。

国内学者吸收借鉴国外改造经验和研究成果,基于我国现实情况,从本土化视角阐述老旧小区改造及后续管理面临的问题,总结中国经验用于解决中国问题。在实践和理论发展的推动下,研究对象由房屋建筑、配套设施等领域,延伸到居民参与、社会资本、社区治理等领域;由盲目照搬西方物业管理制度,转变为探索具有中国特色的、符合各地实际情况的、多元化改造模式;由静态评估老旧小区改造成果,拓展到分析多方主体在老旧小区改造角色定位、资源配置、相互作用的动态过程。为老旧小区改造注入治理、绿色、适老理念,与智慧城市、海绵城市、宜居城市建设相结合,为开展老旧小区改造实践提供理论依据。

---

① 刘炳胜、张发栋、薛斌:《由内而外的城市社区更新何以可能?——以X社区更新治理为例》,《公共管理学报》,2022年第1期。

同时,老旧小区改造还存在不足之处:一方面,当前对于老旧小区改造的研究集中于改造前、改造中,对改造后续管理或者笼统地建议建立健全老旧小区改造长效机制,或直接归入老旧小区治理领域,未突出强调老旧小区改造这一政策背景和现实根源。另一方面,我国幅员辽阔,不同地区、不同老旧小区的基本情况、资源禀赋等各不相同,适用的改造后续管理模式也有不同,尽管某种改造后续管理模式产生于某地成功经验,但其普遍适用性、推广可能性仍有待商榷。要充分考虑地域差异、资源禀赋差异、居民差异、市场环境差异等要素,总结出更具普适性的老旧小区改造后续管理模式,同时善用对比、分类、分级等评价机制,继续完善老旧小区改造后续管理政策清单。

因此,本章以A市W街道老旧小区改造后续管理实践为例,对其老旧小区改造后续管理特点、做法进行梳理,探寻在此过程中存在的问题和原因,以提供有益建议和改进举措,为A市W街道建立老旧小区改造后续管理长效机制、提升改造工作精细化水平、为巩固老旧小区改造成果提供强有力支持。

第二节　A市老旧小区改造及后续管理概况

一、A市老旧小区改造及后续管理背景

改革开放以来,A市经济不断发展、城市化水平提升,城市建设更新工作也持续推进。A市于20世纪80年代在短时间内大规模兴建了居民住宅区,"三级跳坑"、筒子楼等老式建筑逐步退出历史舞台,居民居住环境明显改善。20世纪90年代,A市通过"安居工程"对旧居住区实现大规模的拆建,并建成相应配套基础设施,居民多元居住需求得到满足。进入21世纪,居民对

于居住环境的需求进一步提升,A市将老旧小区改造、旧楼区整修等工作纳入"改善人民生活的二十件实事",每年划定改造范围、设定改造内容,逐步推进老旧小区改造工作开展。

随着商品经济的发展、单位制度的弱化和住房制度的改革,大量小区由于产权单位的破产、改制、经营效益差等原因,出现"无人管"或"无力管"的弃管现象。由于老旧小区建造年代久远、硬件设施差、自身资源匮乏,无法效仿新建成小区,自主实行市场化物业管理。同时,居民依赖于传统单位提供的"后勤式""保姆式"免费物业服务,花钱购买物业服务、主动参与物业管理的意愿和能力明显缺乏,导致老旧小区处于低水平物业或无物业的状态,居住环境远落后于新建成小区。长此以往,高收入家庭为追求更好的居住环境逐渐搬离,老旧小区居民中低收入群体、外地租户、老年人比重上升,对物业服务的支付意愿和支付能力继续下降,老旧小区衰落步伐加快。

与此矛盾的是,老旧小区多位于区域中心地带,地理位置优越,周边商业、教育、医疗、娱乐配套设施齐全,地价普遍偏高,部分房屋建筑具有历史文化价值,使得其只能通过改造而非拆迁来改善居民生活环境,减少中心城区人口流失,遏止城市空心化倾向。有助于完善基础配套设施,提高公共服务水平,实现城市面貌更新。受限于时间、资金、人力,老旧小区改造并非一蹴而就,通过建立老旧小区改造后续管理长效机制,可以巩固老旧小区改造成果,丰富改造资金来源,调动广大居民参与老旧小区改造的积极性,从而激发老旧小区活力,打造宜居社区、宜居城市,提升人民群众的幸福感、获得感和满足感。

二、A市老旧小区改造及后续管理政策内容

21世纪初,A市实施老旧小区改造工作之初,就认识到建立后续管理长效机制的重要性,从制度建设、政策支持等方面始终坚持改造工作与建立后

续管理长效机制双管齐下。

2003年6月、10月，A市政府分别发布了《关于综合整修市区成片旧楼区的通知》《关于进一步加强市区成片旧楼区综合整修工作的意见》，确定整修范围为城市总体规划（1996—2010年）中未被纳入拆迁改造范围的旧楼房住宅小区。整修工作由副市长负责，并成立整修办公室统筹全市区整修工作。整修资金由市级补助一部分，分为整修工程前期费用及完工验收达标后的补助资金两部分划拨；各区按照市拨付资金相等比例投入；其他部分由市建委、综治办等部门及产权单位（不低于60%）分别筹集。整修内容主要针对改善建筑物，包括取缔违建、更换路灯、刷新楼体、增设小区围挡等内容，并且要求整修后的小区全部实行物业管理。同年8月，A市政府发布《关于对我市旧住宅小区实施物业管理的意见》，根据旧住宅区的房屋状况、产权情况不同，确定管理模式和物业管理单位：对房屋状况较好、配套设施较完善、产权较分散的旧住宅区，参照新建成小区物业管理模式，由房屋管理单位转制或招投标确定的物业公司实施市场化统一管理；对公有住宅产权较为集中的旧住宅区，采取房屋管理单位牵头、各专业部门分工配合的物业管理模式；对房屋状况较差、配套不完善的旧住宅区，采取由居委会牵头、各专业部门配合管理的模式。此外，还颁布一系列鼓励措施：对新办承担旧住宅区物业管理的企业提供税收、社保优惠，为招聘大龄下岗失业人员的企业提供资金补贴。2008年11月，A市政府发布《关于进一步加强我市整修后旧楼区管理的意见》，提出推行"区县人民政府主导、物业管理行政主管部门指导、街道办事处（乡镇人民政府）牵头组织落实、专业化服务与社区自治管理相结合"的管理模式。在此阶段，以实施属地管理为原则，街道办事处为实施旧楼区管理的牵头单位，通过联席会议制度协调房管、市容环卫、综合执法、市政等部门以处理物业管理过程中存在的问题。

2012年初，A市政府发布《关于成立A市中心城区旧楼区居住功能综合提升改造指挥部的通知》,A市及各区均设立市中心城区旧楼区居住功能综合提升改造指挥部,有效加强中心城区旧楼区居住功能综合提升改造工作的组织领导。同时,对老旧小区改造后续管理的责任单位也更加明确。2012年8月,A市政府发布了《关于进一步加强我市旧楼区提升改造后长效管理的意见》,根据坚持区人民政府负总责、物业管理行政主管部门指导、社会化服务与社区自治管理相结合的原则,各区根据实际情况和小区特点因地制宜地确定三种旧楼区管理服务模式:社会化服务公司实施管理的模式、产权单位自行管理的模式、居委会牵头组织旧楼区居民自治管理的模式。也正式提出旧楼区长效管理费用应由居民有偿购买服务与区财政补贴相结合的方式解决。

2015年2月26日,A市政府发布《中心城区散片旧楼区居住功能综合提升改造实施方案》,将改造范围圈定为外环线以内、3幢楼以下(含3幢楼)、建成年代较早、房屋及配套设施设备老化、影响居民正常居住使用的散片旧楼区,并且不区分公产房、私产房及商品房,弥补了前期老旧住宅区整修的遗漏,使得城市新旧住宅区均衡发展。改造资金由市、区两级各自承担50%,安装监控、电梯、消防等设施的资金支出责任则下放至各区或所有权人:监控所需经费以区为主,市财政适当给予补贴;住宅电梯、消防设施维修升级的费用优先由所有权人承担;非规定整修范围之内的支出,亦由各区自行负担。2015年,A市政府出台《关于进一步加强我市旧楼区提升改造后长效管理的意见》,将经旧楼区提升改造并验收合格的小区纳入长效管理,建议实施的长效管理模式与2012年《意见》中提出的模式一致。并对经费来源作出明确规定:旧楼区日常管理服务费、改造新增设施的日常运行、养护、维修费用均由居民自行承担,区财政给予适当补助,市财政采用以奖代补方式给予转移支付补助。

2020年,A市政府发布《关于进一步加强本市旧楼区提升改造后长效管理的意见》,将经市人民政府批准实施提升改造并验收合格、享受市级财政补贴的旧楼区,纳入旧楼区长效管理范围,由有关区人民政府具体管理,细化各部门职责,并强化了街道办事处对于旧楼区改造后长效管理的属地管理责任。经费以政府负担为主:市财政以奖代补转移支付、区财政预算支出,并引导居民自觉交纳旧楼区日常管理服务费,提升改造设备运行养护维修费用由房屋、设施所有权人支出转为由区政府专项资金支出。

2021年,A市政府根据《国务院办公厅关于全面推进城镇老旧小区改造工作的指导意见》,出台《A市老旧房屋老旧小区改造提升和城市更新实施方案》。首先,重视对历史文化、城市风貌的保护,划分保护类、改建类、重建类改造方式。其次,更加强调惠民属性,将改造内容划分为基础类、完善类和提升类,改造项目更加丰富。再次,老旧小区改造与城市更新相结合,将老旧小区改造与城市生态修复、产业发展和基础设施建设等领域相结合。在政府规划领导的基础上,坚持市场化运作,鼓励社会资本加入,维持项目收支平衡。最后,调动广大居民参与改造积极性,将老旧小区改造与基层党组织建设、居民自治机制、社区服务体系相结合,协调社区居委会、业主委员会、产权单位、物业服务企业等多方意见。

2023年,A市政府出台《A市城市更新行动计划(2023—2027年)》,确定了中心城区、开发新区、环城四区和外围五区分区域实施更新行动的工作思路,中心城区更新中宜居城市提升计划的主要内容即为完整社区提升、老旧房屋改造。

三、A市老旧小区改造及后续管理工作成效

A市老旧小区改造工作进展迅速,成果显著。

第一,A市老旧小区改造惠及广大人民群众。通过对符合前期改造标准但未纳入改造范围的老旧住宅进行"补漏",同时将随楼龄增长符合标准(一

般是 20 年及以上）的老旧小区纳入改造范围, A 市老旧小区改造范围不断扩大,越来越多普通居民的居住环境得到改善。根据 A 市统计局发布的《2022年 A 市国民经济和社会发展统计公报》,仅 2022 年 A 市改造老旧小区 117 个,惠及居民 10 万户,将力争在"十四五"期间,完成 2000 年以前建成小区的改造。

第二, A 市各区积极探索开展各具特色的老旧小区改造工作,如:有的通过"点单式"征求居民意见,确定改造项目,并且将改造基础条件好、可利用空间多的老旧小区打造为示范点,引入日间照料中心、智慧化安防门禁系统等设施。有的结合本区老龄化程度较高的实际情况,对老旧小区安装了扶手、折叠椅、无障碍设施,更换大号标识牌等适老化"微改造",在全区老旧小区范围内实施"福一把"项目,室内外分别安装了高分子材料扶手和不锈钢管立式栏杆扶手,提升了老旧小区居民居家养老的幸福感。

第三,改造方式、内容、理念发展进步。老旧小区改造实践也由大拆大建的粗放式改造走向精耕细作的精细化改造,通过科学规划设计降低改造成本,减少对居民正常生活的影响。改造项目内容更加丰富,由基础类拓展到改善类、提升类,电梯、停车位、充电桩等配套设施,养老、托育、便民市场等公共服务设施均被纳入改造范围,老旧小区通过改造向宜居社区、适老社区、绿色社区、智慧社区方向发展。

第四,改造资金来源更加多元。各区出台政策,通过新增设施有偿使用、落实资产收益等方式,鼓励社会资本参与老旧小区改造,以特区经营权、股权合作、政府购买服务、财政奖补等多种方式开展合作,将老旧小区改造与后续长效管理相衔接,为实现收支平衡,甚至盈利打下基础。

A 市将改造后验收合格的老旧小区纳入长效管理范围,有效巩固了老旧小区改造成果。

第一,灵活设计多种物业管理模式,满足老旧小区各异的资源禀赋。老旧小区后续管理长效机制根植于小区实际情况,通过各部门的合理分工,由距离老旧小区最近的街道办事处履行属地管理责任,由最了解实际情况的居民委员会引导居民自治,发挥党建引领作用,建立联席会议、教育引导居民参与配合老旧小区日常管理。

第二,对纳入长效管理机制的老旧社区进行定期评估考核,与财政补贴挂钩。从居民满意度和参与度两个维度出发设定考核标准,要求居民满意度不低于70%、管理服务单位公示财政补贴收支状况、物业费收缴率不低于40%等标准,既通过补贴资金激发了各方实施长效管理的积极性,又有效获取了居民对后续管理工作的客观评价,保证补贴资金用到实处。

第三,将老旧小区改造和后续管理环节相衔接,用时间换取空间。建立老旧小区与物业管理企业的长期合作关系,从改造环节开始引入专业物业管理企业和社会资本,通过科学设计、优化流程、统筹资金为建立改造后续管理长效机制、盘活社区资源实现自负盈亏奠定基础,逐步向市场化商业物业管理模式转化。

四、A市W街道基本情况

W街道隶属于A市市内六区之一N区,成立于1999年,位于A市内环与中环之间,辖区总面积3.54万平方米。第七次人口普查中,总人口为12.48万人,0—14岁1.40万人,占比11%,15—59岁7.37万人,占比59%,60岁以上3.70万人,占比30%,65岁以上2.59万人,占比21%。60岁以上及65岁以上人口占比均超过A市平均水平(22%、15%)。W街道划分22个社区、106个自然小区,其中29个为2000年以后建成,77个为2000年(含)以前建成。W街道过半数自然小区物业管理为居委会代管,且2000年以前建成自然小区由居委会代管的比例明显高于2000年以后建成的自然小区。具体情况如下表:

表2.1　W街道自然小区物业管理情况

建成年份	物业公司		居委会代管		业主自管		合计	
	数量（个）	占比（%）	数量（个）	占比（%）	数量（个）	占比（%）	数量（个）	占比（%）
2000年以前	24	23%	45	42%	8	8%	77	73%
2000年以后	10	9%	12	11%	7	7%	29	27%
总计	34	32%	57	54%	15	14%	106	100%

（数据来源：作者自绘）

五、A市W街道老旧小区改造后续管理实践

（一）A市W街道老旧小区改造后续管理问题根源

W街道凭借N区8.54%的面积，占有12.84%的人口，属于人口较为密集的居住区，老年人口比重远超A市平均水平。其2000年以前建成的老旧小区数量众多，占比达70%以上，每年均有老旧小区被纳入区内老旧小区改造工程范围内。W街道处于A市中环及外环之间，辖区内商业资源丰富。改造弥补了部分老旧小区在墙面外檐、水电燃气、照明安防等方面的短板，并且部分老旧小区增加了电梯、自行车充电、电动汽车充电等完善类配套设施，但改造后的老旧小区仍存在诸多问题，建立健全后续管理长效机制依然任重而道远，X小区就面临这样的困境。

X小区建成于1990年，共包含4栋楼，1—3号楼为7层到顶，4号楼为6层到顶，1、2号楼一层为底商，其余为住宅，共计670户居民，均为私产房，住户老年人占比较高。近年来，X社区多次实施改造，先后完成了修复外檐、屋顶防水、疏通小区排水管网、更换井盖、清理违章建筑、道路海绵化等改造工程，居民居住环境有明显改善。X小区所在社区居委会坚持"党建引领"，通过"议事厅""心愿墙"等创新模式加强社区治理，优化老旧小区基层服务。议事厅指社区党委定期（每月）组织居民召开居民代表大会，发表对社区建

设治理等与居民利益密切相关问题的意见建议,再通过社区平台进行汇总整合,上报给有关部门进行解决。"心愿墙"指的是通过居委会工作人员上门走访、党建联席会议、志愿者、楼栋长建议等方式搭建"微心愿"平台,转发给社区的共建单位(企业)进行认领,认领后召开街道、社区、共建单位三方联席会议进行协商解决。此外,X小区居委会还为居民搭建参与小区公共事务管理的平台,通过提供方案、组织民主投票、募集资金、公示结果等方式,提升居民自治水平、打造宜居社区。但X小区居民对社区生活仍不满意,经常在社区微信群抱怨居委会工作人员或拨打12345便民服务热线投诉物业公司。

引发居民不满的最直接原因是改造没有从根本上改变X小区基础设施和配套设施。

第一,下水井堵塞问题。X小区已完成排水管道改造,由于管道老化狭窄经常堵塞,多数1、2层及部分3、4层居民改造了独立下水,住宅楼体管道林立影响美观,并且下水井堵塞、污水外溢仍然时有发生,夏季臭气熏天,冬天路面结冰。

第二,居民停车问题。小区内面积狭窄,没有条件设置固定停车位,车位先到先得,1楼窗前空地及小区外部道路两侧均被居民用于停车,时常因为抢占车位而产生矛盾。道路两侧经常停放单排甚至双排车辆,使得对向车辆会车困难,极易引起拥堵和擦碰。

第三,公共区域堆放杂物问题。在老旧小区改造中修建了仅有遮雨顶棚、无人看管免费停放的车棚,有效解决了居民自行车停放问题,但是随着共享单车的普及,个人自行车闲置,部分居民将车棚用于摆放自家杂物,居委会定期清理仍然屡禁不止;自行车、电动车、老年助力车和共享单车只能在小区内道路停放。

第四,缺少公共活动区域。小区内部空间有限,改造在小区门口及马路对面搭建两个带有凉棚的公共座椅供居民休憩使用,没有供居民活动的室内场所或室外空地。老人、儿童在此处玩耍时会占用小区门口车道,影响车辆通行且存在安全隐患。

第五,环境卫生问题。X小区为老旧小区,实行准物业管理,居民每户每月缴纳卫生清洁费10元,物业公司提供每周一次的楼道清扫和垃圾清理服务,由于物业清洁人员短缺、清理不及时导致小区楼道及室外环境卫生较差。由此可见,改造更新并未从根本上改变老旧小区,需要通过建立长效管理机制解决老旧小区后续管理问题。

(二)A市W街道老旧小区改造后续管理实践之一

2023年初,X小区3号楼5—10号门下水井堵塞,污水外溢、臭气熏天,加上天气寒冷,污水迅速蔓延结冰,冰面很快覆盖了本就狭窄的小区道路,严重影响居民通行和小区环境。居民自发地用废旧毯子、地垫铺出一条楼道门口到小区门口的路,有热心居民站在旁边提醒过往居民小心滑倒。同时,居民在小区微信群中反映,要求居委会尽快联系维修人员进行清掏。社区居委会得知上述情况后,向居民解释私产房污水跑冒政府不负责处理,需居民自行出资解决。网格员第一时间到达现场,了解情况严重程度,并通过"微心愿"平台反映了上述情况,区公共事业服务中心认领了这项"微心愿",报价优惠费用3000元进行清掏。经居民代表、党员代表、楼栋长多次协商决定,清掏费用由6个楼门、每个楼门28户居民均摊,每户出资30元,超出3000元部分用于缴纳楼道电费,解决方案通过在楼门口张贴公告和在居民微信群内发布公告方式向居民公示。方案一经公示受到大多数居民的热烈响应,6位居民(4男2女,均为60岁以上)自发报名担任本楼门的志愿者,负责收取费用。有的志愿者直接将微信收款码发在居民微信群中请居民自行扫码支付,也有的志愿者在下班高峰期,在楼门口等候收取费用。缴费结果每日在微信群内公布,可以清楚地看到每户属于"已缴费""无人居住"或是"拒绝缴费"的状况。尽管仍有居民以"不在此处居住""不认可费用要由居民承担"为由拒绝缴费,最终仍有132户(占比78.57%)居民缴纳清掏费,使得下水管道堵塞、污水跑冒问题在不到一周时间内顺利解决。

(三)A市W街道老旧小区改造后续管理实践之二

几个月后,A市多日连降大雨,X小区3号楼10门多位居住在顶楼、次顶楼的居民表示阳台漏雨情况严重,需要进行维修,并表示之前漏雨维修就是由政府出钱的。居委会向居民解释:一般老旧小区改造的保修期是一年,距离上次改造加固防水层已经过去一年多,不在保修的范围内,需要由所在楼的全体居民决策维修方案,自己出资进行修整。居委会联系区房产服务中心专业人员进行查看后,提供两套维修方案供居民参考:方案一采用外檐飞人方式施工,预算2.3万余元;方案二采用搭建双层脚手架方式施工,预算2.8万余元。上述两个方案均需经3号楼10号门28户居民同意并承担费用。后来,有小区内其他住户反映有漏雨的情况,经专业人员再次到现场实地查看,3号楼整体均需进行维修,维修方案为搭建双层脚手架,预算28万余元,需由3号楼共计280户居民全部同意并承担维修费用。了解到每户需要承担1000元的维修费用,居民对维修的积极性迅速下降,不止普通居民,之前反映下雨漏水的居民也不再在微信群中督促居委会尽快维修解决漏水问题。居委会依照正式流程召开居民代表大会,公布维修方案,又在居民微信群中发布调查问卷,征询居民是否同意维修及缴纳费用。与清掏下水井时居民积极担任志愿者、缴纳清掏费、督促居委会尽快联系排水部门清掏不同,此次居民态度较为消极。有居民提出"不清楚外檐有什么安全隐患需要维修""报价太高,需要多找几家机构出方案对比一下",甚至有居民直言"应该除了顶楼和次顶楼不会有人愿意出钱""当年政府老旧小区改造时候整修过屋顶,这才几年就出了问题,就是当时没修好,应该继续让政府出钱维修"。大多数居民都持沉默或拒绝态度,对居委会工作人员在微信群内发布的召开居民代表大会通知、维修意愿的调查问卷没有回复。最终,由于多次摸底、协商居民意见都没有达成一致,X小区3号楼全楼和3号楼10门的外檐维修计划不了了之。

六、A市W街道老旧小区改造后续管理实践案例评析

(一)居委会层面

在清掏下水井和修缮外檐两项公共事务中,居委会都积极履行职责,工作人员第一时间抵达现场,耐心向居民解释老旧小区改造的相关政策,帮助居民协调有关部门寻求帮助,在维修资金缺乏的情况下,挖掘社区内企业资源灵活使用较低成本帮助居民解决改造问题,组织居民进行协商、投票、集资、公示等决策流程,充分展现了基层社区工作人员的责任感和执行力,社区党委的有力引领,为建立老旧小区改造后续管理长效机制指出了明确的方向,打下了坚实的基础。

(二)居民层面

在同一个小区、相近的时间内社区治理事项呈现截然不同的结果,关键性因素是居民参与程度不同。影响居民参与的原因是两项公共事务对居民成本和收益不同。首先,两项公共事务对居民支出责任不同。清掏下水井每户只需支出30元,维修外檐每户则需支出1000元,2022年A市居民人均可支配收入为48976元,1000元对一个家庭而言意味着一笔较大的支出。兼之X小区为老旧小区老年居民比重占比较高,对价格更为敏感。其次,两项公共事务对居民利益的损害范围不同。下水井堵塞后污水外溢至小区道路,对所有居民的日常生活均有影响,而外檐破损目前影响的是顶楼、次顶楼居民阳台漏水,尚未发生高空坠物事件,对其他人影响不大,使得占居民人数大多数的中低楼层居民对维修外檐的支付意愿不高,影响整体社区事务解决的推进。再次,两项公共事务的紧迫性不同。下水井已经堵塞,正在

影响居民的日常出行,外檐破损导致的阳台漏雨只在下雨天发生,高空坠物仅是潜在的风险,不具有现在必须决策进行维修的紧迫性。除非对自身利益损害的严重性和紧迫性达到一定阶段,老旧小区居民都保持着较低的支付意愿,不会为潜在的可能性付出成本。最后,两项公共事务对居民日常生活的影响不同。下水井清掏事项较为简单,几小时时间内就可以处理完毕,若进行外檐维修至少需要十天至半个月的时间,无论选择飞人或是搭建双层脚手架的方式,带来的噪声、建筑垃圾等均会影响居民的日常生活。在上述原因的影响下,下水井堵塞得以顺利解决,而严重程度更高的外檐维修事项被搁置。因此,要调动老旧小区居民参与社区治理的积极性,要形成对居民足够的激励。

经历过若干次改造后续管理实践的教育,老旧小区居民逐渐转变了历史上"单位制度"影响下的等、靠、要思维惯性,对自身作为改造后续管理责任主体地位的认识更加明确,开始习惯遵循社区公共事务决策流程参与社区治理,使得建立老旧小区改造后续管理长效机制成为可能。

(三)物业公司层面

与居委会始终积极沟通协调、帮助居民解决问题不同,物业管理企业面对上述两项公共事务始终保持着"隐身""摆烂"的状态。直接原因是在X小区实行的准物业管理模式下,受居民支付意愿不足和小区自身资源有限影响,居民每户每月需缴纳10元清洁费,物业只需提供最基本的清洁服务。据A市《关于进一步加强本市旧楼区提升改造后长效管理的意见》规定,针对纳入长效管理范围的老旧小区,物业管理企业需提供门岗值勤、巡视管理、楼内外保洁、车辆停放管理4项基本服务,除楼内外保洁外的其他三项,在X小区均未实现,更遑论根据居民实际需求提供个性化服务、参与社区共建。据物业管理公司工作人员反映,老旧小区物业收费低,主要依靠国家财政补贴,近年受财政紧张影响,物业企业在老旧小区的运营更加艰难。双重压力之下,物业企业缺乏丰富的服务项目来提升服务质量。

从老旧小区公共事务处理程序上讲,外檐维修这一议题经居民协商及民主投票被否决不失为一种决策结果,但这种结果显然与政府老旧小区改造、实施长效管理、打造宜居社区、为人民群众创造更美好生活的初衷相违背,是在资金资源短缺情况下的无奈选择。并且,不同主体参与社区治理的行为之间存在相互教育、影响的作用,高效成功的公共事务处理过程会形成良好的示范效应,降低下次的交易成本,而低效失败的处理过程也会降低主体参与的信心和意愿,影响后续公共事务决策过程。由于X小区住房为私有产权,维修过程政府不会给予补贴;小区内部面积狭小、资源贫乏,无法通过建设收费公共服务设施、盘活闲置资产获取收益。因此,改善居住环境、维修公共设施等事项只能逐一事项依靠居民集资或辖区内共建单位给予支持。而居委会受到严格的工作纪律管理,严格禁止开立公共账户或从事营利相关活动,加上不具备小区公共事务的决策权限,无法与共建企业展开多种形式的深入合作,主要是共建企业单方面向社区提供实物或服务,来换取向居民推介自身产品和服务的机会。然而老旧小区改造后续管理相关事项繁多,并且如安装电梯、维修公共设施等具备一定专业性,可以达成合作的企业范围有限;居委会无法作为主体对外购买服务或获取融资,达成合作的成本较高,也为社区获取资金资源支持造成阻碍,使得老旧小区改造后续管理长效机制的运行困难重重。

以物业公司为代表的社会力量是构建老旧小区改造后续管理长效机制必不可少的力量。一方面,社会力量在掌握资金规模远超政府,将其纳入老旧小区改造后续管理范畴,用少量财政资金撬动社会资本,有助于源源不断为老旧小区注入活力,盘活闲置资源,改变老旧小区落后面貌。另一方面,社会力量在提供公共服务方面具有专业性,在政府引导下建立老旧小区公共服务清单,通过签订战略合作协议,以一对N的形式打包提供公共服务,减少公共服务的获取成本,同时将盈利和老旧小区运营结果相挂钩,实现多方共赢。

第三节　A市老旧小区改造存在问题

一、改造层次低

老旧小区改造层次低,难以满足居民个性化需求。老旧小区自身资源匮乏,即使经过多次改造也难以改变其规划设计、建筑质量等根本问题。改造以改变当前落后的居住环境为目的,具有一定滞后性,难以满足居民不断增长的需求。改造主要由政府划定范围集中进行,改造资源紧张难以满足所有老旧小区需求,只能分批次、分阶段在有限范围内进行,改造资金、资源配置有待优化。

二、重改造、轻管理

老旧小区改造重改造、轻管理,改造成果维护成本高。老旧小区改造的关注度和资源主要集中于房屋建筑、硬件设施的提升,改造的开始、进行、完成均有确定的时间节点,改造成果可采用明确指标进行衡量、评价。而老旧小区改造后续管理中,对居民参与社区治理、盘活社区闲置资源、建立健全后续管理长效机制等方面重视程度稍有不足,导致实际工作开展面临较大困难。两者冲突之下使得老旧小区改造成果难以维持或维持成本较高,甚至多次改造都难以达到预期效果。

三、规划欠缺系统性

老旧小区改造规划欠缺系统性、合理性,可能存在重复改造、改完又拆、改造内容不衔接等问题。由于规划不合理,不同改造项目之前缺乏协调,导致居民长期受改造过程中产生的噪声污染、建筑垃圾、道路封闭等困扰,严重影响正常生活,引发居民不满情绪,导致居民对老旧小区改造的满意度下降。受限于老旧小区有限的空间和资源,改造规划整合居民多种需求,影响居民正常实现。例如为了增加老旧小区公共绿地、停车位,减少居民日常休闲空间,造成安全隐患,引发居民之间摩擦。

四、政府负担沉重

老旧小区改造居民、社会参与度不足,政府负担沉重。老旧小区改造作为一项惠民举措由政府发起、主导,政府承担了主要出资责任。虽然与居民利益息息相关,但受思想观念、支付能力、参与渠道等因素影响,在实践中愿意且能够参与到决策、监督、建议中的居民少之又少,特别是在资金筹集、社区治理方面的参与度、配合度并不理想,居民在老旧小区改造及后续管理中的作用发挥不明显。由于老旧小区改造具有公益属性,改造项目资金收支往往无法平衡甚至收不抵支,对社会资本的吸引力不足,给财政造成较大压力,同时导致大量有改造需求的老旧小区因资金不足暂未纳入改造范围内。

第四节　A市老旧小区改造后续管理存在问题

自2003年A市政府提出"要坚持全面整治和长效管理相衔接,对旧住宅区改造提升后实施物业管理"起,建立老旧小区改造后续管理长效机制的目标已确立有近二十年的时间,在巩固老旧小区改造成果、改善居民居住环境、提升居民自治水平等方面发挥重要作用,但仍存在一系列问题。

一、主体能力不足

(一)居委会协调能力不足

管理责任重,掌握资源少。街道在老旧小区改造后续管理过程中承担属地管理责任,主要负责组织协调、教育引导工作。职权方面,由于下属社区居委会不具备执法权,社区中出现问题无法采取强有力措施直接处理,面对损害小区公共利益、居民个人利益的行为无权强制制止,只能婉言劝阻或向上级部门报告,需要转介、协调有关部门。资金方面,社区居委会被禁止开立社区公共账户,物业费、住宅维修资金等可用于社区公共事务的资金也不在居委会管辖范围之内,导致居委会可用于社区日常管理服务的资金十分有限。

工作难度大,人员缺口大。工作内容方面,居民将社区居委会作为获取公共服务、表达利益诉求、寻求权利救济的首选对象,使得居委会承担的工作量和复杂程度大大增加。老旧小区建成时间长,其间房屋出售、出租频繁,使得居民构成复杂异质性明显,诉求各不相同,使得沟通协商的过程更加复杂。人员配备方面,居委会工作繁重,待遇偏低,并非良好的职业选择,导致大量优秀人才流失,近年组织社区工作者考试吸引年轻血液加入,但人员配备与实际工作量比仍存在较大缺口。

(二)居民参与能力不足

支付意愿不足,支付能力欠缺。老旧小区建成时间长,产权情况复杂,出租率高,人员流动性大,居民利益诉求复杂分散。租户对付费提升物业服务、参与社区治理的意愿较低;老住户习惯于享受政府、单位免费提供的物业服务,或由于经济困难无力搬离老旧小区,在额外支付物业费方面存在困难。A市经改造纳入长效管理范围的老旧小区,享受市级财政补贴,老旧小区的居民最低每户每月只需支付10元清洁费。而普通住宅物业管理服务费四级（最低）标准为0.35元/月/平方米，按我国2022年人均住房面积41.76平方米、每户2人计算，应付物业费用约为29元/月。收费标准和服务水平不成比例。

服务能力缺乏。考虑到参与老旧小区后续管理付出的时间、精力，大多数居民将自己单纯定位为服务的享受者而非提供者，在参与社区活动方面积极性较低。同时，由于老旧小区资源紧张，提供的公共服务种类少、层次低，居民参与渠道和参与内容较为单一，也影响了居民服务社区能力的实现。如果居民所需要的公共服务都从外部购买，无疑会增加老旧小区日常管理成本。实现保洁、保安、日间照料、学生托管等基础性的公共服务在老旧小区内部的自己自足，可以增进居民间的互动，通过提供某项公共服务，来换取由他人提供的、自己需要的公共服务。

（三）物业公司运营能力不足

物业公司的主要收入来源为政府资金补贴和收取的物业费，在国家没有明文要求或政策支持补贴的情况下，提高补贴金额或收费标准几乎没有可能；并且由于当前物业收费确实低廉，考虑到更换物业服务企业的沟通成本、决策成本、时间成本和老旧小区失管、弃管的不良影响等，且双方摩擦冲突尚未上升至爆发程度等因素，物业服务企业被"赶出"老旧小区的可能性较微，因此缺乏提升自身运营水平的动力。此外，由于现有物业费用收缴存在困难，兼之老旧小区居民对付费享受更高水平物业服务的意愿较低，导致物业企业对提升物业服务水平后盈利增加持不乐观态度，进一步降低物业公司改善老旧小区物业服务的积极性。

老旧小区资源短缺、产权复杂，难以通过运营产生收益或收益极少或回收期较长，无法效仿新建成小区收取停车费、电梯广告费、公共设施租赁费来获取更多收入，短期内汇集一定规模资金用于改善物业服务。受限于产权、政策法规等因素，物业服务企业在盘活社区闲置资源方面的自主权较小并缺乏相关经验,使得物业服务企业在老旧小区中只能维持低收益水平下的低标准物业服务,既没有采取行动提升服务质量来提升居民满意度,也没有谋求足够的话语权参与社区公共事务决策来提高物业收费水平。

二、协同缺乏合力

(一)主体间利益存在冲突

居民和社区居委会的冲突点在于居委会对居民诉求的"不作为"。老旧小区居民习惯于过去居委会的大包大揽,在社区生活中面临的问题习惯性向社区居委会寻求帮助。社区居委会作为基层居民自治组织,是居民利益和诉求的代表,但是由于其自身缺乏相应的职权和资源,只能协调相关部门而非直接为居民提供服务,导致对居民的高需求回应不足,长此以往在居民中形成社区居委会"不作为"的负面形象,加剧居民与社区居委会的矛盾冲突。

居民和物业公司的冲突点在于物业费和物业服务的不匹配。多数老旧小区执行"准物业管理",只收取远低于市场最低标准物业费的清洁费,相应也仅提供定期清扫、垃圾清理等基础服务,缺乏对老旧小区改造后的维护,使得改造成果难以长期保持。低标准的物业服务无法满足居民需求,且居民习惯于过去单位提供或政府兜底的福利性质的物业服务和受"搭便车"心理的影响,对物业费的支付意愿和能力较低,在老旧小区居住环境、物业服务水平逐年下降的情况下,居民满意度不断走低。部分居民认为物业公司不撤出小区是为了骗取政府对老旧小区的财政补贴,物业服务企业没有提供与价值相匹配的物业服务,居民自然没有必要缴纳物业费,从而导致支付意愿持续走低、物业费收缴率不断下降的恶性循环。

相较之下,由于社区居委会与物业公司面对居民时都存在"巧妇难为无米之炊"的窘境,两者关系相对缓和。社区居委会尽可能调动物业公司及辖区内其他共建单位资源,服务老旧小区居民。

（二）各主体协同方式较为单一

街道办事处对老旧小区履行属地管理责任,居委会在社区党组织领导下教育引导居民参与配合旧楼区长效管理工作。"准物业管理"之下,即物业管理公司仅提供基本服务,由居委会牵头实施居民自治管理。低支出对应的是低回报,物业仅提供每周一次的楼道清扫和垃圾清理服务,显然无法满足居民日常需求。

但居委会没有权限与企业、商家展开深入合作,无法利用社会资本力量盘活社区存量资源,为居民打包提供低价优质公共服务,只能由共建企业通过单方面的对社区"输血"来支持社区,这是一种短期的、不可持续的合作,单一的协同方式无法从根本上提升社区造血,扭转老旧小区资金上的困境。同时,居民、社会力量参与老旧小区改造后续管理缺乏相应平台,参与渠道和参与内容限制了参与的能力和积极性。社区居委会工作人员未能充分发挥专业优势,实现社区内外的资源统筹、信息沟通、人员动员。

（三）长效管理评价标准简单

长效管理评价标准较为单一,主要集中于建筑、设施领域。A市已完成改造的老旧小区需经民政局验收方可纳入长效管理范围,验收标准共计五项:小区实施封闭管理、道路等设施完好、公共区域无杂物、机动车位规范整齐、物业管理公司依协议提供日常管理服务。上述标准仅可表明老旧小区初步具备实施长效管理的基础,而非获取改造后长效管理持续稳定实施的"合格证",实质上长效管理机制能否稳定运行、老旧小区改造成果是否得以维持,难以凭借简单标准判断。

老旧小区改造后续管理与居民利益密切相关,居民参与的人数、频次、活跃度、满意度等因素,与建立老旧小区改造后续管理长效机制密切相关。此外,社区居委会、物业企业及社会力量也高度关注、密切参与到老旧小区改造后续管理工作中,但上述主体及其参与情况、参与效果情况,尚未通过量化指标纳入评价体系,对老旧小区改造后续管理长效机制建立健全情况的评价指标有待完善。

三、联动运行受阻

(一)主体间信息交流沟通不顺畅

沟通层次低。居民对于社区事务的关注和看法习惯于在居民闲谈、微信群等非正式场合表达,在代表大会、居民投票等正式场合则倾向于"搭便车"、做沉默的大多数。表达的内容更倾向于诉求的表达、情绪的宣泄,提出建议的可行性较差,在推动问题解决方面作用有限。这使老旧小区日常管理中存在的问题能够迅速暴露、准确识别,但在问题解决方面不够高效、科学。

沟通方式原始。社区进行一项公共事务决策,从始至终全流程全部依靠社区工作人员推进,特别在老旧小区中,老年居民占比较高,重要事项的通知、解释、投票等工作甚至需要由工作人员一家一户上门服务。同时,选择以面对面线下为主的交流方式,为居民参与社区事务设置了门槛,将一部分对时间成本较为敏感的居民排除在外,导致信息只通过在少数活跃居民中传播,不利于信息的同步和共享。

沟通主体被动。社区居委会作为各方主体沟通的桥梁,定期组织议事会邀请居民、物业公司、行政部门、企业等共同参与社区事务的协商、决策。议事内容为问题导向型,针对老旧小区存在的问题展开沟通,流程主要依靠社区居委会推进,缺乏主动改善社区服务、盘活社区资源的积极性。

(二)老旧小区资源造血功能有限

老旧小区资产、资源缺乏,难以通过盘活存量资源或新建收费公共服务设施来获取稳定收入,自身"造血能力"不足,导致长期面临巧妇难为无米之炊的困境。老旧小区建成年代久远,历史遗留问题众多,房屋产权情况复杂,在资产的处置、盘活等方面,会由于产权不清、证照不全等因素受到法律法规的限制,难以实现资源资产价值的变现;居民异质性强,利益存在明显分歧,沟通、决策成本明显高于新建成小区。老旧小区闲置资产盘活需采用市场化手段,将低收益的公益性质项目包装推向市场并实现盈利,对运营者的专业水平、经验资质等方面都有较高的要求,当前社区居委会、物业公司尚未达到上述标准。

老旧小区设施陈旧老化常需维修、物业管理水平低、住房维修基金不足,源源不断的支出事项影响了其造血功能的实现。老旧小区造血功能受限,难以产生足够的收益支持社区的日常运营维护,导致改造成果难以长期维持;同时难以形成足够盈利,对社会资本的吸引力下降,可能导致区内社会资本对预期发展情况持悲观态度、逐步流失,导致区内营商环境进一步萧条,带来恶性循环。

第五节 A市老旧小区改造后续管理存在问题原因分析

根据追求目标不同,所有参与到老旧小区改造后续管理的主体可以划分为居民、政府、社会三大群体。居民中包含所有产权类型的业主和租户;政府包括具有属地管理责任的街道、具有基层群众性自治组织和政府在基层延伸性质双重使命的居委会,以及其他为老旧小区改造及后续管理服务的政府部门。社会中包括为居民提供物业服务的物业管理企业、小区周边的企业或商户以及潜在可为老旧小区提供服务的企业。三个群体之间及每个群体内部在社区日常生活中时刻进行互动,为实现各自群体的利益进行信息和资金的交换和流动,推动、阻止或旁观社区事务决策结果的形成。

当一项决策符合群体利益时,自然会调动群体推动决策落地的积极性,同时群体也会考量需要承担的责任,希望尽可能少地付出金钱和时间、承担决策失误造成的不良后果。同时,群体也需要具备相应的权利或权限去实现自己的利益。建立老旧小区改造后续管理长效机制,在通过改变老旧小区落后居住环境的基础上,激活社区闲置资源,调动居民参与社区事务的积极性,实现由居委会主导的"准物业管理模式"向市场化"纯物业管理模式"过渡。

一、权责分配不合理

(一)社区居委会责任畸重

社区居委会作为居民自治组织,不具备国家机关相应的职权,与其有限职权不匹配的是其在老旧小区改造和后续管理中肩负沉重的责任,小区清洁卫生、管道疏通、墙面维修、停车等诸多问题均需居委会出面协调解决。居委会并非国家行政机构,不具备执法权,部分居民诉求已超越其权限范围,只能采用上报、转介、协调等软性手段,难以直接采取相应举措解决问题,长此以往,居委会在处理社区公共事务的可信度下降,与居民关系紧张,不利于后续工作的开展。老旧小区内部资源短缺,社区居委会也不具备处理相关事务的资源,遇事只能层层上报,拉长了公共事务处理的流程,容易引发居民不满。面对沉重责任和有限权限的双重压力,面对来自上级部门和居民的双重期盼,居委会在老旧小区改造后续管理上处于一种束手束脚、有心无力的困境,只能通过社区工作者付出更多的时间和心血来补足资源的欠缺,竭力维持尽可能的基本公共服务,满足居民的基本需求,延缓老旧小区走向衰落的步伐。

(二)社区居民责任畸轻

居民作为老旧小区改造及后续管理的直接受益者,在此过程中的参与明显不足。香港"强制验楼计划"规定楼龄达30年及以上私人楼宇业主在接到屋宇署通知后,需委托注册检验人员对指定部位进行检验及必要的维修,费用由业主承担(可申请贷款或财政补贴),并明确不遵循强制验楼法定通知的业主将被处以罚款港币五万元及监禁一年。当前,对居民参与老旧小区及后续管理仍秉承自愿原则,强调通过发挥基层党组织领导作用,发动居民积极参与改造方案制定、配合施工、参与监督和后续管理、评价和反馈小区改造效果等。受单位制度下福利住房政策和老旧小区改造惠民政策的影响,居民习惯由政府作为改造及后续管理的主导者、公共服务的提供者,对业主的权利义务并不明确,缺乏参与社区治理的思想基础、资金资源、平台渠道,仅依靠居委会工作人员在处理社区具体公共事务过程中,教育、引导、督促居民履行作为业主社区治理中的职责,与实际需求仍存在较大差距。被动接受居委会的安排而非自觉参与社区事务,造成了居民权利的闲置浪费、效率低下,对老旧小区改造后续管理的参与明显不足。

(三)物业公司长期缺位

准物业管理模式虽使改造后的老旧小区免于失管,但低水平的物业服务已无法满足居民需求。物业公司在老旧小区改造后续管理中长期保持"隐身""摆烂"的状态,与老旧小区改造后长效管理机制中物业公司"日常管理服务和社区建设"重要力量的定位存在较大差距。物业公司的收入来源于政府补贴和居民缴纳的物业费,仅能够覆盖基本公共服务。老旧小区居民尽管对物业服务存在不满,但仍不足以支持其提高物业费支付水平,通过召开业主大会重新拟定签署更高水准的物业服务方案或通过改善服务来提升居民物业费缴费率实现的可能性较低。并且由于仅提供清洁、安保等最基础的物业服务,各物业公司无明显差异,收入及盈利水平较低,市场竞争力小,被替代可能性低,因此物业公司缺乏改善基础物业服务的动力。此外,物业公司入驻某一社区后,管理其辖区内若干自然小区,社区之间彼此独立运营管理,缺乏资源整合运作的制度、政策基础,加剧了老旧小区闲置资源资产盘活的难度,再加上物业公司缺乏相应的专业人才和运营经验,难以满足建立老旧小区改造后续管理的需求。

二、资源开发利用不深入

(一)资产资源开发利用不深入

大多数老旧小区地理位置优越,周边商业、教育、医疗配套齐全,足以满足居民大多数日常服务需求,但在老旧小区改造及后续管理中存在收不抵支的问题,主要是对资产资源开发利用不深入造成的。一方面开发利用存在难度,老旧小区建成时间较长,其间经历各种事项,可能导致产权存在争议,或是相关资产权属证照缺失,或是产权较为分散,产权人协商存在困难,难以达成对资源进行开发利用的一致意见;老旧小区由于其房屋建筑年久失修、配套设施落后、资金资源紧张、产权结构多样等特点,面临的公共事务协商和决策通常更加复杂,考虑到闲置资产资源开发前期投入成本较大和运营过程中消耗的成本,可能会使主体暂时搁置其开发利用计划。另一方面开发利用缺乏科学规划,老旧小区的改造及后续管理均以其最初建设时期的规划为基础,最初设计规划与目前居民需求不适应,通过增加立体使用空间、重新规划功能分区等方式也只能有限提高资产资源使用效率;老旧小区资产资源开发利用方式应严格遵守法律法规,科学合理规划老旧小区资产资源盘活方案,不能机械化的一卖了之,尽可能实现保值增值的同时获得持续稳定的现金流,覆盖日常运营资金支出。

(二)人才资源开发利用不深入

老旧小区改造及后续管理普遍存在人才资源开发利用不深入的问题。人才的主观能动性开发不足,受限于繁重的工作内容和狭窄的自由裁量权,社区居委会工作人员发挥自身主观能动性的余地较少,而基层一线可能会面临各种特殊情况,出于规避风险考虑,可能会出现盲目依照政策制度执行、违背政策初衷的情况出现,难以充分考虑居民差异化需求。人才培养机制欠缺,基层工作任务繁重,注重对人力的使用而忽略对人才的培养,导致居委会工作人员尽管身处其位,却欠缺相应的专业知识,难以满足更高标准工作的需要,影响工作效率和效果的提升。人才待遇有待提升,居委会工作人员工作时间长、上升渠道不畅通、社会认可度低,导致居委会工作人员仍面临生存压力,对职业忠诚度不高,影响其改进工作、干事创业的积极性。人才资源来源单一,社区居民也是一种潜在的人才资源,只将居民定位在社区服务的接受者,造成人才资源的闲置;除了实现老旧小区内部公共服务流通不畅外,在广泛吸收社会专业人才、采用市场化方式购买公共服务也有不足,导致部分老旧小区改造后续管理中存在的问题只能搁置不理或采用更高成本的方式解决。

(三)信息资源开发利用不深入

老旧小区改造后续管理长效机制建立的基础是形成高效的信息共享和交流平台,以实现各项信息迅速、真实、全面的传递,但当前老旧小区信息共享和交流的基础较为薄弱,对信息资源的开发利用不够深入。资讯主要依靠社区居委会通过线下渠道进行传递,传播范围通常局限于活跃参与社区事务的少数居民中,传播内容单向传达通知为主,导致信息传递频率过低、传播范围有限、交流未能充分反映居民意愿,影响了联动的效率。参与老旧小区改造后续管理的各个主体并非直接进行信息交流,而是以社区居委会作为沟通和连接的中间节点,导致当居委会工作人员同期从事其他工作事务时,信息无法及时传递,并且由于增加中间环节,会导致信息的失真,影响决策的科学性。此外,该平台以信息传递为主,对各个主体、社区资源、政策法规等内容的公示相对缺乏,容易因信息差造成资源的闲置浪费。

三、联动机制不完善

(一)协同联动意识缺乏

老旧小区改造后续长效管理机制的关键是多元主体协同参与社区治理,除了政府及社区居委会长期以来一直作为改造及后续管理的主导力量,在多元主体联动方面具有明确的目标感并为之不断努力,居民及社会资本的联动意识相对欠缺。居民缺乏联动意识的主要原因是搭便车思想,将参与改造后续管理的责任与其他居民分担;受单位制度下社区事务处理模式的思维惯例影响,对自身主体地位和责任的认知不够明确;受限于个人经济水平、支付能力、专业知识等方面,在改造后续治理中表现出抵触、沉默或无视的态度。在居民长期参与积极性不高的情况下,仍依赖日常工作的潜移默化,未建立直接有效的居民参与社区治理意识和能力的培育体系。社会力量参与联动的主要驱动力是盈利,在老旧小区改造后续管理长期处于微利状态时,单纯强调这一项工作的惠民属性,以责任感培养社会力量的联动意识,驱使社会力量参与老旧小区改造后续管理联动机制存在一定困难。

(二)联动配套制度缺失

当前老旧小区改造后续管理各个流程、环节和角色都有了较为明确的设定,但尚欠缺具体明细的实施方案和可操作性的配套制度以指导实践开展、化解当前工作困境。虽然已建立多元主体议事制度共同推动社区事务的沟通、决策,但议事议题多为被动应对居民诉求,缺乏对改善老旧小区公共服务的系统性、前瞻性规划,且各个主体责任和权利划分不匹配,畸重畸轻均不利于充实主体力量、调动主体积极性,有针对性的参与激励制度有待健全。随着老旧小区改造后续管理的推进,更广阔的社会主体将通过政府购买等方式被纳入治理体系以获取专业公共服务、降低运营成本,相应的扶持政策、监督体系、评价机制仍有待完善,特别是在老旧小区资源紧缺、居民支付意愿不足的情况下,未及时引入社会资本,对联动机制运行不顺畅的部分,缺乏相应的灵活、简化处置措施,避免因为无法完美适配制度要求而无法推进工作开展。

第六节　优化多元主体协同联动机制

老旧小区改造工作的完成并不意味着结束,要持续推动建立健全老旧小区改造后续管理长效机制,理顺社区居委会、居民、物业企业等主体之间的关系,完善老旧小区改造后续管理制度保障,激发居民参与社区治理的积极性,提升物业企业服务水平,引入社会资本弥补老旧小区资金资源短缺,为老旧小区赋能,让人民共享发展成果。

一、优化党建引领机制

加强基层党组织建设,形成社区党建、物业服务企业党建、居民党建的强劲合力,充分沟通、整合资源、共同行动,实现党的建设和社区治理的良性互动。第一,强化党组织对物业服务企业的领导作用,明确老旧小区物业服务企业的公益属性,将思想和行动都统一到服务居民上。第二,发挥物业服务企业党员模范带头作用。物业服务企业党员主动参与社区治理工作,积极承担公共服务职责,深入居民进行调查,了解居民诉求,梳理社区治理存在的问题,主动改善居民公共服务需求。第三,打造联动服务机制。形成基层党建、居民、物业企业党建的紧密结合,面对居民诉求迅速反映、快速行动,实现社区共建、难题共解、资源共享。第四,确立为人民服务的价值理念。物业企业不再以经济效益而是以社会效益作为开展工作的出发点和落脚点。

对于政府而言,对内实现民政、财政、住建等部门的有序配合,对外实现与居民、企业的密切合作,高效运行的老旧小区改造后续管理长效机制成为提升公共服务水平的必然选择。以往由政府独自肩负的政治和经济负担,由居民、企业进行分担。居民作为老旧小区改造的直接受益者,尽管居民内部存在复杂多样的群体,有不同的具体利益诉求,但长期来看均可以整合于居住环境改善这一利益之上,求同存异之后能够有效减少社区公共事务处理过程中的摩擦,降低居民自治成本,实现决策方向与老旧小区复兴的一致性。对于物业服务企业而言,强调惠民属性不代表放弃追求利润,而是以当前有限的付出撬动未来无限的商机,以更积极的态度参与到居民物业消费习惯培养的过程中,为日后发展奠定坚实基础。立足老旧小区改造的惠民本质,寻求多方的利益契合点,为建立健全老旧小区改造后续管理长效机制凝聚合力。

二、优化居民参与机制

参与渠道的便利程度是影响居民参与社区治理的重要因素。一方面,居民可通过担任楼栋长、参与义务巡逻队、担任社区志愿者等方式,来弥补准物业管理制度下公共服务的不足;另一方面,居民通过参加居民代表大会、多方联席会议、居民民主投票推动社区公共事务的决策,实现居民自治。拓宽居民参与渠道有助于降低居民参与社区公共事务的成本,提高居民参与的积极性。

第一,拓宽参与渠道。以往居民代表大会、业主大会等一般选择工作日在社区活动室召开,参与者以退休有空闲时间的年长居民为主,年轻居民被动长期"失声"。运用互联网信息技术,将居民参与社区治理的平台拓展到线上,采用线上线下相结合的方式兼顾不同居民需求,低成本打破了时间和地点的限制,将年轻居民群体纳入社区治理的队伍中,有效充实老旧小区改造后续管理队伍。

第二,多元化参与形式。居民参与社区治理不只有开会、投票,还可以通过参与社区志愿活动、为社区提供公共服务等方式进行。例如律师可以提供普法教育、法律咨询等服务;医生可以提供健康咨询、测量血压等服务。对于老旧小区而言,可以盘活社区人才资源,弥补公共服务的短缺。对于居民个人而言,可以增强与社区居民的联结和对社区的归属感。

第三,丰富参与内容。鼓励社区居民运用自身专业知识为社区、区内企业服务,通过人才资源共享实现人才资源的开发利用。

第四,建立互助机制。在养老、儿童托管等具有普遍需求的领域建立互助机制,利用老旧小区居民相互熟悉良好的信任基础,实现公共服务内循环,减少了向外采购的成本支出,增强居民对于社区的归属感和社区事务的参与感。

三、优化参与激励机制

第一,建立物业服务评价信息公开和使用机制。定期组织居委会、居民对物业企业服务水平进行考核评估,考核结果面向社会公众公开,作为物业企业申请财政补贴、申报税款优惠、参与物业企业招投标等活动的重要参考资料,若多次不合格扣减相应分数。

第二,建立物业服务费收缴监督机制。明确老旧小区居民缴费义务,对家庭情况特殊、确实无力支付物业费的居民进行减免,其他居民强制缴纳,将物业费缴纳情况与社区公共服务相挂钩,无正常理由拖欠物业费的居民限制使用公共服务和参加社区活动。第三,建立居民满意度奖励基金。年初设置满意度目标,年终居民满意度达到或超过该目标,可以获取特别奖励资金,补贴物业服务企业工作人员。通过对物业服务企业和个人提供物质、精神等多方面的奖励,带动物业服务企业主动改变消极状态,主动提升服务质量,与居委会、居民形成合力,共同打造老旧小区改造后续管理的长效机制。

　　政府、居民、企业在达成一致目标后,应在合理分工的基础上,发挥各自优势,实现合作方式多元化、合作内容丰富化,提高后续管理长效机制的整体效率。政府应发挥自身在政策、资源方面的优势,宏观层面上给予居民引导,发挥制度保障、规划设计、监督指导作用,根据不同老旧小区特点,有针对性地给予帮助和支持,微观层面上则要尽可能实现权限从中央到地方,从政府到社区的下移,提供给居民自治的空间。居民则要充分发挥主观能动性,把握现有的资源和机会,参与到社区公共事务中,积极与政府、企业展开合作,捍卫自身权益,将利益诉求落实落地成为现实。企业要充分利用宽松的环境、优惠的政策,发挥自身在提供公共服务方面丰富、灵活、低成本的优势,有序承接政府公共服务职能,拓宽服务领域,为业务拓展和利润提升寻找新的增长点。通过多元、密切合作,实现优质公共服务在政府、居民、企业之间的自由流动,老旧小区改造后续管理长效机制才能高效、稳定、长久运行。

第七节　完善公共服务平台

一、完善制度法规平台

　　随着我国老旧小区改造后续管理工作的推进,迫切需要健全的制度法规进行规范、指导。

　　第一,老旧小区资源贫乏、情况复杂,一般性制度法规难以在老旧小区推行,难免事倍功半。应充分考虑到老旧小区的特殊性,根据其实际情况、充分调研居民诉求,制定操作性强、灵活性高的实施方案,做好改造和后续管理的承接,为实现长效管理提供制度保障。

第二,当前老旧小区改造及后续管理过程中,各主体的责、权、利分配不科学,不利于主观能动性的发挥和整体治理体系效率的提升,应当从制度入手,从源头上科学划分、从法律上明确规定各主体职责,厘清权责边界,避免权力、资源的闲置浪费,减少部门之间推诿扯皮情况。

第三,当前部分制度法规的规定过于笼统宽泛,特别是某些禁止性条款没有相应的处罚措施,使工作人员在执行过程中无所适从,影响了法律法规的威慑性。应明确损害公共利益的惩罚措施,依法捍卫公共利益和公民权益。

二、完善政策扶持平台

为解决老旧小区改造及后续管理资金不足的问题,政府对老旧小区的扶持通常以财政资金转移支付改造资金和日常管理补贴等方式进行,其弊端在于:随着老旧小区数量增加,纳入长效管理范围的老旧小区只多不少,单纯依靠财政资金补贴会增加财政负担。财政补贴资金易增不易减,容易导致老旧小区居民形成“等、靠、要”思想,不利于社区主观能动性的发挥。相反,补贴过少则无法弥补老旧小区资金缺口,导致改造工程无力开展或中断、公共服务质量下降,无法实现改善居民居住条件的初衷。直接补贴影响范围有限,未发挥乘数效应。

政府应转变服务理念,搭建老旧小区改造后续管理扶持政策平台。

第一,鼓励老旧小区与政策性金融机构合作,聘请第三方机构科学制定社区资源盘活方案,整合多个社区资源增强综合竞争力,以市场化方式撬动社会资本,以时间换空间,获取低风险、低成本、长期限的资金,谋求老旧小区公共服务水平的整体提升。

第二,政府应扩大税费优惠政策辐射范围,吸引各种类型企业参与老旧小区改造及后续管理,丰富公共服务类型,整合公共服务资源,批量满足多个老旧小区居民需求,降低公共服务筛选、获取成本。

第三,下放权限,支持老旧小区与周边企业、个体工商户合作。鼓励社区就近对接企业、个体工商户,既解决了前者对低价优质公共服务的需求,又降低了后者获取客源、劳动力的成本。

第四,丰富与社会资本合作模式。采用先使用后付款模式,为居民设定一定时间过渡期,过渡期间缓交物业服务费,待物业公司服务获多方考察合格后缴纳物业费,鼓励物业公司提高物业服务水平,建立物业费收缴的良性循环。

三、完善监督评价平台

老旧小区各种利益主体纷繁复杂,改造及日常管理涉及事项繁多,应加大对老旧小区改造及后续管理重点环节的监督,来确保政令畅通、资金高效、工程优质、人员清廉。

第一,监督政策的传达。监督政府相关部门是否及时将改造方案、优惠政策、公共事务向居民传达、讲解,认真听取居民的意见建议、了解居民的诉求后作出回复。

第二,监督资金的使用。监督中央下发的老旧小区改造专项资金是否及时划拨至各区、各项目,老旧小区改造维修资金是否处于监管账户中,使用时符合制度要求、按照工程进度拨款,是否存在高价采购、滥用补贴资金的情况。

第三,监督工程的质量。老旧小区改造工程的质量和日常设施维修情况事关居民的人身安全,影响居民对政府工作的满意度,政府应聘请专业机构对改造、维修结果进行评估验收,对工程质量不合格的要求返工,涉事问题企业向社会通报、进行处罚。

第四,监督人员的尽职履责情况。邀请居民定期对居委会、物业服务企业、政府有关部门工作人员工作情况进行评估考核,考核结果与绩效挂钩。通过教育、培训等方式帮助居民满意度较低的工作人员提升服务质量。

第八节　健全资源利用机制

一、健全资产资源利用机制

健全老旧小区改造后续管理资产资源利用机制,有助于盘活闲置资产,减少对财政资金依赖程度,通过市场化手段为老旧小区改造后续管理注入支持资金,实现老旧小区可持续发展。

第一,梳理老旧小区资产资源清单和使用台账。对辖区内资源资产分布情况、产权归属、利用水平等方面进行摸底,有助于社区资源进行统筹规划。

第二,整合资源统一开发利用。单一老旧小区名下资产有限,可从街道、社区层面对辖区内多个自然小区的资源进行整合,集零为整,聘请设计院、咨询公司专业人员对资产进行分析评估,设置系统化盘活方案,实现整体、动态资金平衡。

第三,建立资源资产共享补偿机制。为鼓励社会力量投入资本参与老旧小区改造后续管理,丰富资源资产共享池,从政策、资金、税收等方面给予优惠补偿。

第四,建立资源资产信息公开机制。对小区居民公开社区内资源资产,保障公众知情权,自觉接受监督,提升闲置资源的利用效率,培育多元主体之间的信任,减少协作交流沟通摩擦。

二、健全人才资源利用机制

高素质专业化的人才队伍有助于提升老旧小区改造后续管理工作效率,应加速建立健全老旧小区改造后续管理人才资源利用机制。

第一,立足现实工作需求,对社区工作人员提供针对性培训,鼓励其参与各类社会工作者、专业技能考试,丰富社区治理专业知识,定期培训、分享先进社区改造后续管理服务案例经验,在本小区内推广,提升社区工作人员的专业化水平。

第二,聘请专业社区工作者充实人才队伍,邀请客座专家、教授定期进行培训,提高管理工作的层次,引入先进经验做法。

第三,完善人才激励制度。合理确定社区工作人员编制和安排工作量,畅通晋升渠道,提高福利待遇。为参与培训、考取证书的工作人员提供资金支持,补贴奖励。

第四,建立人才容错机制。适当扩大社区工作人员权限,为其正常尽职履责提供一定容错空间,鼓励创新工作方法,发挥主观能动性改善公共服务。

第五,强化"惠民"政策导向,"惠民"是我国老旧小区改造的本质和初衷,只有牢牢把握这一共同目标,才能够将人才凝聚在多元主体力量在建立、健全老旧小区改造后续管理长效机制之上。

三、健全信息资源利用机制

为促进信息充分交流沟通,化解各个主体之间利益冲突,广泛凝聚力量,应努力推动老旧小区改造后续管理信息资源利用机制建立健全。

第一,畅通信息共享渠道。弱化社区居委会的枢纽作用,利用信息技术实现相关利益主体两两之间信息直接互联互通,降低信息获取门槛,减少传递环节,提高共享效率。

第二,强化信息公开透明。将老旧小区改造及后续管理相关法律法规、支持政策、服务清单、资金使用、评价指标等内容向社区居民公示,帮助居民了解参与社区治理的渠道和流程,提升居民参与社区治理的能力,推动公共事务决策的科学化。

第三,注重信息双向传递。利用信息交流传递平台,充分收集居民意见和建议,密切关注居民动态,精准把握民生痛点,根据居民需求不断完善公共服务,提高工作针对性。

第四,突出宣传教育功能。通过介绍其他老旧小区处理公共事务的经验和方法,展示老旧小区改造后续管理成果,引导居民转变观念,明确其作为业主的权利和义务,鼓励居民履行业主职责,增强维护自身利益的主动性,改变以往盲目依赖政府和消极"搭便车"的行为,自觉参与到公共事务的决策中,为社区的发展贡献力量,在老旧小区内部形成居民积极参与社区事务、民主沟通协商的良好氛围。

第三章 乡村"厕所革命"实施观察

第一节 乡村推动"厕所革命"的重要性

一、厕所工作是重要的民生事务

厕所是人们日常生活的必需品,新时代下,厕所文明程度的高低一定程度上反映了该地区的文明程度。发达国家对"厕所文化"的建设和推广抱有极高的关注度。比如,法国创新性地引入了电脑厕所,并且推出了专门的厕所报纸;日本有年度的"全国公厕日",在这一天,政府议员会亲自到厕所进行现场办公;而美国和新加坡等国,则会定期举行评选"名厕"活动,以表彰杰出的公共卫生设施。

随着文明程度的不断提高,我国也越来越关注厕所问题。1994年,北京举办了全国城市公厕设计大赛;1996年,北京举办了城市公厕建设文化展览,将厕所堂而皇之带入中国革命博物馆。习近平总书记早在2015年就对厕所革命作出重要指示,2021年7月23日,又再次将农村厕所革命推向了一个新高度——"十四五"时期作为乡村振兴的一项重要工作。[①]

厕所问题非同小可,是关系到人民生活的根本问题,更是城市文明的一个重要窗口。笔者在乡镇政府工作,以包村干部身份工作6年,对农村户厕改造提升过程中存在的弊病和原因有较深了解。因此,本书以人居环境科学理论、新公共服务理论、需求层次理论为基础,对A镇"厕所革命"满意度、户厕改造面临的问题和原因进行了系统分析,并提出相对应的优化策略,以望能够推动乡村振兴及"厕所革命"满意度的双重提升。

二、研究意义

(一)理论意义

从理论角度出发,"厕所革命"被视为提升农村卫生条件和促进经济增长的关键策略。政府在此过程中扮演着公共卫生服务政策制定者和主要供给者的角色。深入剖析政府制定的"厕所革命"政策,直面实施过程中的挑战,并针对性地提出解决方案,有助于丰富和拓展人居环境科学的理论体系。作为生态宜居的重要举措,随着厕所革命的持续推进,显著增强了农民的生活幸福感,也为农村生活环境的改善提供了坚实的理论依据。

厕所问题不仅关乎农村地区生活环境的优化和居民身体健康的保障,更与精神文明建设能否取得显著成效紧密相关。随着人们生活质量与健康意识的提升,厕所的角色逐渐从满足基本生理需求扩展到体现生活品质和个人尊严的重要方面。只有当乡村居民的厕所卫生文化素养得到显著提升,乡村整体生活环境、自然环境和人文气息才能实现全面变革,农户们才能真正展现出全面的自信,感受到应有的尊严。而"厕所革命"作为提升人

---

① 习近平总书记强调,"十四五"时期要继续把农村厕所革命作为乡村振兴的一项重要工作,发挥农民主体作用,注重因地制宜、科学引导,坚持数量服从质量、进度服从实效,求好不求快,坚决反对劳民伤财、搞形式摆样子,扎扎实实向前推进。

民群众思想意识、文明水平的重要途径,能够为精神文明建设的深入推进提供坚实的理论支撑。

(二)现实意义

从现实层面来看,"厕所革命"是改善生活品质及民生满意度的关键。厕所问题不仅影响着人居环境的质量提升,还直接关乎广大人民的生活幸福感,它涉及国民素质的提高和社会文明程度的进步。自党的十八大以来,习近平总书记在各地考察时,常常会关心农民家中是使用水冲式厕所还是旱厕,并对此进行深入地询问和了解。自2015年4月1日起,习近平总书记的重要指示引领了全国旅游系统的"厕所革命",这一举措被视为基础工程、文明工程和民生工程的关键项目,并已展现出显著成果。历经两年多的努力,这场革命已由单纯的旅游景区延伸至更广泛的领域,从城市到乡村,不仅增加了厕所的数量,更注重提升了质量。同时,厕所的管理模式也经历了从封闭到开放的转变,深受广大民众和游客的赞赏与支持。

"厕所革命"是促进乡村经济社会发展的基石。本书旨在调动广大乡村干部群众的改厕热情,从根本上改变乡村干部与农户的厕所观念与如厕习惯,培养乡村干部群众"净文化"的概念,把预防疾病与乡村厕所改造紧密联系起来,促进乡村经济发展与社会文化的全面提升。

"厕所革命"是乡村振兴不可或缺的一环。在党的十九大报告中强调,我国已步入新时代中国特色社会主义时期,我国社会的主要矛盾现已转变为人民群众对更美好生活的殷切需求与社会不平衡不充分的发展冲突。尽管"厕所革命"已见显著成效,不过相较于群众对高品质生活的期待,其发展仍然存在明显的不均衡和不足之处。为了解决这个问题,仅仅依赖个别项目或部分行业的努力是不够的,需要从思想认知、文化观念、政策策略到体制机制等多个层面进行全面革新,这就是发起"厕所革命"的初衷,也是改善人民群众生活环境、推动社会文明进步和实现乡村振兴的必然要求。

第二节　相关文献综述

一、国内文献综述

自"厕所革命"启动以来,我国26个省份及建设兵团的党委、政府主要领导多次对这项工作给予明确批复。各级政府纷纷出台切实有效的措施,积极推动厕所建设,取得了显著进展。据统计,截至2015年11月,全国当年已有21449座旅游厕所竣工或开工建设,超出年度计划的102%,预计实际完成的数量将大幅超出预期。到2018年,我国农村地区进行厕所改造的家庭数量超过1000万户,改厕比例超过50%,其中采用无害化卫生厕所的比例更是一度超过六成。自2018年以来,累计有4000多万户农村家庭完成了厕所改造;而到2021年,卫生厕所的普及率已提升至70%以上。[①]2019年,中央财政为推动农村"厕所革命"的全面实施,设立了高达70亿元人民币的奖励补贴资金。另外,30亿元人民币被纳入中央预算,持续致力于为中西部农村地区的人居环境基础设施建设提供全面支持。根据国家乡村旅游监控中心发布的数据,截至2019年上半年,109个监测点的卫生厕所普及率显著上升,达到了75.1%,与前一年同期相比,增长了14.9个百分点。农户生活垃圾集中收运点的覆盖率也有了3.2%的提升,而农户生活污水处理设施的覆盖率更是实现了显著的飞跃,增长了15.5%。

对厕所改造现状层面的研究。李治邦发现目前国内公共卫生厕所的改造布局并不均衡,绝大多数卫生公厕建设在城区,而农村卫生厕所的普及率

---

① 国家统计局:《生态文明建设深入推进 美丽中国引领绿色转型——党的十八大以来经济社会发展成就系列报告之十五》(2022-10-8)[2024-03-11].https://www.stats.gov.cn/sj/sjjd/202302/t20230202_1896691.html。

还不到50%,与全球平均值相差甚远。①陶建群根据生活习俗、水质环境、气候条件、生活水平等因素对各地区的影响进行了分析,认为需要针对不同人群的厕所卫生用品进行研发,以适应各人群对卫生用品的要求。②

对农村卫生厕所推广难问题的研究。王法硕等认为推进卫生厕所,上级政府应对下级政府实行正向和反向激励政策,特别是反向激励更能制约下级政府,因为反向激励是不执行上级政策的底线。③石金梅等在对河北省斜山村的研究中揭示,农村厕所改造项目通常自上而下推行,过度依赖政府各级部门的监管,使得农民的参与度相对较低。④青连斌则认为,将农村旱厕改造成冲水式卫生厕所的过程中遭遇阻力,主要原因是大部分农民对厕所卫生状况的认识不足,加上传统观念根深蒂固,不易接纳新的生活方式。⑤

对厕所改造资金方面的研究。刀永思提道,改厕项目的资金短缺削弱了农民的积极性,解决之道可能在于拓宽资金来源,吸引企业投资,利用这部分资金为农户提供补助;另外,还可以激励农户自身参与到厕所改造过程中,以减轻他们的经济压力。⑥肖会轻认为通过加强技术支撑,能够进一步优化、管理和维护改造后的厕所设施,确保其长期稳定运行。同时,积极激

---

① 李治邦、王先芳:《加快农村改厕推进新农村建设》,《农村经济与科技》,2010年第5期。

② 陶建群、陈阳波、肖鹏等:《多元共治深化"厕所革命"》,《人民论坛》,2020年第4期。

③ 王法硕、王如一:《中国地方政府如何执行模糊性政策?——基于A市"厕所革命"政策执行过程的个案研究》,《公共管理学报》,2021年第4期。

④ 石金梅、郝旭航、王丹丹、索照斌、康子恬:《河北省农村"厕所革命"问题与对策研究——基于多主体协同治理视角》,《农家参谋》,2020年第23期。

⑤ 青连斌:《推动厕所革命,补齐民生短板》,《人民论坛》,2018年第4期。

⑥ 刀永思:《景东县农村"厕所革命"的现状分析和解决对策》,《科技经济导刊》,2020年第14期。

发社会资本的参与,不仅能够在资源配置上实现更高效的利用,更能激发社会各界共同参与厕所治理和建设的积极性,形成共建共治的良好氛围。[1]孙玉滨等指出,当前农村厕所改造前,各级政府要建立预算机制,加强资金管理,根据不同地区情况划拨不同数额的资金。[2]

对"厕所革命"如何取得实效的研究。白玲指出,中国农村的厕所改革主要由农民驱动,其核心在于充分激发农民的民主协商机制。首要任务是改变农民的思维模式,包括革新他们的卫生观念,同时赋权于民,允许他们依据自家条件选择合适的厕所类型,以提升农民的参与感。此外,通过技术培训还可以强化农民的规则意识。[3]王永生等认为现行普遍应用的六种无害化卫生厕所在农村地区的适应性已显不足,亟须结合当下的新形势和新需求,开发出更实用性的厕所解决方案,例如,可快速组装的模块化卫生厕所和具备智能防冻功能的水冲式生态厕所。[4]卜邑认为乡村"厕所革命"应以"既重数量,更重质量"为工作目标,强化科技引导、强化治理和养护,把这一工作和生态文明建设紧密联系起来,只有这样,才能切实改善乡村陋习,取得应有的效果。[5]姜胜辉认为推进"厕所革命"要从原来的政府主导,转变为激励农村社区和农民主体共同规划,规划过程要考虑主体差异,增强规划

---

① 肖会轻:《石家庄推进农村"厕所革命"的调查研究》,河北科技大学硕士学位论文,2019年。

② 孙玉滨:《基层治理:农村厕所革命的困境与优化路径探析——以济南市小龙堂村厕改实践为例》,《北京农业职业学院学报》,2023年第5期。

③ 白玲:《农村"厕所革命"协同治理路径探究》,《党政论坛》,2020年第6期。

④ 王永生、刘彦随、龙花楼:《我国农村厕所改造的区域特征及路径探析》,《农业资源与环境学报》,2019年第5期。

⑤ 胡锦杰、卜邑:《浅析榆林市横山区农村"厕所革命"现状和存在问题及对策建议》,《农家参谋》,2022年第3期。

的民主性、合理性和科学性。[①]

二、国外文献综述

欠发达国家和地区对于厕所建设的研究。Hiscox etal 对老挝、南非等地的农村厕所进行研究后发现：传统旧式厕所的广泛使用导致了严重的水污染和细菌感染问题，进而引发了一系列连锁反应和次生问题。相比之下，卫生厕所的显著优势凸显出来，成为解决这些问题行之有效的手段。[②]Mc Michael 提及了印度的全国性运动——"清洁印度"，这一运动的核心目标是消除全国的露天排便现象，并促进居民形成卫生的厕所使用习惯，增强他们对卫生厕所的利用率。在早期的"清洁印度"运动中，由于政府过分侧重设施建设而忽视了教育环节，导致了初步尝试的严重挫败。这使得印度政府意识到，根深蒂固的传统和保守观念是推进"厕所革命"面临的主要障碍。[③]因此，政府采取了一系列法规政策，规定只有拥有卫生户厕的农户才有竞选村级行政职务的资格，以此激励农户建设厕所设施。每三个月，他们会设立并颁发"洁净村庄奖""洁净街区奖"，对获奖的地区给予金钱奖励。同时，组建了由志愿者和公务人员构成的巡查队伍，执行"公开羞辱"活动，多管齐下，逐渐影响和转变民众的固有观念。

关于促使农村居民行为转变的研究，国际学者在提升卫生厕所使用率方面积累了丰富的见解。Regassa N. etc 主张要更重视成人的引导和行为教

---

① 姜胜辉：《消解与重构：农村"厕所革命"的体制性障碍与制度化策略——一个治理的分析视角》，《中共宁波市委党校学报》，2019年第6期。

② Hiscox A., Hirooka R., Vongphayloth K., etal., Armigeres subalbatus colonization of damaged pit latrines: a nuisance and potential health risk to residents of resettlement villages in Laos, *Medical & Veterinary Entomology*, 2016,30(1).

③ McMichael, Toilet Talk: Eliminating Open Defecation and Improved Sanitation in Nepal, *Medical Anthropology*, 2018,37(4).

育,而不仅仅是单纯增加厕所设施的建造数量。①Vinod Kumar, Neeraj Mishra 指出,农村社会往往具有较强的封闭性,他们提议利用村主任这一地方领导的角色,把他们作为政府与农户沟通的纽带,以促进居民如厕行为的转变。②Sinha A. etc 则提出,通过深入研究个人和家庭层面的各种潜在因素,可以更好地理解哪些因素可能促进卫生设施的使用。基于这些发现,可以制定针对性的政策干预措施或开展精准的信息宣传活动,以更好地满足不同群体对卫生设施的需求。③

　　在保护农村人居环境方面的研究。在《代议制政府》一书中,英国知名学者 Mill 详尽阐述了责任型政府的概念,并指出维护乡村生态环境是政府核心任务之一。④美国学者 Alice Brown Weyth 深化了对政府环境责任的理解,她着重指出政府在环境保护上的多元角色。⑤美国著名的行政学家 Robert B Denhardt 强调,保护农村环境是政府的基本职责,要求政府全力以赴去执行。⑥美国学者 Ogburn 指出,粪便的妥善管理至关重要,若处理不得当,将对

---

　　① Regassa N., Rajan D. S., Ketsela K., Access to, and Utilization of Information on Sanitation and Hygiene by Rural Households in Alaba Special District, Southern Ethiopia, *Journal of Human Ecology*, 2011, 33(2).

　　② Vinod Kumar, NeerajMishra. Understanding Determinants for Sanitation Facility Adoption in Rural Area:- A Case Study of "Simrol Model Toilet"Project of Madhya Pradesh, *India*, 2016.

　　③ Sinha A., Nagel C. L., Schmidt W. P., et al., Assessing patterns and determinants of latrine use in rural settings: A longitudinal study in Odisha, India, *International Journal of Hygiene and Environmental Health*, 2017, 220(5).

　　④ [美]约翰·密尔:《代议制政府》,汪瑄译,商务印书馆,1982年,第110~115页。

　　⑤ [美]爱蒂斯·布朗·魏伊丝:《公平地对待未来人类:国际法、共同遗产与世代间衡平》,汪劲、于方、王鑫海译,法律出版社,2000年,第140~145页。

　　⑥ [美]罗伯特·B.登哈特:《公共组织理论》,扶松茂译,中国人民大学出版社,2003年。

公众健康构成严重威胁。①因此,全球众多学者和医疗专家对此议题倾注了大量的关注和精力,进行了一系列深入的研究讨论。在医学领域中,卫生问题的有效解决更是被视为至关重要的任务。有学者专门研究了卫生厕所与人们泌尿系统感染之间的关系,通过深入分析并参考高校厕所的卫生情况联合调查。结果显示,厕所卫生状况不佳是高校学生泌尿系统感染的重要因素之一,甚至可以说是直接的致病原因。这一发现表明了卫生厕所对于预防泌尿系统感染的重要性。

第三节　基本概念

一、生态文明发展

生态文明作为人类文明的一种独特形态,其核心理念在于对自然的尊重与呵护,目标在于构建人与人、人与自然、人与社会之间和谐共生的关系,倡导可持续的生产与消费方式,旨在引导人类走向一条持久、和谐的发展之路。生态文明不仅关注自然的生态平衡,更强调人类与自然的和谐共存,是构建人类美好未来的重要基石。

"绿水青山就是金山银山"的理念,作为习近平生态文明思想中显著且具有独创性的主要理论成就之一,构成了在新时代新征程推动生态文明建设的核心理念。中国特色社会主义的生态文明建设将可持续发展演进至绿色发展的层次,旨在为后代"种树"以供他们"乘凉",确保不会给未来留下遗憾,而是传承更丰富的生态资产。

---

① ［美］奥格本:《社会变迁:关于文化与先天的本质》,王晓毅、陈育国译,浙江人民出版社,1995年,第266页。

构建生态文明,是实现社会经济可持续发展的关键路径。当前,我国在经济高速发展的同时,面临资源紧缺、环境污染加剧、生态系统退化的严峻挑战,发展不均衡、不协调、不可持续的矛盾日渐凸显。必须倡导尊崇自然、顺应自然、呵护自然的生态文明思想,将生态文明建设融入经济、政治、文化、社会建设的各个领域和各个环节。强化自然生态系统的保护与恢复,建立高效公正的生态补偿制度,塑造有利于资源节约和保护环境的空间布局、产业结构、生产模式及消费习惯,从根源上扭转生态环境恶化的不利局面。

构建生态文明是回应民众新期盼的关键举措。随着生活水平的逐步提高,民众的愿望不再仅限于安居乐业和收入增长,而更加向往蓝天白云、青山绿水的居住环境。全力推动生态文明建设进程,为后代创造一个清新秀美的生态空间和美丽宜居的生活环境,提供了科学的指导思想和实践路径,与时代潮流相符,符合人民的期望。

二、农村人居环境整治

优化农村人居环境是推行乡村振兴战略的关键环节。2018年的中央一号文件具体指出,要开展为期三年的农村人居环境整治行动计划,集中力量解决农村垃圾处理、污水处理及村庄环境解决等问题。通过整合各类资源,实施多种举措,确保农村突出环境问题整治工作有序展开。

2021年12月,中共中央办公厅、国务院办公厅印发《农村人居环境整治提升五年行动方案(2021—2025年)》,并发出通知,要求各地区各部门结合实际认真贯彻落实。该方案详细分为九个核心部分:分别是总体要求、持续推动农村厕所革命、加速推进农村生活污水处理、全面提高农村生活垃圾管理水平、促动村庄面貌整体改善、建立长久有效的维护管理机制、充分调动农民主体积极性、加强政策支持和确保组织保障的落实。至2025年,农村人居环境务必实现显著变化,朝着建设生态宜居美丽乡村的新高度迈进。其中,农村卫生厕所的普及率需保持持续且稳定的增长,厕所粪污问题必须得到切实有效的处理;农村生活污水治理工作需进一步加大力度,确保乱倒乱排现象得到有效管控;同时,农村人居环境整治水平必须得到显著提升,基本建立起长效管护机制,确保农村环境的持续改善与维持。

三、厕所分类及附属设施

农村户厕,供农村家庭成员大小便用的场所。一般由厕室、便器、化粪池(贮粪池)等组成,农村户厕分为附建式与独立式户厕,建在住宅内为附建式户厕,建在住宅等生活用房外为独立式户厕。农村户厕包括水冲式厕所和非水冲厕所两类。①

农村公厕,在农村地区公共场所修建的供公众使用的厕所。

农村旅游公厕,在农村旅游活动地点,如旅游景区、旅游景点、农家乐等以接待游客为主的公厕。

无害化卫生厕所,在符合规范要求的条件下使用,具备显著抑制粪便中生物性致病因子传播的能力。这些厕所包括多种类型,如三格化粪池式、粪尿分集式和双坑交替式、双瓮漏斗式等,还包括配备完整上下水道系统及污水处理设施的水冲式厕所。

独立式公共厕所,不依附于其他建筑物的固定式公共厕所。

附属式公厕,依附于其他建筑物的固定式公共厕所

资源化利用,指如厕产生的粪便、尿液等经过无害化处理后用于农业、林业等土地利用。

单户分散收集处理,对于人口稀少或居住分散的村庄,若不具备或无需大规模铺设上下水管道的条件,采取一种以单户为基本单位的局部化收集

---

① 黄志光、刘洪波:《乡村厕所革命实践与指导》,中国建材工业出版社,2021年。

和处理方法,即单户分散收集处理模式。

多户集中收集处理,而在村庄人口虽少但居住相对集中的区域,考虑到管网铺设的不适宜性或非必要性,可以采用多户集中收集处理的方式,这种方式涉及两户或以上住户,实现就地集中收集及处理的方式。

化粪池,对粪尿进行发酵处理并加以过滤沉淀,达到对粪便无害化处理效果的粪尿处理容器。

装配式三格化粪池,由三个互连的密闭粪池构成,粪便通过进粪管首先进入第一池,然后逐步流向第三池。这三格各自扮演不同的角色,分别是初级腐化、深度腐化、澄清无害化功能。此类化粪池常采用聚乙烯或玻璃钢等材质,并通过预制部件在实地进行组装,因此也被称为一体化三格化粪池。

粪便无害化处理,是减少、清除或杀灭粪便中的肠道致病菌和寄生虫卵等病原菌,抑制蚊蝇的滋生,阻止恶臭的传播,同时还可以让它的处理产物达到农业资源化利用的处理技术。

四、厕所革命

"厕所革命"是一种对发展中国家的公共厕所进行改造的一项举措,它最初由联合国儿童基金会提议,厕所卫生状况的好坏是衡量一个社会文明程度的重要指标,其改善对于维护国民的身体健康和环境卫生具有举足轻重的意义。

在20世纪80年代以前,如厕对于中国人和外国人来说都是一项挑战。那时候的厕所很简单,没有隔断,只有一道墙和一排蹲坑,散发着恶臭。胡同巷里的人家共用一个厕所,冬季尿冻,夏季臭气熏天,这是很常见的事情。20世纪80年代,我国大力推行了改水、改厕、健康教育"三位一体"爱国卫生运动。中国借亚运会筹办之机启动"厕所革命"。重点从卫生防病方面着手,旨在改善我国厕所"数量少,环境差"的状况。20个世纪90年代,《中国儿童发展规划纲要》和《关于卫生改革与发展的决定》把改厕工作写进了中国的"厕所革命",引起了全国范围内的广泛关注。随着人们对厕所质量的要求逐渐提升,公厕的配套设施也在不断更新和增加。

进入21世纪以来,中国城市和农村"如厕难,难于上青天"的问题已经得到了很好地解决,据卫健委的数据显示,至2014年,我国卫生厕所的普及率实现了显著增长,从1993年的7.5%大幅跃升至76.1%,展现出我国在卫生设施改善方面的巨大进步。2015年11月,各地已经完工和开工的旅游厕所就达到21449座,占全年总计划的102%。2018年,我国农村地区已有超千万户完成了厕所改造,改厕的普及率已超越半数,其中有超过60%的厕所改造为无害化卫生厕所。2019年,中央政府为推动农村"厕所革命",设立了70亿元的财政补助资金,专门用于奖励整村推进的改厕项目。此外,中央预算内投资额外提供了30亿元,以支持中西部地区根据自身条件进行农村人居环境基础设施建设改善。

第四节　理论基础

一、协同治理理论

协同治理理论是一种综合性的理论框架,它融合了协同学与社会科学中的治理理论。早在20世纪70年代,德国学者汉肯提出,协同学关注的是非平衡态的开放系统如何通过内部的协同作用,自发地形成有序结构,这种有序性体现在时间、空间和功能等多个维度上。90年代,罗森诺等众多学者提出治理理论,该理论主张通过政府与非政府多元主体的合作来推动社会的良好治理。①协同治理理论正是将这两种理论的思想精髓结合在一起,它强调多元主体在开放系统中共同参与管理,通过构建紧密的伙伴关系、形成稳定的协同结构、构建有效的协同机制,以及管理协同过程,来产生协同效应,最终实现集体利益的最大化。这种理论框架不仅突出了治理主体的多元性,还强调了治理规则的制定、治理目标的一致性和治理结构的有效性,为实现社会和谐与可持续发展提供了有力的理论支撑。

我国学者在探讨"协同"的概念时,张立荣等提出了深入的理解。他们认为,"协同"指的是在一个复杂系统中,各个独立但相互关联的部分或元素,通过相互间的分工与协作,共同推动整个系统高效、有序地运转。这种协作不仅确保了系统的稳定性,更在质量和数量上双重提升了系统的整体功能。特别值得一提的是,协同所产生的新功能往往超越了单一元素所能达到的范畴,实现了整体效益的显著提升。②从更深层次看,"协同"体现了不同元素间的和谐配合与共赢精神。其核心在于,各个参与者共享一个共同的目标或愿景,并在这一目标的指引下,相互履行各自的权利与义务。通过紧密的协作与配合,各方寻求更高层次的共同利益,最终实现整体目标的达成。这一过程不仅展示了多元主体间的和谐共处,也体现了通过集体智慧与力量,实现共同目标的可能性与优越性。

协同治理这一概念,由"协同"与"治理"两个关键词汇融合而成,它体现了以协同手段达成治理目标的理念。学者们对于协同治理的理解各有侧重,但核心思想均指向了多元主体间的平等合作。郑巧等从公共生活的角度出发,他们认为协同治理是在一个开放的集合中,由政府组织、非政府组

---

① 宋洋、宗义湘:《欧盟农药包装废弃物多元主体协同治理典型模式及其启示》,《湖南农业大学学报》(社会科学版),2023年第7期。

② 张立荣、何水:《公共危机协同治理:理论分析与中国关怀——社会资本理论的视角》,《理论与改革》,2008年第2期。

织、企业、公众等多元主体组成。这些主体通过法律、规章、伦理、道德、知识等多种控制变量,为了实现共同目标而相互配合、协调行动。①这种协同治理的方式能够创造出以往单一主体无法达成的新成果,促进系统的稳定运行,并更有效地管理社会公共事务,确保各主体及公共利益的最大化。蔡延东对协同治理的解读则更加具体,他认为在公共管理和生活中,协同治理意味着政府组织、非政府组织等多元主体共同参与社会公共管理实践。这些主体在协同治理的过程中,各自发挥自己的专长和优势,形成一个有组织的公共行政管理体系和高效的社区公共行政网络,共同为社会公共事务的治理贡献力量。②

协同治理理论,其根基深植于治理理论之中,它不仅涵盖了合作治理的精髓,更是对协同性的高度强调。该理论的核心要素体现在治理主体的多元性、主体间协同运作的紧密性、面对环境变化的动态适应性和整个协同体系的有序运行。

二、新公共服务理论

新公共服务理论是从市场和经济学的角度重塑行政的理念和价值,从而建立了一整套全新的行政发展架构的理论体系。这一理论的出现,为公共行政领域注入了新的活力,为政府角色和职能的重新定位提供了全新的视角。③与传统的公共行政理念不同,新公共服务理论摒弃了追求个人自身利益最大化的狭隘视角,转而以公共利益理念为基石。该理论以公民为中

---

① 郑巧、肖文涛:《协同治理:服务型政府的治道逻辑》,《中国行政管理》,2008年第7期。

② 蔡延东:《从政府危机管理到危机协同治理的路径分析》,《福州党校学报》,2011年第5期。

③ 许建业:《公共文化服务体系建构中的图书馆发展路向——兼论新公共服务理论对图书馆事业改革的启示》,《国家图书馆学刊》,2006年第3期。

心,主张公共行政人员要"全心全意"为人民服务,以满足他们的需求和利益。这种理念的转变,不仅提升了公民在公共行政中的地位,也促使政府更加关注社会公共利益,而非单纯的个人利益。

新公共服务理论的核心主张,为构建服务型政府提供了重要的理论支撑:

第一,它认为政府的职能应当是服务而非掌舵,即公共行政人员应协助公民表达利益诉求,满足公共利益的需求。这一主张强调了政府的服务性,要求政府从传统的管理者角色转变为服务者角色。

第二,新公共服务理论强调公共利益是目的,公共管理者应以公共利益为出发点,建立集体共享的思想观念。这意味着政府在决策和执行过程中,应始终考虑公众的整体利益,而非个人或特定群体的利益。

第三,新公共服务理论还提倡战略思维和民主行动,通过联合共同努力和协商管理过程,实现公共服务的有效执行。这一主张强调了政府与公民之间的合作与互动,提倡通过协商和合作来解决公共问题。

第四,在新公共服务理论中,服务公民而非顾客的观念也具有重要意义。它要求公共管理者不仅要满足公民的需求,更要建立与公民之间的信任和合作关系,共同推动社会进步。

第五,新公共服务理论还强调责任的多重性,认为公共管理者应关注市场、宪法和法律、社会价值观念与行为、职业标准和公民的利益等多个方面。这一主张要求政府在履行职责时,要全面考虑各种因素,确保决策的公正性和合理性。

第六,新公共服务理论还关注人的价值,认为公众组织采取协商式的治理过程会提高成功管理的概率。这一主张强调了人的因素在公共行政中的重要性,提倡通过协商和合作来实现有效的治理。

第七,新公共服务理论强调尊重公民与公共服务的价值重于企业家精

神的价值。主张在追求经济效益的同时,不能忽视社会公共利益和公民权
益的保障。

新公共服务理论重新诠释了政府在社会发展中的角色和作用,强调了
政府的服务性、公共利益导向和公民参与等重要理念。这些理念对于优化
公共服务、提升政府治理水平、推动社会进步具有重要意义。

三、需求层次理论

马斯洛的需求层次理论是人类动机研究的基石,它将人的需求划分为
五个层次,从基础到高级,逐层递进。这五个层次分别是生理需求、安全需
求、社交需求、尊重需求和自我实现需求。[①]这一理论为深入理解人类行为
的动机和驱动力提供了有力的工具。

首先,生理需求作为最基础的需求层次,包括食物、水、住所等基本生活
必需品。当一个人长时间处于饥饿状态时,他的主要需求就是通过食物来
满足生存的基本需要,此时对生活的追求变得异常简单和直接——那就是
填饱肚子,不再挨饿。

当生理需求得到满足后,人们便会追求更高层次的需求——安全需求。
这包括物质上的安全保障,如稳定的收入、安全的住所,以及心理上的安全
感,如避免恐惧和焦虑。只有当人们感到生活稳定、安全无虞时,才会进一
步探索更高层次的需求。

紧接着是社交需求,也就是人们渴望与他人建立关系、获得归属感的需
求。马斯洛认为,人是社会性的动物,无法脱离社会而单独存在。因此,人
们需要与他人进行交往、建立友谊和亲密关系,以满足自己的社交需求。

当社交需求得到满足后,人们会追求尊重需求,这包括自尊和受到他人

---

① 叶浩生、陈曦:《马斯洛》,北京师范大学出版社,2013年。

的尊重。人们希望自己的能力和成就能够得到他人的认可和赞赏,同时也希望能够保持自己的尊严和价值。

最后,自我实现需求是马斯洛需求层次理论中的最高层次。它指的是人们追求实现自身潜能、达成个人理想的需求。当一个人前四个层次的需求都得到满足时,他便会开始追求自我实现,通过不断挑战自己、超越自己,来实现自己的价值和理想。

随着农村居住环境的不断改善,农民的生活水平也在逐步提高。在此进程中,随着农民卫生健康意识的不断增强,以及对乡村美学价值的日益关注,他们对厕所设施的构建、长期管护和服务体验方面的需求呈现出高级别的追求。本书立足马斯洛的需求层次理论框架,深入剖析农村厕所革命所面临的一系列问题。探寻农民在厕所革命中的真实需求,探讨如何在满足他们基本需求的基础上,进一步满足他们更高层次的需求,如舒适、美观、便捷等。通过这样的分析,可以为农村厕所革命的推进提供有针对性的建议,推动农村卫生条件的改善和农民生活质量的提升。

第五节 乡村"厕所革命"政策变迁

一、初步启动阶段

1949 至 1952 年,在国民经济恢复期间,为了扭转旧时代的卫生困境和频繁的传染病危机,全国上下开展了一场大规模的群众性卫生运动。特别是在应对朝鲜战争中的公共卫生挑战,尤其是对抗美国的细菌战时,中央防疫委员会起到了关键的推动作用。这个时期的群众性卫生运动以空前的活力和规模展开,其深度、广度和所达成的健康改善成果超越了以往任何时期。在短短的六个月内,举国上下清理出的废弃物总量突破了 1500 万吨,疏通的排水渠道长度总计28万千米,新建和改建的厕所达到了490万个,同时,改建水井数量共有130万眼,这些数据彰显了运动的力度和深远影响。

1953至1966年,社会主义改造和建设时期,国务院发出了关于持续推进爱国卫生运动的指导,强调重点整治城市工业区,并提倡将集中整治与日常维护相结合。随着运动的深入,许多工厂和矿山设立了专门的清洁队伍,实施了卫生扫除日等各类规定。这确保了车间、住宅、餐厅和厕所内外环境的整洁有序,进而降低了员工的疾病发生率,提升了健康状况,对生产任务的顺利完成起到了积极的推动作用。

1966至1976年,"文化大革命"时期,诸多卫生防保,包括多级爱国卫生运动委员会及其执行部门,遭遇了撤销或合并,导致人员缩减或转行。一些活动不得不暂停,导致许多城市和乡村的卫生条件开始退步,疾病发病率上升。这一情况引起了党中央的高度重视,周恩来同志多次强调要持续推行爱国卫生运动,并亲自协调领导防疫队伍,支持向西北地区派出的流动医疗队,以遏制传染病的蔓延,改善医疗资源匮乏和卫生条件恶劣的现状。在此期间,各地的卫生防疫专家和爱国卫生运动从业者深入基层,积极传播卫生科学知识。在乡村地区,对水源管理和粪便处理这两个核心问题的有效解决,以及为改善环境卫生实施的各种措施,深受农民群众的肯定和支持,并概括为"两管、五改"。"两管、五改"成为组织指导农村爱国卫生运动的具体要求和行动目标。

可以看到,中国的爱国卫生运动在其多变的历史背景下,都带有特定的挑战和机遇。它与提升民众生活品质、遏制传染病扩散和增强国民健康状况息息相关。即使在艰难的时代,众多卫生工作者依然坚守岗位,致力于卫生条件的改进。这些不懈努力不仅提升了人民的生活质量,更为中国卫生事业及社会进步构建了牢固的根基。

二、逐步发展阶段

1978 至 1995 年,中国踏上了改革开放的征途。自党的十一届三中全会以来,爱国卫生运动迎来了全新的发展阶段。1978 年 4 月,国务院发布通知,强调要全力指导全国各地的爱国卫生运动委员会及其执行机构,确保卫生运动的有效实施。1978 年 8 月,山东省烟台市召开了全国爱国卫生运动现场经验交流会议,接着在内蒙古赤峰市、黑龙江省哈尔滨市和山西省晋城市相继召开了城市和农村卫生现场会议,这些会议旨在分享并推广"人民城市人民建""门前三包""四自一联"等行之有效的办法,对各地工作起了很好的推动作用。

1982 年《宪法》规定,"开展群众性的卫生活动,保护人民健康"确立了爱国卫生运动的法律地位。各地深入推进"两管五改"工作,基本消除了克山病、大骨节病。

1989 年,国务院出台了《关于强化爱国卫生工作的决议》,各级政府应将爱国卫生运动融入社会发展的全面蓝图中,以强大的指导力量推进卫生条件的改善和卫生标准的提高,确保与国家的现代化进程保持一致的步伐。多年来,持续开展的爱国卫生运动见证了全国人民以勤劳和智慧,坚决挑战不良卫生习俗和环境,对提高生活质量及改善环境产生了显著的积极影响。20 世纪 90 年代,全国爱卫会组织了工业企业卫生先进单位,除四害达标等一系列的创建活动,同时在农村进行开展改水、改厕工作,在城乡广泛开展城乡教育,推动城乡的基础设施建设。通过对农村人居环境的整治,对农村居民的卫生观念、健康水平的提升起到了积极的推动作用。1984 年,北京借着亚运会筹办之机,在全市范围内展开了一场大规模的市容整洁行动,并对公厕进行了卫生整治。这场革命主要是从卫生防病角度入手,以改变厕所"数量少、环境差"的现状为目的。1984 年至 1989 年,北京市新建、改建公共厕所

1300多座,使6000多座公共厕所基本达到了水冲厕所的干净卫生的要求。

1990年,国务院批准对全国455个城市进行卫生大检查。1991年,《全国爱国卫生工作十年规划及八五计划纲要》提出,农村卫生厕所普及率到1995年达到20%~50%,到2000年达到35%~80%。

1992年,在《关于卫生改革与发展的决定》的中央政策引领下,农村地区的厕所改造运动逐步展开。国家对农村家用卫生厕所的标准界定为:具备完整围墙、屋顶及门窗结构,空间面积不少于2平方米,设施可涵盖抽水式或旱厕类型,需配备地下化粪池,确保粪污得到妥善处理。

从第九个五年计划开始,我国又将农村改厕列入国家经济社会发展规划中。

1997年和2002年,国务院《关于进一步加强农村卫生工作的决定》指出,在农村继续以改水改厕为重点,促进文明村镇建设。2000年,国务院颁布《九十年代中国儿童发展规划纲要》,提出农村卫生厕所普及率在2000年达到44.8%。

总的来说,这一时期的爱国卫生运动在政府的重视和推动下,通过立法、规划、创建活动等多种方式,深入开展了各项卫生工作。卫生工作在此阶段有了更广泛的内涵,爱国卫生运动从重视卫生健康工作,逐渐转移到重视厕所卫生建设。

三、迅速推进阶段

2003年11月,国家质量监督检验检疫总局发布《农村户厕卫生标准》,规定具体户厕建筑设计标准、户厕卫生指数、化粪池和沼气池的建筑设计标准等。要求农村户厕应当遵守以下卫生标准:经常清理消毒,保持干燥;不得将粪便直接排入地面,应当采用化粪池或者其他处理设施;不得将厨余垃圾、纸张等杂物倒入厕所内,以防堵塞管道;使用后应及时关闭坐便器盖子,避免异味和细菌扩散;避免在厕所内吸烟、喝酒等不良行为,保持厕所清洁整洁。

从2004年到现在,全国共投资82.7亿元对农村厕所进行了改建,完成了2103万户家庭的改建。《全国城乡环境卫生整洁行动方案(2015—2020年)》提出,截至2015年,农村的卫生厕所覆盖率达到75%;建制镇的生活污水处理率提升至30%;10%的行政村实现了生活污水治理;农村集中式供水的人口比例达到80%以上。预计到2020年末,农村卫生厕所的覆盖率将提升至85%;农村集中供水人口比例也将增至85%;建制镇的生活垃圾无害化处理率和生活污水处理率将有显著增长,同时,行政村的生活垃圾无害化处理率和生活污水处理率也将显著提升,以满足"十三五"规划的相关指标。

2009年,政府将农村改厕视为"医改"中的关键公共服务工程,特别强调了农村卫生厕所的改造。这一举措旨在建设无害化厕所,以提升农村地区的环境卫生条件。在2009年,目标是完成411万户的厕所改造项目。同时,为了确保农村饮用水的安全,他们计划对12万个农村饮水安全集中供水工程进行水质检测,以全面保护农村居民的饮水安全。

2011年,政府颁布了《中国妇女进步纲领》,设定目标为提升农村卫生厕所覆盖率至85%。同时,城市公共卫生间中男性与女性厕位的比例将依据实际使用需求进行合理调整。纲领强调了提升农村卫生设施普及率的重要性,倡议广泛传播改善厕所设施对社会的深远影响,以激发农民自发参与改厕行动。政府将提供技术指导和支持以推动改厕进程,并将这一举措列入新农村建设的整体规划之中,进一步将其改进成果纳入年度政府绩效考核的范畴。

2012年,教育部印发《国家教育事业发展第十二个五年规划》强调要加大学校饮用水、食堂、厕所等生活卫生设施改造力度。

自此阶段开始,国务院及相关部门相继将厕所革命工作作为工作重点,厕所改造经历从标准制定到资金投入、项目实施和学校卫生设施改造等多个阶段,旨在提升农村卫生条件。

四、逐渐成熟阶段

2016年10月,《"健康中国2030"规划纲要》提出,继续推动城乡环境卫生的综合改善行动,建立健全城乡卫生设施和长效管理机制,以整体性解决城乡环境问题。强化对农村生活环境的整治,全面提升农村垃圾处理能力,积极推进农村生活污水处理项目,并广泛普及清洁能源的应用。预计到2030年,全国绝大多数农村居民使用上无害化卫生厕所。

2017年发布的《关于全面提升农村人居环境整治的三年行动计划》中明确提出,要积极推动农村"厕所革命",在新建的农村住房中推广建设无害化卫生厕所,并在人口众多的村落增设公共厕所。同时,强调了改厕与农村生活污水治理的有效衔接。倡议各地区依据自身条件,整合资源,将厕所粪污、畜禽养殖废弃物一同进行妥善处理,并转化为可再利用的资源。

2018年,中共中央、国务院印发了《关于实施乡村振兴战略的意见》,其中指出,将农村改厕工作作为开展乡村爱国卫生运动、推进健康乡村建设的一项重大举措。同年二月,国务院印发了《农村人居环境整治三年行动方案》,其中明确指出,要加强对农村地区厕所粪污的治理,并将其列为重要工作内容。2018年底,中央农办、农业农村部、国家发展改革委联合科技部、财政部、自然资源部、生态环境部、住房城乡建设部、交通运输部、水利部、文化和旅游部、国家卫生健康委、国家能源局、国家林草局、全国供销合作总社、国家乡村振兴局、共青团中央、全国妇联等多个部委、部门联合发布《农村人居环境整治村庄清洁行动方案》(以下简称《方案》),一系列战役持续开展,大力动员农民群体积极参与"三清一改"行动,包括清除乡村公共区域的垃圾、整治村内池塘和水沟、处理家畜养殖产生的粪便等农业废弃物,以及转变不利于农村环境的习惯。超过95%的村庄已投身于清洁活动,针对村庄的"脏乱差"状况进行了全面整顿。村容村貌明显改善。该行动对促进乡村厕所革命、乡村卫生都有明确的行动指南。

针对厕所革命后的监管机制,《方案》提出了一系列规定:确定了地方各级党组织和行政部门、相关机构及运营管理部门的职责,旨在构建一套包含规章制度、质量标准、专业团队、资金保障和监督体系的村庄人居环境管护长效机制。同时,开展专业化培训,培育当地农户成为村落公共基础设施运维的重要参与者。激发农民的主观能动性,将农村环境卫生标准融入村规民约,采用群众评议赞扬乡村文明新风尚。提倡建立农村环保合作社。规定农户需承担起维护公共环境的责任,自家庭院及房屋周边的环境整治工作由农户自行处理;村庄公共区域的整治则主要由村集体经济体或农户自我管理组织来主导,主要依靠农民的义务劳动来完成。鼓励农户和村集体经济组织从规划、建设、运营到管理的全过程参与。

2019年中央一号文件切实指出整顿农村"脏乱差"现象。同年,党中央、国务院下属八个部门联合印发了《关于推进农村"厕所革命"专项行动的指导意见》。要求到2020年,对于东部地区及中西部城市周边具备条件的区域,力争完成大多数农村户用厕所的无害化改造工作,确保厕所粪污得到有效处理或资源化利用,同时建立起初步的管护长效机制。对于中西部基础良好、条件相对成熟的区域,计划实现卫生厕所的覆盖率提升至85%左右,这些厕所应符合卫生标准,保证化粪池无渗漏并能定期清理。在偏远且经济不发达的区域,卫生厕所的覆盖率逐渐增长,确保了基本的卫生和清洁如厕条件。2022年,东部地带及中西部城市周边的厕所粪污得到有效处理或资源化利用,普遍建立起长效的管理维护机制。对于那些偏远但经济发达地区,卫生厕所的普及率将有显著的提升,无害化处理或资源化利用厕所粪污的比例也将逐步增加,初步构建起管护长效机制。该建议强调了全面了解基本情况的重要性,以此为基础制定出合理的厕所改造计划。它提倡依据科学方法选择改造标准和实施方式,积极推进全村改造并设立示范项目。同时,它要求加强技术指导,确保工程质量,并建立健全建设和维护机制。在此基础上,同步解决厕所粪污治理问题。2019年4月,有关部门发布了推进农村地区"厕所革命"奖补工作(财农〔2019〕19号)的通知,宣布中央财政将提供资金支持,通过奖励和补贴的形式,鼓励并引导各地区对具备条件的农村推广卫生厕所,2019年中央财政通过转移支付安排奖补资金70亿元,2020年安排资金74亿元。在资金分配策略中,中央财政综合考量各地经济发展水平、财政实力和基本设施条件,同时配合同期厕所改造计划来安排财政补贴,并倾向于给予中西部地区适当的优先支持。例如,2019年、2020年分别支持云南省2.24亿元、8.09亿元。在中央财政的补助资金被整体分配到各省之后,各个地区根据自身实际情况制定出独特的补助策略。该策略详细规定了补助的对象、标准、形式和资金的管理规范,以此推动各类农村厕所改造项目。在资金的应用上,重点用于村庄整体推进的农村厕所改造,特别是资助粪污收集、存储、运输、资源再利用的设施建设和后期维护能力的提升,各地可根据工作实际确定具体支持内容。

2020年中央一号文件要求,东部地区、中西部城市近郊区等有基础有条件的地区(农村改厕一类县)要基本完成农户厕所无害化改造,其他地区实事求是地确定任务目标。地处偏远、经济欠发达等地区,基础条件较差、技术模式不成熟,要重点做好示范引导,可适当放慢进度或暂缓,防止盲目追赶进度、贪大求快。由于改厕涉及农户自身利益,应在一定程度上明确使用者的责任,确保改厕后的管护和安全使用。农业农村部等相关部门联合印发了提高农村改厕工作实效(农社发〔2020〕4号),明确要求要严格落实"先建后补、以奖代补",不能简单以"发钱"或"发厕具"代替改户厕,不能大包大揽过度承诺、片面追求农户"零费用"改厕,不能脱离实际简单压低改厕成本、只重数量不重质量。提高资金执行进度和资金使用效率,强化绩效结果应用。

2021年5月,交通运输部办公厅印发《深化公路服务区"厕所革命"专项行动方案》,要求深入推进公路服务区"厕所革命",力争到2021年底,省域内客流量排名前50%的高速公路服务区公共卫生间基本实现设施完备、厕位充足、卫生整洁、生态环保,公众"如厕难"和"卫生差"问题基本解决,无障碍服务不断优化;普通国省干线公路服务区布局进一步优化,卫生服务设施体系更加健全,运营机制逐步完善,公共卫生间保持卫生整洁,有效满足公众出行需求。

2023年12月,中共中央、国务院印发《关于全面推进美丽中国建设的意见》,强调要建设美丽乡村,统筹推动乡村生态振兴和农村人居环境整治,扎实推进农村厕所革命,有效治理农村生活污水、垃圾和黑臭水体。有序推进农村生活污水处理设施分类整改:对缺乏管护和运维资金保障等长效机制的,报地方政府及时建立和完善相关保障制度及措施;对于农村地区缺乏生活污水收集设施的问题,应加速构建相应的收集系统;若现有技术方案不适宜(例如流程过于烦琐、运营成本过高、不符合农村现实条件),需迅速优化技术策略;遇到设施老化、超过替换周期,或者因自然灾害如洪水导致的污水处理设施及管道损坏,应立即进行更新和改造;对农民群众使用污水管网不当,造成管网不畅的,要加强宣传指导,提高群众维护身边生态环境的意识。

可以看出,我国农村的厕所改革已经彻底和深刻地卷入到厕所文明的全球化进程之中。人民生活不断得到改善,可以从厕所相关政策演变中感悟到生活方式改善和文明发展的巨大进步。一方面,农村地区的厕所改造促进了粪便、农作物残余和有机废物的无害化处理与资源再利用。这一举措显著减少了对土壤和水资源的污染,使得乡村环境、农田和水源得到净化,也为构建美丽村庄、推动乡村复兴、发展乡村旅游、建设生态文明和经济振兴构建了坚实的前提条件;另一方面,农村改厕使村落环境发生了良性巨变,增强了人们的幸福感。

第六节 A镇"厕所革命"实施情况

随着农村厕所革命深入推进,补上农村居民人居环境短板,城乡居民厕所卫生条件明显改善。自2018年起,我国已对超过4000万户农村家庭的厕所进行了改造;至2021年,卫生厕所的覆盖率已超过70%。同年,90%以上的自然村实现了生活垃圾的收运处理,农村生活污水处理率达到了约28%,相比2020年提升了大约3.5个百分点。[1]截至2021年,城乡居民拥有卫生厕所的比例达到了97.6%和82.6%,相较于2013年,这一比例分别提升了8.3个百分点和47.0个百分点。在使用水冲式卫生厕所方面,城乡居民的占比分别为94.9%和67.1%,较2013年分别增长了8.0个百分点和44.9个百分点。此外,拥有独立专用厕所的城乡家庭比例也增至97.7%和96.8%,与2013年相比,城市上升了8.0个百分点,农村则提高了4.2个百分点。[2]2023年5月,全国农村卫生厕所普及率超过73%。[3]

① 国家统计局:《生态文明建设深入推进 美丽中国引领绿色转型——党的十八大以来经济社会发展成就系列报告之十五》(2022-10-8)[2024-03-11]. https://www.stats.gov.cn/sj/sjjd/202302/t20230202_1896691.html。

② 国家统计局:《居民收入水平较快增长 生活质量取得显著提高——党的十八大以来经济社会发展成就系列报告之十九》(2022-10-11)[2024-03-11].https://www.stats.gov.cn/xxgk/jd/sjjd2020/202210/t20221011_1889192.html。

③ 数据来源2023年国民经济和社会发展统计公报。

一、化粪池改造

化粪池改造基本模式。30个非管网村采用"三格化粪池+抽拉+污水处理站"的模式,实施厕所革命与污水治理相衔接。根据街道宽窄和硬化程度,化粪池改造依次采取安装PE三格化粪池、水泥浇筑预制三格化粪池、浇筑打底砖砌三格化粪池。管网村主要采用"化粪池+污水管网+污水处理站"的模式实施厕所革命与污水治理相衔接。在此模式下的化粪池改造均采用0.5立方小两格水泥预制池。

化粪池改造全部由政府责成公司组织施工,13个管网村由中交公司负责施工。

二、厕室、厕具改造

由村组织引导农户自主实施厕室、厕具改造。卫生厕所厕室要有墙、有顶,室内面积≥1.2平方米,高度适宜,并有防蝇设施,地面经硬化处理。根据地理气候条件,考虑设置门、窗(纱窗)、照明和通风设施,方便舒适如厕。所需厕具(蹲便和壁挂式水箱)均由A镇政府下发,农户也可选择使用自身购买的符合标准的水冲马桶。

2019年,A镇在推进农村厕所革命的工作中,紧密结合上级的指导精神与本地实际状况,深入研究并实施了具有针对性的厕所革命推进流程,确保工作能够有序、高效进行。

到2020年,A镇农村地区全部取消旱厕,全部建成使用农村卫生厕所。高效处置或资源化利用厕所粪污,初步形成一套保护和管理的长效机制。

中共中央办公厅、国务院办公厅《农村人居环境整治三年行动方案》和该市农村人居环境整治工作领导小组办公室制定印发的市级《农村厕所改造工作实施方案》和区级《农村厕所改造工作实施方案》等政策文件有关要

163

求,坚持政府引导、农民主体、规划引领、统筹推进、因地制宜、分类施策、建管并重、提升服务的原则,推进农村"厕所革命"。

2019年12月,A镇对农村厕所改造任务进行了再排查、确认,最终确认全镇43个村有户厕改造任务,共需改造公厕24座、农户厕所8311座,其中改造厕室904个、厕具2401个、化粪池8213个。[①]

三、实施阶段

一是A镇成立厕所革命工作专班,由A镇主管文教卫工作的副镇长为组长,43个村党组织书记为成员,成立农村厕所改造工作领导专班。制订A镇农村"厕所革命"实施方案,对全镇公厕改造政策、方向和措施等各个环节进行统筹规划。

二是各个村庄遵循A镇的相应规定,布置具体任务,科学地设定规划布局,做好本村的农村改厕工作。各村负责策划详细的执行策略,设定明确的推进时间表和逐步实施的步骤。在工作调度、人力资源配置和资金安排等多方面实现有效协调,以确保厕所改造项目得以强有力地推动,高质量、高效率地达成目标。

三是各个村庄确认厕所改造农户,制定详尽的厕改清单。依据乡镇部门的具体指导,每个村庄进行全面排查,掌握精确数据,以此确立本村参与农村厕所改造的农户名单,构建完善的管理档案。

四是厕改工程施工建设。依据A区在农村厕所改造的政策要求,实施激励替代补贴的策略。首先鼓励农民自行承担改厕工程,若农民不倾向于自己施工,工程则会转交给村庄,由村集体负责协助农户进行具体的改建工作。

---

① 数据由A镇爱国卫生运动委员会办公室提供。

五是厕改工作验收考核。乡镇、村委会对农户无害化卫生厕所进行全面的检查。镇和村要全部通过验收,方可进行区级验收,区级按不低于户厕改造户的20%标准进行验收(改造户低于20户的,全部验收;超过20户、低于100户的,均要抽验20户)。

申报区级验收要满足7个前置条件:一是全面完成本次户厕改造任务;二是全村在用住宅卫生厕所覆盖率不低于90%;三是填写《村级户厕改造分户信息统计表》,并在显著位置进行公示(不少于5天,留有照片);四是完成户厕改造数据平台基本信息录入、照片上传,并与《村级户厕改造分户信息统计表》完全一致;五是村内无闲置配送厕具,领取安装率100%或剩余退回率100%;六是户厕全部入院,院外无户厕;七是在用住宅无旱厕。

区级验收以A镇上报的《A区申报区级户厕改造验收村分户信息统计表》中编号的尾数为基准,户厕改造户在100及以上的,规则性确定2个尾数;20至99户的,根据验收量规则性增加尾数个数。具体选用的尾数由验收组组长按"一村一临时确定"的原则确定,并进行备案。抽取到家里无人户的递补办法:按规则添加抽取尾数个数,从小到大顺序号依次抽取验收户,直至满足需要。

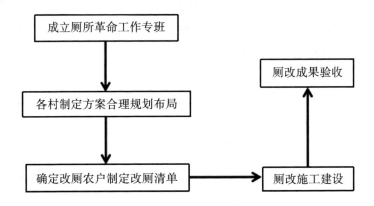

图3.1 A镇"厕所革命"实施流程图

四、补助资金

严格管控厕室厕具改造补助资金的发放。一是明确补助标准。改造合格后,普通农户改造厕室主体结构补助500元、改造厕具补助安装费100元;五保户改造厕室主体结构补助2500元、改造厕具补助安装费100元。二是明确申报补助资金的条件。满足以下条件的村庄才可申报农村厕室与厕具改造补助资金:通过户厕改造区级验收;在用合法住宅无旱厕;户厕改造户均已张贴厕所改造标识牌;完成了《农村人居环境整治综合监督平台》中有关户厕改造数据(含照片)的录入上传任务;对《申报农村厕室厕具改造资金分户信息表》进行了为期不少于5天的公示,群众无异议;新建管网村上报数据完整准确。三是明确申报手续。申报补助资金时,需提交《申报农村厕室厕具改造资金分户信息表》《申报农村厕室厕具改造补助资金汇总表》(村级表)和《申报农村厕室厕具改造补助资金汇总表》(镇级表);《申报农村厕室厕具改造资金分户信息表》公示照片复印件和以A镇政府名义出具的"公示无异议证明"。

截至2022年,A镇户厕普通户改造厕室904座、改造补助资金452000元,五保户改造厕室11户、改造补助资金27500元,改造厕具2401个、补助资金240100元,以上共计719600元。公厕累计改造24座,其中新建10座,提升改造14座,补助资金1079875元。

表3.1 A镇"厕所革命"农村户厕改造补助资金明细表①

序号	村庄	普通户改造厕室数量（500元/座）	五保户改造厕室数量（2500元/座）	改造厕具量（100元/座）	申报补助资金量			
					普通户厕室改造补助资金	五保户厕室改造补助资金	厕具改造补助资金	小计
1	东兵马	15	0	31	7500	0	3100	10600
2	西兵马	7	1	93	3500	2500	9300	15300
3	小孙各庄	14	0	84	7000	0	8400	15400
4	大孙各庄	88	0	193	44000	0	19300	63300
5	小富庄	0	0	3	0	0	300	300
6	孙后庄	39	0	75	19500	0	7500	27000
7	胡里庄	3	0	128	1500	0	12800	14300
8	东沿河	9	0	16	4500	0	1600	6100
9	小蔡庄	2	1	1	1000	2500	100	3600
10	钥匙庄	4	0	12	2000	0	1200	3200
11	匡庄子	10	0	19	5000	0	1900	6900
12	西头百户	6	0	53	3000	0	5300	8300
13	双井	12	0	83	6000	0	8300	14300
14	东南道	1	0	17	500	0	1700	2200
15	西南道	10	0	103	5000	0	10300	15300
16	东后街	28	0	33	14000	0	3300	17300
17	中后街	1	0	30	500	0	3000	3500
18	东中南道	5	0	15	2500	0	1500	4000
19	西水泉	10	0	12	5000	0	1200	6200
20	董各庄	0	1	0	0	2500	0	2500
21	西草场	21	0	54	10500	0	5400	15900
22	前屯	26	0	85	13000	0	8500	21500
23	前街	6	0	13	3000	0	1300	4300

---

① 数据来源：A镇爱国卫生运动委员会办公室提供的《A镇"厕所革命"农村户厕改造补助资金明细表》。

序号	村 庄	普通户改造厕室数量（500元/座）	五保户改造厕室数量（2500元/座）	改造厕具量（100元/座）	申报补助资金量			
					普通户厕室改造补助资金	五保户厕室改造补助资金	厕具改造补助资金	小计
24	厂庄子	14	0	23	7000	0	2300	9300
25	小崔庄	23	0	36	11500	0	3600	15100
26	李庄子	33	0	134	16500	0	13400	29900
27	周于庄	23	0	24	11500	0	2400	13900
28	北杨庄子	37	0	60	18500	0	6000	24500
29	大街	9	0	12	4500	0	1200	5700
30	东门外	6	0	78	3000	0	7800	10800
31	国和庄	21	3	111	10500	7500	11100	29100
32	骆古庄	10	0	75	5000	0	7500	12500
33	石人庄	8	0	14	4000	0	1400	5400
34	瓦岔庄	83	0	83	41500	0	8300	49800
35	西后街	13	0	22	6500	0	2200	8700
36	西门外	37	0	51	18500	0	5100	23600
37	西潘庄	42	0	129	21000	0	12900	33900
38	西沿河	22	0	46	11000	0	4600	15600
39	下埝头	11	1	39	5500	2500	3900	11900
40	夏各庄	103	2	59	51500	5000	5900	62400
41	赵庄子	24	0	152	12000	0	15200	27200
42	西中南道	51	0	66	25500	0	6600	32100
43	中兵马村	17	2	34	8500	5000	3400	16900
	合 计	904	11	2401	452000	27500	240100	719600

表3.2　A镇"厕所革命"农村公厕改造补助资金明细表①

序号	村庄	改造形式	改造方式	补助面积(平方米)	补助金额(元)
1	东南道	新建	招投标	39.72	49650
2	胡里庄	改造	招投标	33.62	42025
3	骆古庄	改造	招投标	39.63	49537.5
4	大孙各庄	改造	招投标	37.31	46637.5
5	小崔庄	改造	招投标	39.16	48950
6	董各庄	改造	招投标	38.33	47912.5
7	西南道	新建	招投标	50	62500
8	西南道	新建	招投标	50	62500
9	西南道	新建	招投标	29.5	36875
10	西南道	改造	招投标	34.1	42625
11	李庄子	新建	招投标	36.04	45050
12	李庄子	新建	招投标	35.2	44000
13	李庄子	新建	招投标	42.75	53437.5
14	中兵马	新建	招投标	24.2	30250
15	周于庄	改造	招投标	35.81	44762.5
16	东兵马	改造	招投标	35.34	44175
17	小蔡庄	改造	招投标	35.2	44000
18	东中南道	改造	招投标	23	28750
19	夏各庄	改造	招投标	37.18	46475
20	赵庄子	改造	招投标	44.89	56112.5
21	小富庄	改造	招投标	33.36	41700
22	小孙各庄	新建	招投标	30.82	38525
23	钥匙庄	改造	招投标	34.98	43725
24	西门外	新建	招投标	23.76	29700
合计				863.9	1079875

① 数据来源:A镇乡村振兴办公室提供的《A镇"厕所革命"农村公厕改造补助资金明细表》。

第七节　取得成效

一、带动地方就业，实现废弃物资源化利用

一是在厕所改造工程实施过程中，采取优先雇佣本村劳动力策略。这一举措不仅为本地农民提供更多的就业机会，而且有效地提升实际收入水平。通过优化劳动力资源配置，实现了农村剩余劳动力的就地转化，为农村经济的稳步增长注入了新的活力。

二是改造后的厕所在日常使用过程中产生的粪污，经过科学的化粪处理和二次加工，能够转化为高质量的有机肥料。这种处理方式不仅减少了环境污染，实现了废弃物的资源化利用，而且为农户提供了低成本、高效果的肥料来源。相较于传统的肥料购买方式，这种有机肥料的应用对于土地资源的可持续性利用具有显著意义。它不仅能够改善土壤结构，提高土壤肥力，促进农作物的健康生长，还有助于减少化肥的使用，减少对土地资源的损害。由于大三格化粪池的修建，光是粪污清运、肥料还田，一年就能为改厕农户节约几百块钱。这一成效不仅体现了户厕改造项目在经济效益方面的优势，也展示了其在推动农村经济发展、改善农民生活方面的积极作用。

二、逐步环保节约，实现绿色可持续发展

一是更加环保卫生。改造前的卫生厕所虽然已经初步具备了卫生功能，但由于设计上的缺陷，用水量较大，粪污直接排入下水管道。不仅周围环境恶臭难闻，严重影响居民的生活质量，还对周围环境造成了严重污染。改造后的厕所设计更加科学合理，用水量得到有效控制，粪污得到妥善

处理。

二是避免对土壤的污染。施工建设过程中也充分考虑环保因素,厕所建设必须有顶、有墙,防止雨水与污水混合流入。为减少对供水系统的影响,选择集中无害化化粪池的地点应尽量避开靠近水源地的地方。同时,采取严格的防渗防漏措施,确保化粪池不会对土壤造成污染。

三、提高文明素养,逐渐完善后期运维

一是实施农村"厕所革命"是一项具有深远意义的举措,它使农村几千年来形成的生活方式和卫生习惯发生了变化,对提高农村居民的文化素质起到了很大的促进作用。通过厕所改造,农民逐渐摒弃了过去的陋习,养成了更加健康、文明的卫生习惯,对于提升农村整体文明水平具有积极的推动作用。此外,"厕所革命"也能防止粪-口途径传染,使我国农村居民身体素质得到明显提高。

二是厕所改造工程并不局限于对户厕的改造。在实施"厕所革命"的进程中,侧重于后期管理和维修设施的升级,同时配备了用于污水处理和粪便消毒的设备。这种综合规划、统一建设和协同运行的方法,极大地提升了农村环境卫生设施的全面性和完善性。通过加强后期管理维护,可以确保改造后的厕所能够持续发挥作用,为农民提供长期、稳定的卫生保障。

第八节　A镇"厕所革命"问卷设计

一、问卷调查目的

本次问卷调查旨在针对A镇本地农民群体,深入了解其在厕所改造后的具体情况。通过问卷调查收集关于农户的改造意愿、改造后的满意度,以

及厕所使用和维护情况等方面的详细信息。这些数据将为后续分析 A 镇"厕所革命"实施过程中遇到的难题及其潜在原因提供有力的数据支撑,更全面地推动这一重要民生工程的持续改进。

二、问卷调查设计

基于调查目的,结合 A 镇"厕所革命"的现实情况,与 A 镇各行政村的改厕责任人、施工队负责人和改厕农民进行访谈,访谈掌握 A 镇"厕所革命"实施中农户对"厕所革命"的认知程度,特别是对改造前后存在的问题等。问卷共涵盖四个核心内容:一是收集被调查者的基础信息,涉及调查对象的个人背景信息和家庭厕所的基本状况;二是探究被调查对象对于当前农村"厕所革命"政策的理解程度,以及相关活动的执行状况;三是了解农户参与厕所改造的实际状况;四是关注改厕后用户的满意度、使用体验,以及对维护问题的看法。问卷内容详见附录。

三、问卷调查对象

考虑到各个年龄阶段的人都涉及厕所的使用,同时结合 A 镇人口实际分布,被调查者各个年龄层均有涉及。被调查者主要来自 A 镇的行政村,因 A 镇行政村数量高达 43 个,全部发放问卷存在时间限制,故选取具有代表性的村庄 22 个,对 500 名当地农户进行了问卷调查,调查对象来源情况参见表3.3。

表3.3　调查对象来源(N=400)

序号	行政村	样本量
1	石人庄	15
2	瓦岔庄	25

序号	行政村	样本量
3	西后街	30
4	西门外	30
5	西潘庄	50
6	西沿河	25
7	下埝头	20
8	夏各庄	50
9	赵庄子	20
10	西中南道	15
11	中兵马	15
12	孙后庄	25
13	胡里庄	25
14	东沿河	5
15	小蔡庄	5
16	大孙各庄	25
17	匡庄子	5
18	西头百户	10
19	双井	30
20	东门外	10
21	国和庄	50
22	骆古庄	10

四、问卷调查实施

调查问卷于2023年8月开始发放,12月收回问卷。在A镇厕所改造实施部门相关负责人和村干部的协助下,各行政村工作人员积极配合开展调查问卷发放,圆满完成调查任务。基于A镇的实际情况,主要选择了线下填答问卷的方式进行调查。这项工作由各行政村的主要负责人引导,通过入户调查和在村委会现场填写等方式发放问卷。总共发放了500份问卷,收回了436份,经过对无效问卷的排除,得到了392份有效的问卷,问卷的回收率为87%,而问卷有效率高达89%。有效样本的特征详细列于表3.4中。

表3.4　有效样本特征(N=392)

项目	类别	频数	比例(%)
性别	男性	155	39.5
	女性	237	60.5
年龄	18岁以下	45	11.5
	18—60岁	205	52.3
	60岁以上	142	36.2
家庭常住人口数	3人以下	48	12.2
	3—5人	261	66.6
	5人以上	83	21.2

　　由表3.4样本特征情况数据统计可见,被调查者的女性比例较高,主要是农村现实情况所致,大部分农村妇女无业居多,白天在家的男性较少,且女性如厕的平均时间大约是男性的3倍,女性更能反映厕所革命的好坏。涉及不同年龄层分布,以及不同的家庭人口,这足以说明本次的问卷调查的样本量很大,而且数据也更有说服力。

　　调查数据显示,受访的所有家庭都配备了独立式厕所,其中绝大多数采用了蹲便式卫生厕所,少部分选择了坐便式卫生厕所,甚至有个别家庭仍在使用传统的旱厕。对于那些旧式旱厕,大部分农户选择将废弃物直接用作农家肥,而一小部分人则选择通过专门的车辆进行清理。在使用过程中,大约85%的农户面临一系列问题,如夏季频繁遭受蚊虫叮咬、气味难闻,冬季温度过低、地面湿滑易导致摔倒,照明条件不佳和废物堆积后的清理困难,特别是对老年人和儿童的安全构成了一定的隐患。

第九节　问卷数据统计及结果分析

一、"厕所革命"了解情况

厕所是人们日常生活中必不可少的一项基本卫生设施,它关系到人们的身体健康,也反映出社会文明进步程度。厕所改造工作能不能成功开展,宣传工作的落实是关键。

(一)"厕所革命"了解程度

从问卷调查的数据中可以看出,了解"厕所革命"的农户仅占21.4%,知晓"厕所革命"工作的农户超过75.5%,但对其具体内容不甚了解,仅有3.1%的农户完全不知道或不了解。

表3.5　被调查对象对"厕所革命"了解程度

"厕所革命"的了解程度	人数(人)	百分比(%)
比较了解这项工作,清楚具体内容	84	21.4
知道这项工作,不完全清楚具体内容	296	75.5
完全不知道这项工作	12	3.1

(二)"厕所革命"了解方式

多数调查对象是从村级微信工作群处了解到的,少数是通过政府村村通广播、村委会公告栏和相关工作人员了解的,可见随着我国互联网的快速发展,人们通过传统的宣传方式获取信息的人数越来越少。50岁以下的农户更多使用手机获取信息,政府村村通广播和村委会公告栏受众群体更多的则是不会或极少使用智能手机的老年人。

表3.6　被调查对象了解"厕所革命"方式

了解"厕所革命"的方式	人数（人）	百分比（%）
政府设置的"村村通广播"	75	19.8
村委会公告栏	34	8.9
工作人员	68	17.9
村级微信工作群	203	53.4

在"厕所革命"的实施阶段,村中首要解决的难题及其具体的改造厕所方法,主要掌握在执行该项目的工作人员手中。农户们对此的了解非常表面且不全面。这表明,A镇政府在普及"厕所革命"基本信息方面的宣传力度不足,农户并未深度参与具体问题的解决环节。

二、厕所改造情况

（一）厕所改造时间

分析调查数据揭示,全部的农户都已经参与了厕所改造（其中,85%的改造行动发生在2019年后,12%的改造在2015年至2019年间实施,剩余的3%则早于2015年完成）。这些数据显示,A镇在厕所改建方面取得了明显的进步,大多数农户的厕所已得到改造,从而积极影响了该地区的生活环境,并且对A镇的乡村振兴进程起到了持续推动的作用。

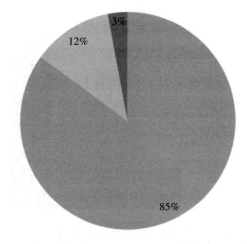

■2019年以后改造 ■2015—2019年改造 ■2015年以前改造

图3.2 A镇厕所改造情况

(二)厕所改造原因

农户选择改厕的原因中,政府的强制推动仅占1%,而注重家庭庭院整体美观的因素则占据了22%。大部分农户,约76%,看重的是改厕带来的便利性和卫生条件的改善。环境保护意识也起到了作用,有46%的农户认为改厕有助于环保。经济因素也不容忽视,高达88%的农户提到政府补贴减轻了他们的经济负担。值得注意的是,有14%的农户全面考虑了改厕后厕所的美观、安全、使用便捷、卫生状况、环保效益和政府补贴,这些都成为他们愿意改厕的关键因素。

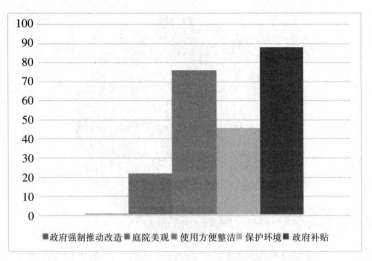

图3.3　A镇农户厕所改造意愿情况

(三)未使用卫生厕所原因

调查数据中可以看出,2019年农村户厕改造完毕后,97%的农户使用了卫生厕所,3%的农户未使用卫生厕所,原因主要有:部分老年人觉得卫生厕所浪费水,不如传统如厕方式"划算",旱厕"卷土重来";个别卫生厕所为赶工期,防冻措施落实不到位,冬天水管冻裂,厕所无法使用;政府下发的厕具质量良莠不齐,经常出现水箱损坏、冲水键失灵等问题。可以看出,由于多种客观原因未使用卫生厕所的农民比较多,主观上不情愿的人比较少。

表3.7　未使用卫生厕所的原因

序号	具体原因
1	部分老年人觉得卫生厕所浪费水,不如传统如厕方式"划算"
2	少数卫生厕所防冻措施落实不到位,冬天水管冻裂,厕所无法使用
3	政府下发的厕具质量良莠不齐,经常出现水箱损坏、冲水键失灵
4	三格化粪池抽污不及时,不如直接排入地下方便

调查结果显示,无论是参与了2019年前的厕所改造,或是之后投身于"厕所革命"的农户,其改造成本皆由各级政府以比例形式提供补贴,只有超出补贴额度的部分才需农户自行支付。这表明厕所改造是一项普及广泛的惠民工程,实实在在地惠及了广大农民。改造过程中,只要符合规定,政府不仅免费提供厕具,还确保全家人都能从改厕中受益。随着我国国力增强,民生项目的福利覆盖面日益扩大,民众对党和政府的支持度也随之提高。在全民的共同努力下,乡村振兴的战略目标必定能够顺利实现。

三、厕所改造成效

(一)厕所改造满意度

分析收集到的数据可得知,被调查者对改造后的卫生设施表现出高度的认可,高达92%的农户表示满意。他们认为厕所改造后,显著减少了蝇虫滋生,提高了使用的安全性和整洁度,外观也更为美观。然而尽管新厕所具备了围墙、屋顶、门和照明设施,但在节水方面,由于以往旱厕普遍缺乏冲水习惯,因此并未获得广泛的认可。值得注意的是,大约34%的被调查者指出,水管的保温防冻措施仍有待改进。

农户指出,农村厕所改造及其使用期间,尚存部分基础建设的不完善问题,比如缺少照明设施,排风管道的高度不足,这阻碍了有害气体的有效排放。据已改造厕所的被调查者所述,他们在使用中遇到故障时,缺乏专业技术人员进行维修,这对厕所的后续使用造成了重大困扰。

图3.4 农户厕所改造前后对比

图3.5 农村公厕改造前后对比

(二)粪污处理满意度

在厕所改造的过程中,将旧化粪池全部改为三格化粪池,部分村还铺设了污水管网设施。对于厕所的粪污管理,采取的是由专业团队定期集中清理的方式。据统计,约有67%的调查对象对当前的粪污处理方式表示满意,这表明在粪污处理领域仍存在不少待解决的问题。据问卷调查显示,农户通常主动联系清污公司,公司在收到通知后的一天内会调度清污车辆上门服务。对于镇里管护服务公司的服务,农户意见分歧显著,其中45%的调查对象持中立态度,认为其服务一般,另有16%的调查对象表达了不满。相比之下,39%的调查对象对这些服务给予了一定程度的肯定。在参与厕所日常维护的问题上,65%的调查对象主张个人应当担责,毕竟这些设施直接服务于他们的日常生活。不过,仍有35%的调查对象认为,既然村庄或政府主导了改造工程,那么后续的维护工作也应由他们负责。

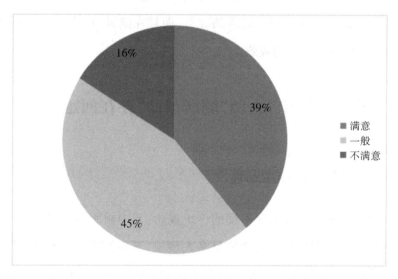

图3.6 农户对清污公司管护服务评价

图3.7　三格化粪池改造前中后对比

农村"厕所革命"可以促进农民的卫生习惯和生活方式的改变,促进农民卫生意识的提升。据调查显示,高达95%的受访者认为农村厕改项目为他们的生活环境带来了翻天覆地的变化。同时,有89%的人对"厕所革命"的推进工作表示了满意。自国家推行厕所改造项目以来,不仅大部分农村地区的卫生基础条件得到了显著的改善,而且在健康、环境、经济和社会等多个方面都取得了明显的成效。

第十节　A镇"厕所革命"存在问题

一、厕所改造缺少主动性

中国农村地区存在根深蒂固的传统观念,其中厕所卫生问题没有得到足够的重视。许多农户认为厕所是私人领域,不必像院子或街道那样保持清洁,这种观念使得他们对农村厕所革命缺乏认同感和积极性。政府缺乏对环保行为的引导和培养措施,导致农户在日常生活中缺乏环保行为的意识和习惯。例如,部分农户没有意识到定期清理和消毒厕所的重要性,或是对水资源的浪费缺乏警惕。

部分农村农户对于环保意识的了解及重要性认识不足。由于经济发展的滞后和教育资源的不平衡,一些农村地区的农户对环境保护的意识相对较低,缺乏对环境保护的知识和良好的卫生习惯,缺乏对于规范的厕所使用和对清洁维护的认知,没有认识到环境卫生对自身健康和居住环境产生的影响,因此缺乏主动性和责任心。

城镇化带来的新问题亟待研究解决。城镇外来人口的增加,尤其是由于人口的无序流动,给厕所和环境卫生的建设与管理带来了挑战。随着城镇化的加速推进,大量外来人口涌入发展较好的A镇,他们的生活习惯、文化背景各不相同,使得厕所使用和环境卫生维护方面出现了诸多问题。农村空心化现象进一步加剧了改厕工作的难度。由于户籍人口与常住人口之间存在较大的差距,很多农户常年不在家居住,但他们的庭院仍然留在村里。这些庭院往往成为改厕工作的死角,这些农户对改厕工作缺乏积极性,使得改厕规划和实施面临诸多困难。即使进行了改造,但由于无人使用,也会造成资源的浪费。

在农村地区,一些贫困家庭由于经济困难,无力改善厕所设施,他们缺乏资金来建设改良型厕所,或者把有限的财力用于更紧急需要上。还有农户认为改造后的厕所浪费水。在传统的农村厕所中,使用的是分水井和露天排泄方式,不需要使用大量的水。而改造后的环保厕所采用水冲方式,相比传统厕所会使用更多的水,无形之中增加了家庭水费支出。因此,一些农户认为这种改造后的厕所在水资源使用上相对浪费。

二、改厕材料质量标准较低

农村地区的财政投入有限,改厕资金不足。相较于城市地区,农村的经济基础相对薄弱,财政收入普遍较低,使得农村在基础设施建设和社会服务方面的投入受到较大限制。在厕所改造这一关乎民生的工程项目中,农村地区面临着资金筹措的难题。一方面,由于农村经济来源单一,农民收入水平有限,大部分家庭难以承担厕所改造的全部费用。而政府财政投入有限,难以满足农村厕所改造的庞大资金需求。另一方面,由于缺乏有效的资金筹措机制,农村地区的厕所改造项目往往难以吸引社会资本参与。即便有企业或个人愿意投资,也可能因为政策扶持不够、回报周期较长等原因而望而却步。这使得农村厕所改造项目的资金来源更加单一,进一步加剧了资金不足的问题。

诸多卫生厕所竣工后遭受闲置,面对为何不用卫生厕所的疑问,农户反映上级提供的厕所设施易受损坏,一旦破损便无法继续使用。深入探究后,发现在厕所设施建设初期,个别上级发放的设施本身就存在破损状况。在对厕所改建状况的检查中发现某些村的预制式三格化粪池质量欠佳,强度不足,已埋设的化粪池出现了裂缝和变形等结构性问题。另外,化粪池的隔板设计存在缺陷,其厚度不足且尺寸不合,导致隔板间的间隙过大,无法确保第一、第二、第三格间的密封性。在某些情况下,粪便可能会绕过预定的粪管直接流经化粪池的不同隔间,阻碍了充分的厌氧发酵,不满足无害化卫生厕所的安全标准。在一些村庄的个人厕所改造项目中,发现三格化粪池的基础坑底未按规定采用足够厚度的混凝土。导致化粪池各部分由于重量分布不均匀而发生不一致的沉降或形变,情况严重时甚至造成渗漏问题,对土壤和水资源造成污染。此外,厕具采购的质量问题频发,给居民的日常使用带来诸多困扰,部分居民因此停止使用卫生厕所,转而恢复使用旧式旱厕,影响了生活质量。

三、施工队伍缺乏专业性

目前,我国在厕所建设技术方面尚未形成一套全面、规范的标准体系,这在一定程度上制约了厕所建设的品质提升。更为关键的是,对于厕所后期的维护管理,明显缺乏系统性的制度设计。导致厕所设施在使用过程中容易出现损坏、老化等问题,维护人员因缺乏明确的操作指导无法及时、有效地进行修复,影响了厕所的正常使用。

此外,厕所与污水同步治理的问题也显得尤为突出。随着城市化进程的加快,厕所产生的污水量不断增加,相应的治理措施却未能及时跟上。这不仅加剧了环境污染,也给人们的日常生活带来了诸多不便。同时,对于新出现的厕所信息,由于缺乏及时的更新机制,相关部门往往难以掌握最新的厕所建设情况,导致在资源配置和规划上存在一定的盲目性。

在施工队伍的监管方面,同样面临挑战。由于部分施工队伍未经系统培训,专业技能不足,在施工过程中难以保证建设质量。在建筑施工的监督环节,质量检验机构的管控力度有所不足,出现了诸如化粪池设施质量较差等一系列问题。具体表现为,一些三格式化粪池在建造时并未遵循相应的规定,缺少应有的排气管道,或者已安装的排气管在尺寸和高度上不达标。此外,还存在清渣口密封性不佳,口径过大的问题,这些都使得粪便无法充分进行厌氧发酵,因而无法满足无害化处理的标准。

四、基础配套设施及管护机制不到位

日常供水不能满足需求。日常供水不足的问题在一些村庄中显得尤为突出,这直接影响了厕所的卫生环境。由于部分村庄缺乏完善的供水系统,厕所难以得到持续、稳定的水源供应,无法维持清洁、卫生的使用环境。例如,A镇Z村未连接市政自来水管道,村内限时供水,供水时间为每日11:30—13:30,日常用水主要靠农户自家挖的井和村内供水所接的水。该村地势南低北高,居住在村北的农户因地形原因无法保障每日用水需求。A镇共43个行政村,类似情况的村庄共计10个。

配套系统未能完善。自2001年撤乡并镇以来,原L乡和A镇合并为A镇,A镇"老十八段"的17个村庄互相穿插,盘根错节,地势极其复杂,部分街道宽度不足1米,三格化粪池选址和建设难度较大,也影响了厕所革命的实施。

管护机制落实不到位。部分村修路改建,由于一些农户重建、翻建等缘故,施工单位对该工程并未进行跟进和维修,一些无害化卫生厕所也被弃用了。缺乏有效的监督机制,导致厕所设施的维护和管理无法及时跟进,出现漏洞和问题。

第十一节　A镇"厕所革命"问题原因分析

一、改厕双方重视程度不高

基层干部重视程度有待提高。部分乡镇领导对农村厕所改造的理解存在偏差,部分领导干部过度专注于经济指标,将农村卫生厕所改造视为软任务,认为其经济效益不显著,因此在监督和管理上投入不足,更倾向于吸引投资和实施落地项目。另外一部分人并未深刻理解改厕的必要性,仅仅将其视为上级布置的任务来应付,只有在获得项目资金时才会积极推动,一旦缺乏资金支持,厕所改造计划便会停滞。工作重心随着工程经费的流转而转移,忽略了厕所改造对社会、经济的影响。由于缺少主动性和连贯性,造成了广大人民群众在工作中的消极局面,在实践中面临着许多困难。

改厕宣传不够精准。改厕不仅涉及实体结构的改良,更是一场深入人心的理念变革。作为一项致力于提升人民生活质量的举措,厕所改建理应得到大众的普遍赞同和参与。然而很多农民对改厕的好处认识不足,他们觉得改厕过程耗时耗力,且经济成本高,因而倾向于维持旧的、不卫生的如厕方式。其核心问题在于,政府的宣传策略实施不到位。虽然在提倡"厕所革命"战略时,官方明确表示要加强宣传教育,但在实践中,健康教育材料往往以枯燥的宣传册形式传播,内容单调且缺乏足够的吸引力,导致部分人群对此视而不见。传播方式过于单一,农村地区通常依赖大喇叭广播或召集农户代表会议进行宣传,覆盖范围有限,持续时间短暂,难以引发广泛关注。因此,广大农民并未充分理解旧式厕所对健康的潜在风险和改厕的实际价值,并未意识到改厕对乡村生活的实质性改善。此外,还缺少有效的激励制度和政策指导,改厕工作依然停留在被动响应的状态。

二、改厕资金保障单一

政府层面:农村厕所改造工程涵盖广泛,牵扯多种配套设施,所需资金庞大,单靠政府支持难以应对全部工作。在各地的农村户厕改造过程中,资金来源通常采取多元化投入模式,这一模式结合了各级政府按一定比例提供的补助资金和群众自行筹集的资金。中央财政的补贴仅覆盖了部分建设经费,大部分资金仍需县(区)政府自行解决。基层政府除了常规财政支出,可用于农村改厕工作的额外资金有限。面对资金短缺的困境,基层政府不得不选择价格适中的设施,这直接导致了个别厕所设施在使用过程中频繁损坏,降低了改厕的实际利用率。另外,政府目前通过社会筹资、捐款等方式筹集资金的渠道并不顺畅,这导致了资金来源相对有限和狭窄。原因在于农村厕所项目收益过低,无法吸引足够的社会资本投入,特别是对于经济条件相对较弱的农村地区,资本更倾向于规避。与城市可以通过"以商养厕"的多元策略相比,农村的筹资手段显得尤为单一。再者,许多地区在厕所改造过程中并未积极运用市场机制,受限于项目要求的影响,一些具备专业能力的企业往往无法参与到竞标项目之中,导致厕所改造工作主要由政府部门一手包办,加大了政府的困境。

农户层面：A镇改厕资金的来源主要是政府按比例进行拨款和农户自筹。普通农户补助和配套的资金600元只是用于提升改造厕室（500元）和安装厕具（100元）的补贴，地上修墙搭顶的部分靠农户自筹。为了保障改厕进度和质量，多数村庄找施工队为农户安装厕具，补贴的100元直接给施工队。施工人员仅承担了厕所的建造，但改造工程不仅仅有厕所本身的改造，还涵盖筑墙、吊顶、装门和庭院整治等多个方面。这要求农户家庭不仅要投入劳动力，还需要经济支持。于是，在实际的厕所改造过程中，劳动力短缺和资金问题都成了显著的制约因素：一方面，农村家庭自行建设时面临劳动力匮乏。由于大量农村青年外出打工，村庄里多是老人、儿童和妇女，许多家庭甚至夫妻均在外务工，仅余下无劳动能力的老人和小孩，他们对改厕这样的额外劳动往往持有抵触态度。另一方面，厕改资金难筹措。多数农户赚钱靠打零工、卖树苗、卖苦力，全都是辛苦钱，手里虽然有些积蓄，但还要给孩子盖房娶媳妇、供孩子上学和赡养老人等，经济并不宽裕，将钱放在提升改造厕所环境上，他们觉得并不划算。而生活条件较好的人家，由于外出打工人员多，有了一定的经济实力，就会选择在城里买房，不肯投资更多的资金去改造农村厕所。

三、专业施工队伍数量较少

农村"厕所革命"改造工程往往是一个规模庞大且任务繁重的项目，它通常涉及全市、全区乃至全镇范围内的同时开展。由于这样的广泛覆盖，本就稀缺的专业化施工队伍就显得更加捉襟见肘。在这种情况下，施工队伍需要分散到各个乡村和地区，这导致每个地点能够获得的施工力量变得相对薄弱。这样的分散性不仅增加了施工管理的难度，还可能导致工程进度缓慢，因为每个施工点都需要等待施工队伍的到来和完成相应的工作。此外，由于施工队伍数量有限，为加快施工进度，各村往往找到村内非专业的施工队进行厕所改造,在一定程度上导致施工质量不稳定,甚至可能出现一些疏忽和错误。在时间和人力资源都有限的情况下,施工队伍可能难以保证每个厕所都能达到相同的改造标准和质量。

四、基础配套设施不完善

施工设计不准确。施工前期的摸排工作不细致,对于农户厕所的现有结构、设施、管道布局等了解不足,施工设计存在偏差。例如,没有准确测量里道街巷的尺寸,导致三格化粪池布局不合理或放不下的现象;没有详细了解现有管道的位置和走向,导致新的设计与现有管道冲突;施工过程中发现原有结构存在安全隐患,需要停工整改;对现场情况了解不足,导致施工难度增加,进度延误,甚至出现施工质量问题。

政府市政设施不完善。农户厕所改造成功的关键因素之一 ——水冲设施是必不可少的,但现实情况存在部分村无法24小时供水。主要是水利设施老化失修,许多农村地区的地下水利设施建于20世纪六七十年代,由于长期使用和缺乏维护,设施普遍老化失修,导致功能下降,无法满足现代农业生产的需要;政府投入不足,由于基层乡镇普遍存在财政困难,对地下水利设施的投入不足,导致设施的建设和维护难以得到保障。

政府采购履约、验收、监管环节存在漏洞。验收走过场、责任不明确、程序不规范、过程不公开、验收方案不合理等问题时有发生,还有部分采购项目出现没有单位去验收的现象。

究其原因:一是供应商追求利益最大化的驱动。部分供应商利用政府机关及事业单位是"公家"的特性,利用验收人员技术盲点、责任感不强,以及采购代理机构在验收环节的监管缺失等漏洞,采取降低产品质量、改动内部构造、替换中标品牌的策略,以此来扰乱政府采购流程,欺诈采购方,获取较高的经济收益。这种行为极大地侵蚀了国家利益,破坏了公正竞争的政府采购市场规则,同时也严重侵害了政府和采购方的利益。

二是合同履约能力较差。目前的政府采购活动中,时常出现供应商违背承诺、实施欺诈的行为,且这一问题日益严重。部分供应商的履约意识欠缺,在工程实施上的经验和专业技术能力有限,降低对质量的追求。个别供应商为了获取合同,会以最优的保证或低于成本的报价参与竞标,中标后为了弥补低价策略带来的损失,在施工时采取各种手段来缩减成本,如降低材料标准或以次充好。

三是行为错位,不信守合同。有些供应商在获得采购项目的执行权后,抱有侥幸心理,认为所有问题都已解决。在执行政府采购合同时,提供质量不高的产品或服务来满足采购需求,导致所采购的物品、工程和服务出现质量问题,施工延期,甚至引发安全隐患和经济纷争。这种行为不仅严重破坏了企业的形象,还对采购方造成了难以估量的经济损失,进一步破坏了政府采购市场的正常秩序,对国家利益和社会公共利益构成了伤害。

四是监督控制制度不健全。行政监督部门在执行监管任务时面临诸多挑战,其监督措施往往实施困难,且覆盖面不足。尽管财政部下发了政府采购和验收管理的指导意见作为法律依据,但在实际操作中,缺乏具体的执行细则,导致各行政监督部门在规范政府采购市场,尤其是约束采购人的行为上,缺乏有力的工具。目前,对政府采购的监督主要集中于招标投标环节,而对于采购结果的验收则关注度不足,相应的资金保障机制也不完善。

第十二节 解决农村"厕所革命"问题对策建议

一、加强宣传引导,全面提高改厕意识

乡村厕所革命属于乡村振兴与建设美丽乡村的主要内容。改厕是改观

念、改环境、改行为的一场革命,只有把农民的传统观念改变了,才能保证改厕的实施和效果。要建立健全"区(县)—镇(乡)—村"三级健康教育工作网,将农村厕所改造培训纳入工作范围;要对工作人员进行改厕核心信息和相关知识的逐级系统培训,以保证健康教育工作的开展效果。要按照各地乡村农户特色、乡村文化基础,在传统宣传媒体与宣传方式的推广下,不断开发现代新媒体方式,让乡村厕所革命与乡村厕所文化、乡村如厕文明、乡村厕所革命的"建—管—用"理论等不断深入乡村干部与乡村农户内心深处,让厕所革命的新观念、新举措、新技术、新风尚在乡村振兴中得到完善与实现。

(一)制定全面的宣传计划

政府相关部门应制定全面的宣传计划,明确宣传目标、对象和渠道。宣传计划应覆盖所有村庄,涵盖宣传材料、媒体渠道和活动计划等方面。宣传内容应针对农村实际情况,注重与农户的沟通和互动。可以利用案例、图片、视频等方式向农户展示厕所革命前后的变化,使他们能够直观地了解到改变带来的好处。

(二)宣传的传统模式

首先,充分利用新闻媒体宣传的主渠道作用,在当地广播、电视台开设农村改厕专题栏目播放公益广告、电视专题片等,让老百姓明白为什么要改厕、怎样去改厕。通过这两种方式能够将乡村"厕所革命"的精神直接下达各地镇党委、村委、村小组。其次,利用当地的报纸、杂志等纸质媒体,甚至利用印发宣传单、挂历,在上面广泛宣传厕所革命的好处。最后,利用当地区级电视台,乡镇广播、乡村有线广播,加大对新农村政策、乡村厕所革命的好人好事、新技术、新举措报道,这样就可以普及相关的乡村厕所文明的知识与下达乡村改厕的信息。

(三)现代多媒体、自媒体、融媒体的新模式

时代不断发展,信息传播高速,当今的乡村,已经不是30年前、50年前的僻壤小城。一大批返乡再创业的企业家带动新农村的飞跃发展与各项建设的进步,乡村的面貌也为之巨变。推进乡村"厕所革命",完善乡村改厕,也是乡村文明教育的重要环节。现在的农民,在经济大发展的同时,也玩起了抖音、微信等自媒体。那么,如何发挥乡村新时代农户的自媒体为乡村"厕所革命"服务,怎样让厕所文明的知识与观念深入普及老年农户,也是摆在我们乡村振兴大背景下的问题与思考。

应利用微信公众号、视频小制作、抖音视频直播,用现代多媒体、自媒体以及融媒体的多种手段,让我们的乡村振兴伟大战略与改善乡村健康、生态、环境的厕所革命落到实处,为广大乡村农户带来希望与美好。

政府部门也可以加强与社会组织的合作,与社会组织、NGO(非政府组织)和慈善机构等建立合作关系,联合进行宣传活动。这些组织通常在社区中扮演着重要角色,他们的参与可以增加宣传活动的影响力和可持续性。

(四)喜闻乐见的创新模式

根据我国大江南北、东部西部的乡村地理特色与各地乡村的风土人情,同时充分考虑乡村的人文风俗、地方文化的优势,我们采用一些喜闻乐见的新模式,进行普及乡村厕所文明的教育。比如,利用各地地方戏的方式,将厕所革命的知识与技术编成快板、小戏曲、地方戏、二人转等形式,到各个乡镇集市集中会演,让老百姓明白厕所革命的意义与要求,具体做法与改厕带来的新面貌。

深入村、组、户召开座谈会、动员会、谈心会、对比会,充分利用召开农户大会的机会进行宣传引导。树立典型,用已改厕户、村、乡镇的事例引导、带动其他群众,推动整个农村改厕工作的开展。选择一些农村地区作为示范村宣传点,给予一定的资金补助,宣传成功经验,宣传点可以展示厕所革命

的成功案例、相关政策文件、科普知识和宣传资料,吸引农户去参观和学习,从而增强农户的意识。此外,政府也可以鼓励一些家庭成为示范家庭,通过榜样效应,影响周边农户的意识和行动。

结合"亿万农民健康促进行动"和健康城市创建、美丽乡村建设等活动,广泛开展改厕宣传教育,使农村居民认识到改厕有利于净化环境、减少蚊蝇滋生、有效消除疾病传播、降低医药费用和增加收入、减少儿童辍学、提升生活品位和精神面貌,引导农民形成健康文明的生活方式,自觉支持、参与改厕工作。

二、加强专业化技术指导与支持

(一)选择专业的厕所施工队伍

为确保厕所改造工程的施工质量,可以采取两种方式进行施工队伍的选择。一种是由相关部门进行公开招标,从众多施工队伍中选择经验丰富、技术过硬的专业队伍。另一种是由培训合格的施工队伍承担厕所改造工作,他们经过系统的培训,能够熟练掌握施工技术,有效避免漏水、堵塞、发臭等问题。通过选择专业的施工队伍,能够确保厕所改造工程的施工质量,提高厕所的使用效果。

(二)对参与厕所改造施工人员进行系统培训

针对参与厕所改造的施工人员进行全面且系统的专业培训,包括对施工技术的讲解、对新型厕所设备使用方法的教授,以及对施工现场安全管理的强调。通过培训,施工人员能够掌握正确的施工技巧,熟悉新型厕所设备的使用,了解如何在施工过程中确保安全,确保改造工程的顺利进行。

(三)加强施工现场的监督和检查

在厕所改造工程的施工过程中,须加强对施工现场的监督和检查。包括对施工进度、施工质量、施工安全等方面的全面把控。建立定期巡查制度,对施工现场进行定期的检查和评估,及时发现问题并进行整改。区级部门应组建一个由改厕专家组成的检验鉴定团队,对厕具、化粪池及建设成果进行专业检验鉴定,从源头上控制材料质量,为改厕工程的顺利进行提供有力保障。

三、多举措保障资金投入

(一)整合各项乡村振兴资金

当前,农村地区正大力推进多项工程,包括脱贫攻坚、人居环境改善及"厕所革命"等,各类项目交叠之处颇多。政府有必要对各种涉农资金进行集约化整合,并做出科学的规划,以防止不必要的重复投入和混乱建设,从而提升资金使用效率和效益,确保"厕所革命"的顺利实施。比如,广东省已出台了《广东省涉农资金统筹整合实施方案(试行)》,明确规定要加强同类性质、功能相似的涉农资金的协同使用。

(二)加大金融支持力度

通过实施抵押补充贷款策略,激励国家开发银行和农业发展银行等金融机构在法律许可范围内提供有效的信贷支持。推动中国农业银行和中国邮政储蓄银行等商业银行业务扩展,增大贷款额度,以助力改善农村生活环境。对于经济效益显著且运营市场化的农村基础设施关键项目,鼓励进行股权和债权融资。例如,安阳市汤阴县成功获得了省国开行提供的专项融资贷款支持,有效整合了多种农业相关资金,成功发行了"厕所革命"专项债券。值得一提的是,汤阴县居民的积极参与和自愿支付也为解决资金难题提供了有力支持。这些举措共同为汤阴县的"厕所革命"提供了坚实的资金保障,推动了项目的顺利实施。

(三)多样化筹集资金

各地区的"厕所革命"进程中,资金主要依赖于地方政府。然而面对当前地方政府财政压力和经济负担的不断攀升,农村的"厕所革命"策略应当逐步过渡到以社会资本推动为主导。现行的公共政策实施需要政府引入社会资本,激发各类企业投身于社会民生工程的建设之中。作为乡村振兴战略的关键组成部分,厕所革命扮演着至关重要的角色,尽管卫生厕所和污水处理设施的建设不具备直接的经济效益,但政府可以将此类项目视为一种策略性的"入场券",与诸如道路建设等其他基础设施工程相结合,打包成综合性项目进行整体招标,以此激发私营企业的参与意愿。同时,公益基金会及各地环境保护机构也应考虑将注意力扩展到广大农村地区,通过提供资金、专业技术或人力资源,协助减轻政府在这些领域的负担。

四、落实长效管护机制

厕所问题之所以难以解决,是因为解决厕所问题,绝非建设标准化厕所那么简单,其背后是与污水处理等基础设施建设相关的国家建设能力、与城市空间安排相关的规划能力、城市处理能力等,本质是国家能力的体现。

(一)推进运行管护市场化建设

着力构建一个以第三方管理为主导的新型农村厕所污水垃圾处理体系。这一体系旨在从多个维度强化专业管理和市场化运作,确保处理工作的高效与规范。对农村厕所的投融资、建设和运维策略进行全面优化和重构,将政府服务采购与公私合作(PPP)模式相结合,激发农村厕所污水和固体废物治理的市场化运营活力。采取多种激励措施,如提供投资补贴、减免贷款利息和担保补贴等,降低社会资本的投资风险,吸引更多资本积极参与农村厕所的建设运营工作。大力推广环保服务公司、基础设施经营企业及公益性团体等参与其中,共同承担农村厕所的投融资、建设和运维任务。同时,实行"养护认领、托管服务、建设养护一体化"等创新模式,确保厕所改造后的管理和维护工作顺利进行,以保持农村厕所的清洁并实现可持续运营。

(二)健全专业化管护机制

坚持"先建机制、后建工程"和"三分建、七分管"的原则,建立一套有制度、有标准、有队伍、有经费、有督查的农村厕所长效管护机制。一是采用市场化运营模式,由运维公司统一服务管理,覆盖所有村庄,群众可通过打电话或扫二维码等方式报抽、报修,工作人员及时处置响应,广泛接受群众监督。

二是建立健全维修服务机制。在保修期限和保障范围内,应采取中选企业的维修策略,提供免费的维修服务或零部件替换。超出此范围时,可在本地乡镇设立维修服务中心,或按乡镇设立维修站点,并寻求上级行政区的补助支持,以保证维修服务的高效及时性。

三是构建全方位的粪污清运机制十分关键。应根据地方特色,考虑采取以村庄集体为中心的清运方式、"乡镇监管+服务站"模式,或是采取市场化运营策略,以确保厕所粪污清理服务的充分供应。此外,应深化优化农村厕所粪污的处理和利用策略,以期达成资源高效利用的目标。

四是加强和完善农村厕所粪污处理及利用的相关措施。根据农村厕所的类型、供水条件和排水设施的具体情况,提出可行的污水处理方案。在保证厕所达到无害化处理的情况下,要提倡多样化的战略,如整合利用,就地转化和农牧业循环等方式,以适应农村的绿色农业发展和农户经济状况,推动农村厕所废物处理和再利用的模式创新。此外,鉴于部分农村地区粪污无法就近处理的现实,建议构建多村联建的集中储粪池,以实现统一管理,避免粪污乱倒造成的环境问题。倡导专业化企业参与粪污的资源化利用,推行有偿服务模式,以推动厕所粪污的无害化处置和资源化利用,实现环境效益与经济效益的双赢。

五是监管智能化,运用智能监管平台,构建业务协同、信息共享的数字管理体系,实时监测"五项机制"运行状况。所有粪污转运车辆全部安装定位系统,每座粪污处理站均加装 24 小时监控设备,实现了轨迹能寻、作业能查。

(三)明确农户管护责任与义务

加强对农村卫生户厕的日常管护是减少问题出现几率的基础,而农户既是卫生户厕的使用者又是其日常管护的责任者。要引导农户主动承担起厕室与化粪池及排气管的日常管护职责,精心使用和维护户厕设施,随时发现和解决自身力所能及的小毛病、小问题,避免视而不见、任其发展。

(四)加大对农村供水系统的投入和建设力度

通过修建储水设施、完善管道网络等措施,确保每个村庄都能够获得充足的供水,为厕所提供必要的卫生环境。同时,还应加强对供水系统的维护和管理,确保其稳定运行,为村民提供持续、安全的用水保障。

五、做好后续整改

(一)将摸排整改作为一项重要日常工作

农村户厕问题摸排整改是厕所日常维护的一项重要内容,乡镇村必须经常抓、时时抓。一是要建立健全农村户厕问题摸排整改制度,明确摸排范围与频次、信息收集与反馈、整改主体与时限、摸排整改保障措施等关键内容。二是要将农村所有在用户厕全部纳入摸排范围,做到全覆盖、无遗漏。三是集中摸排与随时收集问题信息相结合,至少每半年(3—4月和9—10月)进行一次集中摸排,平时乡镇与村均要有人收集问题反馈信息。四是建立农村户厕问题摸排整改台账,清晰呈现问题点位、整改主体和完成整改时间等信息。

(二)多途径推动户厕问题整改

推动农村户厕问题整改是复杂而艰巨的任务。一是目前仍要按照"谁施工谁整改""谁损坏谁修复"的原则确定问题整改主体,依此原则仍无法确定整改主体的,由乡镇或村负责兜底。二是整改责任应由农户自行承担的,要及时予以明确告知;应由公司、施工队承担的,政府负责沟通并督促落实。三是一般性问题,应在7日内完成整改;较复杂问题,应在15日内完成整改;因特殊情况一时无法整改到位的,要向农户予以说明,并制定进一步整改措施。

(三)畅通农户身边的诉求渠道

村镇是收集户厕问题的责任主体,也是推动问题整改的主角。一是立足"就近别求远",告知农户村委会、乡镇政府的相关联系电话,引导农户有问题优先向本村、本镇反映。二是要主动收集相关舆情,加强日常动态研判,及时或超前做好疏解、安抚工作,切实解决好农户的合理诉求。

附录A　问卷调查

村民朋友,您好!

　　为了客观、准确地了解A镇农村厕所革命使用情况以及农户对厕所的期望,特开展此次问卷调查工作。问卷以不记名的方式进行,仅供统计研究使用。请根据您日常生活中的真实想法和实际情况来答复,谢谢您对我的大力支持!

一、基本情况

1.您的身份类别?

□农户　　□厕所革命工作人员　　□其他

2.您的性别?

□男　　□女

3.您的年龄?

□18岁以下　　□18—60岁　　□60岁以上

4.是否属于常住人口?【如选B,请跳至6题】

□常住人口　　□非常住人口

5.若属于常住人口,您家常住人口数?

□3人以下　　□3—5人　　□5人以上

6.您家是否设有独立的厕所?

□是　□否

7.您家现在的厕所类型为?

□蹲便式卫生厕所　　□坐便式卫生厕所　　□旱厕

□卫生厕所与旱厕并存

8.您家清理厕所的主要方式?

□随意排放　　□人工挑粪　　□专用车清理　□不清理

9.在使用厕所的过程中是否遇到过以下不便?(多选)

□夏天蚊虫多,如厕易被叮咬　　□冬天气温低,容易滑倒

□异味大　□垃圾堆积难清理　　□照明设施差存在安全隐患

□老人和小孩如厕存在安全问题　□其他

二、"厕所革命"相关工作了解情况

10.您对"厕所革命"这项工作是否了解?【如选C,请跳至13题】

□了解　□简单听说过　□完全不了解

11.您通过什么途径了解相关政策?(多选)

□政府村村通广播　□村委会的公告栏　□村级微信工作群

□工作人员宣传　□其他途径

12.就您了解,您村"厕所革命"推进过程中,采取的方法有哪些?(多选)

□ 综合考虑地域特性,为每个农户定制适合的农村厕所粪污处理方案

□ 加大宣传教育力度,引导农户转变传统观念,积极探寻既可行又持久的厕所改造与利用策略

□ 对各类农村厕所粪污处理方法及污水处理设施进行实地调研,深入

了解厕所改造工程的费用、运营维护成本以及处理流程等详细信息

□ 多方治理,将厕所革命同农村人居环境整治、乡村振兴、全域旅游和推进生态文明建设结合

□ 不清楚

三、"厕所革命"参与情况

13.您家厕所是在哪年改造的?

□2015年以前　□2015—2019年　□2019年以后

14.您愿意参与"厕所革命"的原因?(多选)

□美观　□安全　□使用方便,卫生整洁

□有利于保护环境　□政府有补贴　□政府的强制推动

15.您家厕所改造的资金主要通过哪些渠道获得?(多选)

□政府全部出资改造　□政府部分出资改造

□自己出资改造　□其他

16.您家厕所改造所用厕具来源有哪些?(多选)

□政府全部购买　□政府部分购买　□自行购买　□其他

四、"厕所革命"满意度

17.您对"厕所革命"改造后的厕所是否满意?

□非常满意　□比较满意　□一般　□不太满意　□非常不满意

18.您感觉厕所改造后给您带来的最大的好处是?

□干净美观　□蚊虫减少　□方便安全　□用水量减少　□其他

19.您对本村粪污的处理方式是否满意?

□非常满意　□比较满意　□一般　□不太满意　□非常不满意

20.您所在村厕所粪污处理问题有哪些?(多选题)

□粪污排放处理　□建设集中粪污处理设备

□粪污无害化处理　□其他

21.当您家的厕所出现故障时,您通常是如何进行处理的?

□自己维修　□找专业施工维修队伍

□村中有专人负责维修　□还未出现故障

22.您对于目前所使用的厕所的维护和管理服务是否感到满意?

□非常满意　□比较满意　□一般　□不太满意　□非常不满意

23. 您认为厕所的后期维护工作是否需要自己亲自参与(包括粪便清理,基础维护等)?

□应该参与,毕竟这是自己日常使用的设施

□不应该参与,应该由施工单位或村集体统一维护

24. 村庄实行了厕所革命,对村庄的环境改善有没有促进作用?

□是　□否

25.您对A镇的农村"厕所革命"推进过程中采取的方法是否满意?

□非常满意　□比较满意　□一般　□不太满意　□非常不满意

26. 您认为在农村厕所改造与利用方面还存在哪些问题和挑战? 您有什么建议或想法来解决这些问题呢?

感谢您耐心参与本次问卷,调查至此结束。

附录B　访谈提纲

您好,本次访谈主要是围绕A镇各村"厕所革命"情况展开,您的观点将为研究工作提供重要信息,请按照您的实际感受进行回答,感谢您的配合!

1.在您看来,什么是"厕所革命"?

2.您所在村对"厕所革命"的宣传是什么形式?

3.您所在村是如何进行厕所改造的? 都改了哪些内容?

4.您觉得厕所改造效果怎么样?

5.您认为传统的旱厕和现在的卫生厕所哪个使用更方便?

6.您认为政府对厕所改造的补助资金是否够用? 如果不够用,您认为应该补贴多少?

7.您所在村厕所管护机制落实情况如何? 是否满意?

8.您对A镇做好"厕所革命"后续工作有何意见建议?

非常感谢您的参与,您提出的问题和可行性措施我们将反馈到A镇相关部门,期待未来有更好的解决措施。

第四章　乡村高龄老人养老服务观察

第一节　做好乡村高龄老人养老服务的重要意义

一、研究背景

2020年第七次全国人口普查结果显示,与2010年第六次全国人口普查相比,城镇人口比重上升14.21个百分点。流动人口大幅度增加,与上一次人口普查相比,增加了88.52%。在年龄结构方面,60岁及以上的人口占18.7%,65岁以上人口占比13.5%,而0—14岁的人口占17.95%。根据2010年第六次全国人口普查数据,我国人口的平均预期寿命已经达到了74.83岁。第七次人口普查数据显示,城市80岁以上的高龄老人占人口比重2.09%,而农村80岁以上的高龄老人占人口比例为5.31%。

分析人口普查的数据结果,可以发现以下问题:

第一,城镇人口比重上升表示我国的城镇化、现代化发展有了显著成果,但是人户分离的流动人口大幅度增加会导致各项社会资源倾向城市,而农村所分配到的社会资源数量少、质量差。

第二，老年人人口比重超过了青年人，尤其是欠发达地区，青年人比重低于全国平均水平，但老年人人口比重却高于全国平均水平。说明人口外流严重，年轻人选择在发达地区成家立业，将父母留在原籍。这样的选择导致了大量的"空巢老人"，这样的现象在农村尤为常见。

第三，平均预期寿命逐年增加，高龄老人比重加大，60岁人口超过总人口10%，65岁以上人口超过7%，按照国际惯例，我国已步入老龄化社会，老龄化社会所面对的各项社会问题都会逐渐浮现。在老龄化社会中，生产效率较低、子女赡养负担加重、社会养老费用增加。

第四，农村的高龄率远高于城市，但是农村的养老服务却与城市相较甚远，巨大的城乡差距，使得农村的高龄老人无法得到与城市高龄老人一样高质量的养老生活。

在社会老龄化的背景下，养老问题已经成为亟待解决的社会问题。"十三五"期间，党和国家已经高度重视养老服务工作，在各地因地制宜开展改革试点，全国有两批共49个试点城市，在此期间已经取得了一定的成就。"十四五"时期，党中央把积极应对人口老龄化上升为国家战略，2022年2月，国务院印发《"十四五"国家老龄事业发展和养老服务体系规划》，此项规划提出了我国的养老服务工作所面临的问题，其中一点就是农村养老问题。

F镇属于经济欠发达地区。由于经济、教育、医疗等资源城乡分配不均衡，年轻人大多外出工作，农村的常住人口基本以老年人为主。在这样的现实情况下，农村地区的养老问题显得尤为突出。身体健康的低龄老人可以依靠自己生活基本自理，但是高龄老人的养老问题困扰着以外出务工子女赡养为主的农村人。

本章以F镇为例对农村高龄老人养老问题进行深入研究，从实际出发，探讨现行养老制度在农村地区的高龄老人中实际应用的情况，发现问题，研究可能的解决方案。希望通过本书从农民、政府等不同角度为农村高龄养老服务体系建设添砖加瓦。

二、研究意义

(一)理论意义

一方面,国内学者对农村地区养老问题的研究由来已久,主要研究养老保障制度变革、养老服务体系优化、社会养老或居家养老等养老方式的选择、养老政策变化对经济、社会、伦理等各方面的影响、现阶段农村地区养老的现状分析等内容。本书着重研究F镇现阶段农村高龄老人养老服务所面临的困境,和各项政策制度在落实中面对的实际问题,从而充实对不同地区、不同阶段养老问题的研究。

另一方面,学者们对农村养老问题的研究通常基于替代效应、供需理论、同群效应、制度变迁理论等,建立一个满意度、需求或者成本模型,通过实证方法得出结论。本书以F镇为例,基于公共产品、福利多元主义和协同理论,通过走访调查和访谈等方式,发现当前农村地区高龄老人养老服务的薄弱环节,为我国农村地区养老问题的研究提供支持。为之后深入地研究建立一定的基础。

(二)现实意义

第一,养老问题本身属于民生大计,事关群众的切身利益,而农村养老直接关系到国家保证农业基础的大政方针。研究农民的养老问题,提出可行性建议,强化制度、政策落实的有效性,不仅对本地区农村养老相关政策制定有参考意义,对华北地区同样处于经济转型发展的省份有借鉴价值。

第二,农民属于弱势群体,尤其是农村的高龄老人,解决他们的养老问题,不仅保障了农民本身的利益,也消弭了一部分社会矛盾。信访一直是令各级政府"头痛"的问题之一,解决好农民的养老问题,消除他们的后顾之忧,可以在一定程度上化解一部分信访矛盾。有利于社会稳定,也可以减少每年各级政府在化解信访矛盾上的支出,优化资源配置。

第三,很多学者都在探讨有关"家庭养老"和"社会养老"的优劣和两者的社会配比,但是现实中,农村养老依然以家庭养老为主,低龄老人依然是劳动力,可以自给自足,但是高龄老人都是随子女生活,甚至要依靠自己的孙辈照顾,"养儿防老"的观念深入人心,年轻人可能不只要赡养自己的父母,甚至祖父母,巨大的经济压力和生活压力迫使年轻人回乡发展或者家中老人移居城市。城镇化进程中发展"家庭养老"和"社会养老"相结合的模式必须认识到现阶段农村高龄老人养老所面临的困境,制定针对性、有效性的措施,有效推进农村高龄老人养老服务城镇化。

第四,农村地区有浓厚的"孝文化"氛围,代表着中华民族的孝文化,孝子辈出,传播"孝文化"的文物古迹不胜枚举。在"二十四孝"中舜帝孝感动天、董永卖身葬父、汉文帝亲尝汤药等脍炙人口的故事均发生在农村地区。在这样的历史传承影响下,家庭养老几乎是必然的选择,尤其在农村。但是随着城镇化进程加快,外出务工、外出上学也几乎成为必然选择。居住在农村的老人,尤其是不能或不愿随子女到城市居住的高龄老人,如何保证自己的养老质量,子女应该承担多少责任,政府及公共部门应该利用政策工具提供必要的公共服务,不断完善、健全相关的制度措施,从而提高这部分弱势群体的生活满意度,解决高龄老人的养老困难,也有助于我们在全社会大力弘扬"孝文化"。

第二节　文献综述

一、国内相关文献

国内有关农村地区养老问题的研究很多,但是很少有专门针对农村高龄老人的养老问题研究。国内的研究主要有养老制度研究、养老模式研究、养老服务研究、地区养老服务体系创新研究和特殊人群养老研究。

（一）关于"新农保"制度的研究

研究农村养老问题首先提到的就是新型农村社会养老保险制度，简称"新农保"制度。"新农保"于2009年9月开始全国第一批试点，接下来三年内又新增了三批试点，在2012年底覆盖全国。国内学者对该制度的研究自开始实施试点以来就从未停止，基于大量的数据进行整理分析，一方面研究"新农保"制度实施过程提高参保率问题，另一方面研究"新农保"制度给农民自身和社会带来方方面面的影响。

张川川等认为在政策宣传时要向目标人群倾斜，因为在其研究中发现农村居民的参保意愿受到同村其他居民的显著影响，尤其是男性居民的示范效应更为显著。[1]陶东杰等认为要发挥宗族网络的非正式保险功能，推进新农保制度与宗族网络之间的协同，研究发现宗族网络越强，村民的参保率越低，参保意愿越弱。[2]马红鸽通过研究发现46—60岁年龄的参保积极性最高，身体健康状况处于两个极端的人群参保意愿最弱，社会信任度越高，参保率越高。[3]这三个观点在笔者的实际工作中都得到了现实的印证，参保基本以家庭为单位，是否参保和参保档次也基本以同宗为标准，越稳定的村，参保率越高。

张晔等通过对中国老年健康影响因素跟踪调查2008—2011年两期面板数据进行分析，发现新农保制度对西部地区的老年人养老质量有显著正面

① 张川川、朱涵宇：《新型农村社会养老保险参与决策中的同群效应》，《金融研究》，2021年第9期。

② 陶东杰、王军鹏、赵奎：《中国农村宗族网络对新农保参与的影响——基于CFPS的实证研究》，《湖南农业大学学报》，2019年第6期。

③ 马红鸽：《个人禀赋、社会信任与新农保参与研究——基于新农保参与过程选择的视角》，《统计与信息论坛》，2016年第3期。

影响,但是对农村老人这一群体的养老质量差距缩小没有明显作用。①解垩的研究结果表明"新农保"对农村总消费及耐用品消费存在正向激励,但非耐用品消费几乎没有作用,此外,对农村老年人的劳动供给也没有影响。②随淑敏等研究发现参保初期各项福利促进了参保居民对地方政府的信任,但是从长期来看由于居民的期望保障水平与实际有所差异,这种福利效应对政府信任度的正面影响有限。③现有的农村养老金发放水平还有待提高,所以在农村该项制度虽然深入人心,但是对农村老人和农村社会发挥的正面影响有限。

（二）关于农村养老模式的研究

国内学者对农村养老模式的研究主要集中在两方面,一方面是研究社会养老对家庭养老的替代作用,另一方面是研究新型互助养老模式的可行性。

程令国等利用中国老年健康影响因素跟踪调查的数据,系统评估了新农保对农村养老模式的影响,其结果表明新农保制度对推进社会养老有促进作用,但是并未从根本上改变农村家庭养老模式。④随后,张川川等也通过实证研究发现,"社会养老"对传统"家庭养老"模式存在一定程度的替代,但替代效应并不明显。⑤陈芳等通过对苏北某县的调查,研究认为在欠发达

---

① 张晔、程令国、刘志彪:《"新农保"对农村居民养老质量的影响研究》,《经济学》,2016年第1期。

② 解垩:《"新农保"对农村老年人劳动供给及福利的影响》,《财经研究》,2015年第8期。

③ 随淑敏、彭小兵、肖云:《"新农保"的福利效应与地方政府信任》,《经济理论与经济管理》,2021年第1期。

④ 程令国、张晔、刘志彪:《"新农保"改变了中国农村居民的养老模式吗?》,《经济研究》,2013年第8期。

⑤ 张川川、陈斌开:《"社会养老"能否替代"家庭养老"——来自中国新型农村社会养老保险的证据》,《经济研究》,2014年第11期。

地区社会养老才是农村养老最好的选择。①这些学者认为应该进一步完善新农保以便于推广社会养老模式,增加社会养老在农村养老中的比重。与此同时,杨政怡基于中国5省1600位农村居民的问卷调查认为,家庭养老不能被社会养老完全取代,家庭养老的部分功能社会养老并不具备,因此在推进社会养老建设的同时也要突出家庭养老的重要性,提出两者互补而非替代。②

贺雪峰则认为基于完善村庄建设的互助养老是低成本、高质量的养老模式。低龄老人自愿服务于高龄老人,既有情感维系,又节约成本可持续,为我国应对老龄化挑战提供了战略选择。③刘妮娜提出"互助型社会养老服务"概念,通过论证得出结论,与发达的城市和农村相比,欠发达地区更适合发展互助养老。④纪春艳提出了互助养老面临认同度低、责任风险高、经营困难、执行敷衍、质量差的问题,并有针对性地提出相关建议。⑤

(三)关于农村养老服务体系供给的研究

国内学者对农村养老服务的理论研究不多,在中国知网上有关农村养老服务的期刊论文共有227条索引结果,其中刊登在核心期刊上的只有28篇。国内对养老服务的研究主要侧重于供给方向,结合当前的现状及政策,提出对未来发展的建议。

---

① 陈芳、方长春:《家庭养老功能的弱化与出路:欠发达地区农村养老模式研究》,《人口与发展》,2014年第1期。
② 杨政怡:《替代或互补:群体分异视角下新农保与农村家庭养老的互动机制——来自全国五省的农村调查数据》,《公共管理学报》,2016年第1期。
③ 贺雪峰:《互助养老:中国农村养老的出路》,《南京农业大学学报》,2020年第9期。
④ 刘妮娜:《欠发达地区农村互助型社会养老服务的发展》,《人口与经济》,2017年第1期。
⑤ 纪春艳:《新型城镇化视角下农村互助养老模式的发展困境及优化策略》,《农村经济》,2018年第1期。

　　曲顺兰等提出当前我国的农村养老服务研究过多地依靠西方理论,基于乡村振兴战略视角我们应该构建有中国特色的研究理论。[①]韩沛锟等认为当前的农村养老服务有了新的进步,多元主体和资源发挥了重要作用,但供需矛盾依旧突出,设施陈旧,服务不足,行业后续发展乏力,因此需要健全体系,加强农村养老基础设施建设和监管体系建设。[②]

　　有关供给方面的研究相对更多。张世青等主要探讨了在农村养老服务供给过程中政府应该承担的责任。作者通过对山东省农村养老现状及困境进行分析得出了结论:政府在农村养老服务的供给中应该重于家庭和民间资本。[③]于书伟认为社会变迁带来了养老模式改变和养老诉求差异化,家庭养老供给能力弱化但是居家养老模式依然是老年人的首选,因此要推动居家养老模式的发展,提供差异化的养老服务供给。[④]陈静认为在新型城镇化背景下,养老服务模式将从传统的家庭模式向社会化模式转变,政府主导、家庭先行和多元参与的社会化养老服务供给模式将成为基于现实的必然选择。[⑤]宋海霞同样认为当前养老服务供给中面临的困境:家庭供给不足,政府供给不足,此外市场供给也存在失效问题。因此我们要构建多元化协同性供给体系。[⑥]

---

　　① 曲顺兰、王雪薇:《乡村振兴战略背景下农村养老服务研究新趋势》,《经济与管理评论》,2020年第2期。

　　② 韩沛锟、程瑶瑶:《农村养老服务:需求、政策实践与发展展望》,《学习论坛》,2021年第3期。

　　③ 张世青、王文娟、陈岱云:《农村养老服务供给中的政府责任再探——以山东省为例》,《山东社会科学》,2015年第3期。

　　④ 于书伟:《农村养老服务供给侧结构性改革的困境及对策研究》,《求实》,2018年第4期。

　　⑤ 陈静:《新型城镇化背景下农村养老服务供给模式研究》,《农村经济》,2016年第6期。

　　⑥ 宋海霞:《农村养老服务供给侧结构性改革的困境及思路》,《农业经济》,2021年第2期。

除此之外,国内学者研究农村养老服务时大多会提到"医养结合"的概念,但是受限于目前农村村级卫生所的医疗条件,农村的"医养结合"依然是纸上谈兵。现有的研究中基本认同农村养老服务体系需要政府、家庭、社会三方协同合作,但是在这过程中哪一方占据主导地位尚无定论。

(四)关于不同地区农村养老服务体系创新的研究

为了探索养老政策的差异化表现,国内学者对全国不同地区的农村养老问题进行了个案研究。由于各地的文化差异和经济发展水平不均衡,少数民族地区与汉族聚集地区、发达地区与欠发达地区的农村养老服务体系建设进程不同。

白维军认为由于民族地区公共服务半径大,导致在供需和投入方面具有特殊性,当前的民族地区养老政策缺乏流动性,需要针对民族地区创新公共服务理念,构建一个具有完整性、流动性的民族地区农村养老保障服务网络。[1]严丹以新发展理念为指针健全民族地区农村养老公共服务体系,提出当前民族地区农村养老服务体系是以供给为导向,被动接受服务不仅导致群众满意度不高而且效率低下,是对资源的严重浪费。因此,我们要建立以需求为导向的农村养老服务体系。[2]当然,民族地区农村养老也有与非民族地区相同的研究,在家庭养老短时间内无法被替代的情况下,如何探索适合当地的家庭养老与社会养老相结合的模式也是学者们的重点研究方向。

许斌通过对苏州全市67个乡镇的调查指出现有的农村养老服务体系不健全,受传统观念影响,养老院资源闲置等问题,提出争取福彩、社会慈善公

---

① 白维军:《流动公共服务视角下的民族地区农村养老保障服务创新》,《内蒙古社会科学》,2014年第2期。

② 严丹:《以五大发展理念为指针健全民族地区农村养老公共服务体系》,《理论与改革》,2016年第6期。

益资金和成功企业家资金支持,发展完善农村养老院。[①]孙传明等认为在科技时代可以发挥科技的力量,智慧养老已经在浙江、山东等发达地区开始实施,农村地区尤其是欠发达地区的农村受发展条件限制而被边缘化,下一步要积极完善农村互联网普及,让智慧养老也可以在农村落地生根。[②]无论是像苏州这样的发达地区或是安徽安庆这样的欠发达地区,农村养老均面临幸福度不高,老年人对养老机构心存芥蒂,养老院运行不善等问题,但是由于基础设施建设水平不同,发达地区比欠发达地区的农村养老需求高一层级,前者比后者有更多精神需求。

(五)关于农村特殊人群养老服务的研究

在农村高龄老年人的养老问题中,比较困难的有两类:空巢老人和失能老人。按照中国老龄协会的相关统计,全国空巢老人约占老人比例的50%,而农村空巢老人比例高于50%。在老龄化社会中必然存在大量的半失能、失能老人,而失能老人的养老比健康老人提出了更多的要求,也面临更多困难。

姚虹等根据恩施土家族苗族自治州农村空巢老人的实地调查数据,利用二项Logistic回归模型进行分析,认为农村空巢老人对医疗服务的需求最多,其次为精神方面,最后为生活照顾,在需求强度方面,与非空巢老人有较大的差异。[③]史金玉认为农村空巢老人养老问题的根源是农村经济发展的滞后,城乡发展不平衡导致的。因此要发展农村经济,平衡城乡经济发展差距,提高农村空巢老人对养老服务的需求,同时推进养老服务供给数量与水

① 许斌:《农村地区互助养老模式的应用研究——以江苏苏州为例》,《商业经济研究》,2016年第4期。

② 孙传明、张海清:《留守背景下农村养老问题研究——以安徽省安庆市一个自然村为例》,《山西农业大学学报》,2020年第6期。

③ 姚虹、向运华:《健康状况、空巢原因与社区居家养老服务需求——以恩施市农村空巢老人为例》,《社会保障研究》,2018年第1期。

平的提高。①2021年12月9日民政部养老服务司负责人李邦华在答记者问时提道,对农村留守老年人关爱服务提出了要求,一是空巢老年人,将是优先照顾的政策对象;二在农村养老服务中把空巢老年人作为重点服务的对象。

张志元等认为我国推进农村失能老人居家养老服务快速发展,需要积极发展居家养老服务多元供给主体。整合政府和社会的力量,调动社会组织、企业、社区和志愿者的积极性,实现农村失能老人居家养老服务多元参与供给主体间的优势互补。②汪三贵等通过对江西省X县进行案例研究,发现失能老人表现出三重脆弱性:一是经济脆弱,二是生理脆弱,三是社会脆弱,在政府引导下进行资源、技术及制度的协同治理,实现对失能老人经济、健康和社会三方面赋能。③

(六)关于高龄老人养老的研究

专门针对农村高龄老人养老服务的研究较少,国内学者对于高龄老人的研究主要集中在探讨"互助养老"模式的可行路径和居家养老服务优化方面。

刘文婧通过对农村困难老人养老服务优化路径的研究提出,互助养老的前提是有持续不断的低龄老人作为人力资本,这样的互助机制若要形成稳定的互助意识和行为需要大量的物质资本和社会资本,这对于欠发达的农村地区并不友好。④刘景琦通过对老旧小区互助养老模式研究,认为在社

---

① 史金玉:《新型城镇化下农村空巢老人养老困境》,《农业经济》,2020年第6期。

② 张志元、郑吉友:《我国农村失能老人居家养老服务多元供给思考》,《河北经贸大学学报》,2018年第5期。

③ 汪三贵、张梓煜:《协同赋能:农村失能老人养老服务供给研究》,《湖南农业大学学报》,2022年第1期。

④ 刘文婧:《能力约束与需求偏好:农村困难老人生活样态与养老服优化路径研究——以蒙东林县为例》,《兰州学刊》,2024年第3期。

区的指导下成立志愿组织,可以弥补高龄老人养老服务的短板,也可以发挥低龄老人的社会价值。①袁志刚等学者探讨了时间银行在互助养老中的应用,他主张重建责任优先理念才能把握时间银行的核心。陈友华认为目前我国还不适宜用时间银行的概念解决养老难题。孙秀林提出在乡村构建互助养老群体的提议。②王进文等学者则对农村的互助养老进行了可行性研究,提出资源整合、空间开拓、模式认知等方面的不足影响了农村互助养老的效果,因此要采用多种柔性手段解决农村互助养老困境。③聂建亮等学者通过对陕西地区的问卷调查,最终认为农村老人参与互助养老的意愿受血缘信任影响不明显,但是受地缘信任影响显著。④

贺小林等通过对城市高龄老人居家养老照护服务进行潜在类别分析,认为高龄老人对该服务的需求有明显的多元复杂性,受个体健康和家庭影响显著,下一步要推进"医养结合"服务。⑤程雅娟等通过对北京某社区高龄老人进行问卷和访谈的方式进行调查,分析了高龄老人居家养老健康管理需求,认为现有的社区卫生服务机构未能满足高龄老人的服务需求,不仅需要基层卫生服务还需要更多的适老化改造。⑥陈宁等通过实证分析证实了高龄老人相对而言健康状况不佳,农村高龄老人的自我照料高于城市,且农

① 刘景琦:《动员式参与:老旧小区互助式养老模式的运作机制》,《兰州学刊》,2020年第3期。

② 袁志刚、陈功、高和荣等:《时间银行:新型互助养老何以可能与何以可为》,《探索与争鸣》,2019年第8期。

③ 王进文、刘琪:《迈向老年群体本位的农村互助养老:何以可能与如何可为》,《理论月刊》,2021年第7期。

④ 聂建亮、唐乐:《人际信任、制度信任与农村老人互助养老参与意愿》,《北京社会科学》,2021年第5期。

⑤ 贺小林、梁燕:《城市高龄老人居家照护服务利用与政策优化:基于群体差异的潜在类别分析》,《上海行政学院学报》,2023年第4期。

⑥ 程雅娟、王尚才:《高龄老人居家养老健康管理需求及制约因素研究》,《中国医药》,2021年第3期。

村高龄老人的照料集中在家庭内部。并提出要逐步提升社会化照料服务与高龄老人需求之间的匹配度。[①]曾雁冰等学者通过对高龄老人的养老服务需求影响因素进行研究,得出结论:高龄老人养老服务供不应求,尤其是起居照料和精神慰藉等方面。[②]

二、国外相关文献

由于各个国家的社会制度不同,养老保险制度也有所区别,比如对不同的养老保险制度产生不同财政支出进行研究。此外,对失能老人的养老问题研究侧重不同,国外学者更侧重于老人的护理问题,近年来提出的"医养结合"养老模式与之类似。但是对于社保类的参与率问题,国内外学者都进行了深入研究。

基于政治、经济、历史和文化等原因,目前世界上的农村养老保障模式大致分为三种。社会保险型,以美、德等市场经济发达的国家为代表;福利保险型,以英国、瑞典等欧洲福利型国家为代表;储蓄保险型,以新加坡、智利等中等发达国家为代表。

社会保险型模式强调了个人缴费在养老保障过程中的主要地位,国家和社会给予一定程度的补贴;福利保险型模式将个人的养老保障缴费义务进行弱化,甚至个人无需缴费,这种模式存在于高收入、高素质、高效率的国家,减少了个人负担的同时增加了国家财政负担;储蓄保险型模式强调的是个人缴费在养老保障中的绝对地位,政府只负有监管责任,没有二次分配的

---

① 陈宁、石人炳:《中国高龄老人照料资源分布的变动趋势及照料满足度研究——基于CLHLS2008—2018年数据的实证分析》,《学习与实践》,2020年第7期。

② 曾雁冰、林晨曦、张加会等:《高龄老年人养老服务需求及其影响因素分析》,《中国卫生统计》,2020年第4期。

社会功能。①

(一)农村养老保险制度与公共财政的关系

国外的研究方向主要是非缴费型养老保险制度模式及其对应的财政支出,重点针对公共养老保险制度本身的财政可持续性及其制度所造成的影响等问题。Lin认为,非缴费普惠型基本养老保险在发展中国家实行越来越广泛,截至目前实行该模式的发展中国家已有三十余个。这不仅有效防止了老年弱势群体受到长期贫困的困扰,还减轻了整体贫困的严重程度。②Dumiter等对欧盟国家对农民养老金财政支出的补贴额状况进行了详细分析,最终得出结论:公共财政对于公共养老金制度理应存在一个最佳支出规模,但是这一最佳支出规模的详细情况并没有最终结论。③

(二)失能老人护理研究

国外对失能老人的护理研究体现在很多方面。Magilvy JK等关注提供护理服务的医生,他认为部分农村地区执业医生较少。生活在人口稀少和地理位置偏远的农村地区的老年人往往无法获得家庭服务、临终关怀和成人日托服务。④Heather M. Y.认为家庭和社区服务旨在帮助老年人安全地居住在家中和社区,而不是进入长期护理机构中。⑤CHEN Y. M.认为当公共财

---

① 张悦玲、解聪:《国外农村养老模式有何特色》,《人民论坛》,2017年第1期。

② LIN H. C.,Tanaka A., WU P. S., Shifting from pay-as-you-go to individual retirement accounts: A path to a sustainable pension system, *Journal of Macroeconomics*,2021.

③ Dumiter F. C., Jimon A., Balte N., Macroeconomic Impact of Pension System Upon Private Pension Funds Scheme. Empirical Evidence from Central and Easte Countries, *StudiaUniversitatis "Vasile Goldis" Arad-Economics Series*, 2021.

④ Magilvy J. K.,Congdon J. G., Martinez R., Circles of care and community support for rural older adults, *Advances in Nursing Science*, 1994,16(3).

⑤ Heather M. Y., Deborah W.,Bobbie B.,et al., Factors and home-and community-based services (hcbs) that predict older adults,residential transitions, *Journal of Service Science and Management*,2011,4(3).

政资金用于补贴服务时,需要长期护理的老年人的需求几乎都是由个案经理进行介导的,而不是直接询问老人的偏好。[1]

(三)参保率影响因素研究

参保率的高低直接反映了社会政策的适用性、实用性。因此,中外均有关于参保率的研究。LIU 等从社会学习的角度考察了同村居民参加社会医疗保险对个体医疗保险参与决策的影响,发现存在显著的同群效应。[2]Lam T-P 等通过对 60 岁以上的老人进行研究,认为性别、婚姻状况和家庭子女个数等因素都会影响到老人的养老方式,从而直接影响到参保率。[3]

三、文献研究评述

国内外有关农村养老的研究是由实际国情出发的,导致研究的侧重点不同。国外的研究方向主要是社会保险的参保率和失能老人的护理问题,国内的研究视角比较多元化,包括养老模式、养老服务供给及差异化、特殊人群养老、高龄老年人养老等,并在各个研究方向都取得了一定的成果。学者们比较了"家庭养老"和"社会养老"的优劣势,对未来的养老模式提出看法,但是对于两者是替代关系还是互补关系出现了分歧,与此同时还有人提出"互助养老"才是出路,但是也有人对互助养老面临的困境表示担忧。养老服务关系着养老模式的发展,即使现在有多元主体和资源在相关建设上

① CHEN Y. M., LI P., YEN M. L., Predictors of regular exercise among older residents of long-term care institutions, *International Journal of Nursing Practice*, 2016,22(3).

② LIU,H.S.,QI and Z., ZHAO, Social Learning and Health Insurance Enrollment: Evidence from China's New Cooperative Medical Scheme, *Journal of Economic Behavior and Organization*,2014,97.

③ Lam T-P, Chi I., Piterman L. et al., Cofnmunity Attitudes toward Living Arrangements between the Elderly and their Adult Children in Hong Kong, *Journal of Cross-Cultural Gerontology*,1998,(13).

发力,但是效果并不明显,且地区差异较大。发达地区比欠发达地区拥有较为完善的基础设施,满足基本生活条件之后如何提高幸福度和满意度已经成为他们新的需求,而欠发达地区的养老服务还在基础条件供给不足方面不断探索。在养老服务供给方面需要对特殊弱势群体格外关注,其中就包括本书的研究重点——高龄老人,他们的养老需求比之其他群体更需要精神慰藉和护理照料。在此基础上"医养结合"的新模式顺应而出。虽然相关研究已经有了进展,但在很大程度上还是流于表面,且缺乏对农村高龄老人的关注,养老作为民生课题,将学术成果落实才算完成了使命。

综上所述,中外学者对于农村养老问题的关注是相同的,但是由于国情体制的不同,关注点不尽相同。想要达到城乡居民都能"老有所依,老有所乐"还是应该立足自身国情,从制度和措施落实上解决问题,借鉴成功的养老模式作为试点,统筹力量解决这一问题。因此,今后可以从缩小城乡养老服务差距,整合政府、家庭、社会和民间资本等多方力量、为农村高龄老人提供针对性养老服务等方面丰富研究内容。

第三节　研究思路与研究方法

一、研究思路

本章首先阐述当前农村高龄老人的养老服务现状及问题,结合F镇农村高龄老人养老服务的实证研究,通过问卷调查和访谈的方式发现现阶段F镇农村高龄老人的养老服务问题,并运用公共管理的相关理论进行原因分析,为进一步解决农村高龄老人养老问题,健全农村养老服务体系提供相应的对策建议。如图所示:

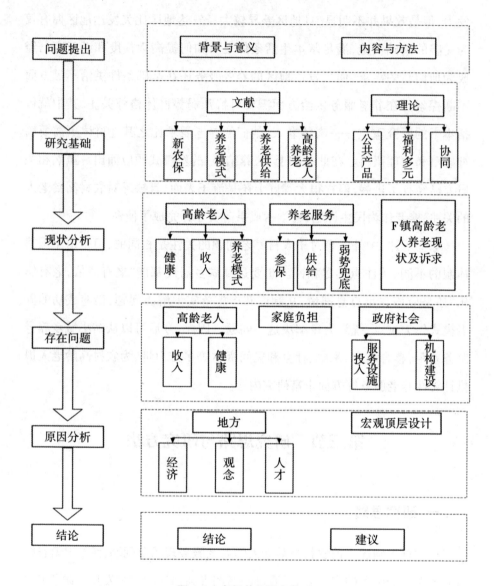

图4.1 农村养老服务体系

二、研究方法

(一)文献研究法

该方法通过大量搜集整理关于农村养老,尤其是高龄农村老人养老的相关研究文献,总结农村高龄老人养老服务问题的研究现状及存在的问题,将问题总结后进行分析研究,结合公共管理相关理论基础给出具体建议。文献研究法有助于获取重要的参考信息,为研究提供正确方向和奠定坚实的理论基础。

(二)访谈法

通过对高龄老人及其监护人、村集体负责人(农村养老机构经营负责人)、乡镇民政助理员、社保专员等不同职责岗位人员进行访谈,了解目前农村高龄老人养老服务保障的实际情况及存在问题,为本章的研究提供充分的数据支持。

(三)问卷分析法

在对我国农村高龄老人养老服务现状进行分析的基础上,通过对F镇农村高龄老人进行抽样问卷调查,了解实际问题,关注农村高龄老人的养老现状,为该研究提供实际支持。

(四)案例分析法

对F镇的农村高龄老人养老服务进行详细了解,发现存在的问题并分析原因,同时对国内其他地区先进优秀的经验做法进行比对,充分了解在农村高龄老人养老体系中可以求同存异的部分,使得本章的研究具有充分的可行性和实用性。

第四节　核心概念

一、家庭养老

家庭养老是我国传统的养老模式,是一种由家庭成员提供包括经济支持、精神慰藉等养老资源的方式和制度。①"家庭养老"的实质是"子女养老"（个别的存在"配偶养老"），表示代与代之间存在着反哺式的财富流和资源流，"养儿防老"一语道明了这种养老模式的内涵。即使赡养义务已经立法，但是在这种养老模式下的老人的养老质量完全取决于子女的个人道德约束，尤其是农村的高龄老人。没有固定的收入和完整的劳动力可能会成为下一代甚至下两代的"负担"。随着人口老龄化加剧，从社会层面和制度层面改良家庭养老模式作为公共议题，不仅被学者关注，也是政府职能部门亟待解决的问题。

二、社会养老

社会养老是社会保障与经济发展相匹配时建立的养老服务体系。本章所说的社会养老是与家庭养老相对应的机构养老，主要指除家庭成员以外的社会主体提供的养老服务，②其中就包括机构养老，内容主要是为老年人提供生活照料和康复护理。常见的服务载体就是五花八门的养老院、敬老院、幸福苑等，但是这样的服务机构在农村存在率极低。近年来很多农村新建了日间照料中心，类似于农村养老院，但是尚未全面普及，运行维护成本对于经济薄弱的村集体而言是一笔不小的开支，且目前这样的机构只能为可以行动的老人提供餐饮服务和少量的娱乐休闲服务，服务对象有限，内容有限。

---

① 杨丽新：《嵌入、制衡与借势：转型期农村家庭养老秩序再生产机制》，《人口与社会》，2023年第2期。
② 陈雄、余知澄：《深度老龄化背景下社会养老服务的法律保障及完善路径》，《湖南科技大学学报》（社会科学版），2023年第1期。

三、高龄老人

按照国际惯例,年龄超过80周岁即为高龄老人。[①]农村高龄老人通常具有以下几个特征:经济上无法自立、生活上无法自理、精神上无法自洽。现实中就表现为需要子女提供各方面的支持,不仅需要物质照料更需要精神慰藉。而那些没有子女的农村高龄老人由政府进行集中供养,即"五保",由于农村养老服务体系不完善,集中供养的老人需要离开原本的住处,前往乡镇敬老院居住,其中的高龄老人需要更多的护理照料,但是以目前基层乡镇养老院的能力并不足以提供完善的护理服务。

四、养老服务体系

养老服务体系是指养老过程中的全方位服务系统,不仅包括养老金等经济保障,也包括基础设施、环境、场所、政府及社会提供的制度、政策等服务保障内容。[②]我国目前的养老服务体系按照提供服务的主体划分基本分为两类:家庭养老服务体系和社会养老服务体系,而现实中依然以家庭养老服务体系为主,尤其是农村。家庭养老服务体系中服务的主要提供者是子女和配偶,社会养老服务体系中服务的主要提供者是政府、社会和民间资本。近年来逐渐有地区探索了新的养老模式,基于家庭关系和社会资本提供互助养老和"医养结合"的养老体系。

---

① 吴忠观主编,周君玉、封希德、方英仁等副主编:《人口科学辞典》,西南财经大学出版社,1997年。

② 董克用、王振振、张栋:《中国人口老龄化与养老体系建设》,《经济社会体制比较》,2020年第1期。

第五节　理论基础

一、公共产品理论

公共产品理论是新政治经济学理论的重要组成部分。对公共产品的定义,随着历史发展有不同的界定。萨缪尔森的界定是代表性之一,他认为:公共产品就是所有成员集体享用的集体消费品,社会全体成员可以同时享用该产品;而每个人对该产品的消费都不会减少其他社会成员对该产品的消费。奥尔森在其著作《集体行动的逻辑》中指出:任何物品,如果一个集团中任何人都能够消费它,它又不能适当地排斥其他人对该产品的消费,该产品即为公共产品。[①]公共产品具有非排他性、非竞争性和效用的不可分割性,也可以利用这三个基本特征来界定公共产品的概念。在农村养老服务方面,每一个老年人都具有享受养老服务的公平性,在享受养老服务时不会改变他人享受这种服务的权益。即使在资源有限的情况下,老年人趋多,也能够让农村养老服务分配均衡。国家或地方出台的有关农村地区养老的公共政策,包括养老金、高龄补贴等,统一规划建设的公共设施,包括道路工程、通信工程等和有地区特色的公共服务,包括定期体检、上门慰问帮扶等都属于公共产品。基于公共产品的非排他性,保障弱势农村高龄老人养老需求,提供必要的、合理的、灵活的政策支持是公共部门充分发挥资源配置职能的重要体现。

---

① [美]曼瑟·奥尔森:《集体行动的逻辑》,陈郁、郭宇峰、李崇新译,上海人民出版社,2018年。

二、福利多元主义理论[①]

福利多元主义是为了解决福利国家的危机而产生的新理论，是指社会福利应该由政府、市场和更多的主体共同提供，以应对"政府失灵"的情况。福利多元主义理论也称为混合经济福利。比较有代表性的是罗斯的三分法和伊瓦斯的四分法。罗斯认为社会总福利应该由国家、市场和家庭共同提供，伊瓦斯则认为社会福利的来源有四个：市场、国家、社区和民间社会。他特别强调民间社会的特殊作用：它能够在不同层次上在基于不同理念上的政府、市场、社区之间建立联系纽带，使私人和局部利益与公共利益相一致。福利多元主义认为福利的来源应该多元化，福利责任不仅仅由国家或市场来承担，其他社会主体如个人、家庭和志愿组织、民间机构等也应是福利的提供者并应承担相应的责任。福利多元主义为我国的社会保障制度提供了可以参考的模式选择，尤其是在养老服务保障方面。农村人口基数大，老龄化的趋势不可逆，未来将会出现大量的农村高龄老人，保障这一群体的养老服务只依靠国家是不够的，必须将市场、社会组织，以及民间力量都纳入养老服务保障体系中，为农村高龄老人提供多元化的养老服务，以保证农村高龄老人的养老服务体系稳定可持续。

三、协同理论

协同理论是一门新兴学科理论，可以广泛应用在各个学科，其代表人物也是创立者哈肯把这个学科称为"协同学"[②]。其主要内容有三方面：协同效应、伺服原理和自组织原理。协同理论强调系统中各要素之间的相互联系、

---

① 彭华民、黄叶青：《福利多元主义：福利提供从国家到多元部门的转型》，《南开学报》（哲学社会科学版），2006年第6期。

② Hermann H., *Synergetics: an introduction*, Springer-Verlag, 1983, pp.57-69.

相互制约,以及系统与环境之间的相互作用。该理论认为所有事物和活动都存在着有序和无序两种状态,在特定的情况下,有序和无序之间可以进行转换,有序状态就是我们所认为的协同。[①]养老作为一项公共议题,需要多部门、多主体参与的情况下,提高系统的整体性功能就需要系统内部(如:民政部门、基层政府、社保部门、财政部门等)协同,也需要与系统外部的子系统(如:家庭、志愿组织、社区、养老机构)之间相互协同。

老年人养老需求不断提高、新的养老服务资源层出不穷,政府、机构、老年人和家庭等系统内外部,通过对养老服务资源的整合和匹配,协同完善养老服务建设。系统是结构与功能的统一,整体功能的实现依赖于系统内部各要素之间的相互作用。如果出现家庭无法承担的养老服务需求,就会对社会和市场施加压力,同时也对政府提出新的难题,政府要关注养老需求的变化,并以此为基础,制定与实际需求相匹配的养老服务政策,为社会机构和组织的养老服务提供指导,促成养老服务资源整合。只有管理系统内外部一起协同发力才能达到1+1>2的效果。

第六节　乡村高龄老人现状

一、乡村高龄老人健康现状

健康的概念迄今为止并没有一个清晰统一的定义,本章对老年人的健康状况主要关注最基础的两方面:生理健康和心理健康。

---

① 黄泓:《从"人随院走"到"院随人走"——协同理论视角下养老服务体系的转变》,中国老年学和老年医学学会:《中国老年学和老年医学学会2023年学术大会论文集》,复旦大学社会发展与公共政策学院,2023年,第19页。

（一）身体健康

随着年龄增长，老年人的身体机能逐渐下降，健康状况也会变差，与此同时，农村老年人相较城市老人的健康状况更不乐观。相关数据显示的城乡差距令人深思。根据第七次人口普查数据显示，[1]随着年龄增长，老年人的自评身体健康状况逐渐变差，尤其是高龄老人，生活不能自理的比例有明显增高，自评健康的高龄老人明显降低。在高年龄组自评"不健康但可以自理"的老年人比例约为49.74%，近一半的比例，与之对比的低龄组为19.21%，自评"不能生活自理"的高龄组约占24.91%，低龄组仅有3.37%。具体情况如图4.2所示。

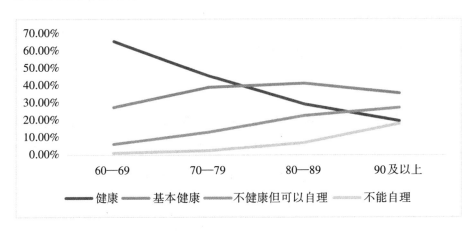

图4.2　老年人身体状况

在80岁及以上的高龄老人组，农村老人相对于城市老人而言，其健康状况差距更为明显。城镇高龄老人自评"健康""基本健康"的比例约为73.33%，而农村高龄老人则为63.26%，自评"不健康但可以自理"的城镇高龄老人占比18.38%，农村高龄老人则高达28.44%，"生活不能自理"的城镇高

---

① 国家统计局：《第七次人口普查主要数据》，（2024.3.8），https://www.stats.gov.cn/sj/pcsj/rkpc/7rp/zk/indexch.htm

龄老人比例与农村高龄老人相近。具体情况图4.3所示。

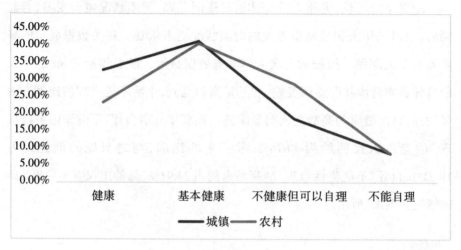

图4.3　城乡高龄老人健康状况

(二)心理健康

老年人随着年纪增长,认知能力逐渐下降,而农村老人较城镇老人相比,认知能力更低。[1]认知能力具体数据如表4.1所示。同一年龄段,农村老人的认知能力都比城市老人要弱,同为农村老人,高龄老人的认知能力要弱于低龄老人。

表4.1　认知能力得分

年龄	认知能力得分(分)		
	总体	城市	农村
60—65	14.00	14.3	13.54
66—70	13.66	14.01	13.2
71—75	13.04	13.52	12.46

---

① 　向迪、倪晨旭、王震:《老年人认知衰退难题的破解》,《人口与社会》,2023年第11期。

年龄	认知能力得分（分）		
	总体	城市	农村
76—80	12.32	12.8	11.68
81—85	11.08	11.7	10.17
85岁以上	10.36	10.95	9.54

除认知能力外，研究表明，农村高龄老人的抑郁状况比城镇高龄老人情况要严重，原因是城市拥有更多的医疗资源和社交活动选择，使得高龄老人在这样的资源差异下，心理健康状况也有了区别。[①]

诸如此类的城乡差距还有很多。农村老人由于受教育水平和当地根深蒂固的传统思想的影响，不会主动进行定期健康检查，不会通过其他途径调整心态或者寻求专业心理咨询。此外，农村老年人进行各类体检、心理咨询并不方便，乡镇甚至县城都没有完整的体检设备和专业的心理咨询医生。

综上所述，农村高龄老人为健康弱势群体，尤其随着年龄增长，其身体健康和心理健康服务的需求更为迫切。

二、乡村高龄老人收入现状

依据收入供给方不同，农村老人的收入主要来源包括政府、社会保障、家庭支持和自身产业收入四种。政府保障和社会支持有国家统筹规划的一部分，也有各地区根据自身财政状况补贴的部分。家庭支持则完全依赖于子女的经济情况和孝顺程度。农村老人自身的产业收入主要是农业生产收入，收入状况不稳定，且随着年纪增长，高龄老人无法独立完成农业生产，甚至完全失去劳动力，导致该项收入逐渐减少。

---

① 姜勤勤、刘丽娟、赵哲等：《中国高龄老年人抑郁症状状况及影响因素分析》，《中国医学导报》，2023年第35期。

第一，政府、社会保障性收入。这一部分收入主要包括各级政府规定发放的基础养老金和各项特殊补贴，包括但不限于高龄补贴、失能补贴、最低生活补贴和按规定发放的粮食补贴等。此外还有居民个人缴纳的社会养老保险带来的养老收入。这部分收入受地区经济发展影响较大，尤其对高龄老人的补贴收入，各基层组织给予地方性的高龄补贴标准不同，差异较大。

第二，家庭支持性收入。这部分收入为代际转移支付，包括子女或孙子女等亲属赡养老人所获得的收入，这也是传统家庭养老模式里最重要的一类收入。这类型收入完全依赖他人，子女的经济状况和道德约束，但也是"养儿防老"观念的核心。农村高龄老人的收入主要依靠这部分家庭成员的供给，收入不稳定。

第三，自身劳动收入。农村老人主要从事农业生产活动，包括种植业和养殖业，也有一部分低龄、身体健康的老人从事建筑等行业的劳动。粮食种植和家禽养殖收入不稳定，种植业受自然条件限制较多，旱灾、水灾、虫灾等都会影响当年的粮食生产量，进而影响到收入；而养殖业受市场影响较大，规模越大，市场波动带来的影响越大。因此，随着年龄增长，高龄老人无法持续性从事第一产业和第二产业的劳动，该部分收入会逐渐降低。

高龄老人收入城乡差距明显。基于"养老金融50人论坛"调查数据，年龄大的农村居民缺乏养老资产储备的风险。[1]这说明城乡之间的不平等现象严重，弱势群体的养老状况堪忧。根据最新公布的CLHLS（中国健康与养老追踪调查）[2]剔除无效数据，经过统计分析，农村老人认为自己收入足以支付开支的比例低于城市，具体数据如图4.4所示，事实上农村生活的开支应

---

[1]　孙瑞婷：《城乡居民养老资产储备行为研究——基于收入视角》，华中农业大学博士学位论文，2022年。

[2]　北京大学开放研究数据平台：《中国老年健康与家庭幸福调查》，2020年，https://opendata.pku.edu.cn/dataset.xhtml?persistentId=doi:10.18170/DVN/WBO7LK。

该低于城市。说明农村老人的收入与城市相比还有一定差距。

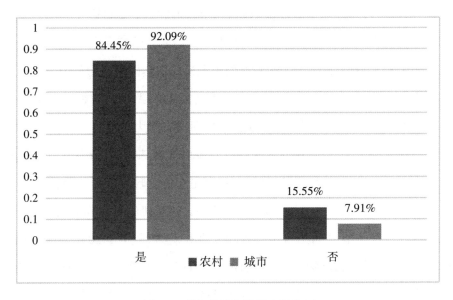

图4.4 收入是否足够开支的比例

三、乡村高龄老人养老模式现状

农村的养老模式以家庭为单位,以居家养老为落实。近年来在农村新建了一批养老机构作为家庭养老的辅助,也有学者提出互助养老模式并进行了实践。

第一,家庭养老模式。家庭养老是我国最常见的传统养老模式,"养儿防老"观念深入人心,这种养老方式遍布全国,尤其在农村这样以家庭为生产单位的地方。传统的家庭养老模式与居家养老并无二致,但随着工业化,农村年轻人选择外出务工,城乡差距愈发明显,现在的家庭养老与居家养老已不是完全相同。农村的养老依然以家庭为单位,但不一定是居家养老。农村的低龄老人们通常跟随子女的脚步,并不是居住在自己家而是居住在子女身边帮助子女进行隔代抚养,当然,也有一部分家庭依然是传统意义上的居家养老,自己生活或者子女和自己居住在同一个地方。而高龄老人由于丧失劳动力,无法为家庭提供明显的价值,通常在子女间轮流居住,"居无定所",传统意义上居家养老的"家"在很多高龄老人的养老中已经不是那个长期居住的家,但是高龄老人在农村的养老模式依然以家庭为单位。

第二,社会养老模式。农村的社会养老机构有限,因此农村的社会养老主要存在于特定人群。比如五保供养户,即没有能力依靠自身或者家庭养老的特殊人群,他们的主要收入来源就是政府的特殊补贴,劳力或者半劳力人群有一部分自身收入,无劳动能力者则完全依靠政府供养。除此之外现有的社会养老模式下主要是近年来在各地农村新建的很多养老机构,有全天候的养老院也有日间照料中心等养老服务供给,截至2020年11月,全国已有农村养老机构20591个,床位超过194万张。[①]各类养老机构蜂拥而至,在一定程度上缓解了农村子女日常照顾的压力,今后可作为家庭养老的辅助。农村的高龄老人参与的社会养老主要是日间照料中心等模式,养老院的养老方式在农村高龄老人群体中占比较少,社会养老在农村高龄老人之间并不普及。

第三,互助养老模式。"守望相助"的互助养老模式基于信任关系,因此这样的模式最开始出现在宗亲之间,以血缘为纽带,以伦理为约束,从而形成一个可持续发展的养老模式。随着城镇化的发展,血缘宗亲意识逐渐淡薄,维系互助养老的"信任"需要一个更强力的支撑。当前我国的互助养老已经进入新的阶段,从2008年河北肥乡自发组织的幸福苑到政府主导鼓励,《民政事业发展第十四个五年规划》提出:"构建乡镇牵头,村委会、老年人协会、低龄健康老年人、农村留守妇女、村干部、党员、志愿者等广泛参与的农

---

① 央视网:《我国农村地区已有养老机构20591个养老床位194万多张》,(2020.11.18)[2023.7.2],https://sannong.cctv.com/2020/11/18/ARTIFwrWWC78oBwkYWPlR-Zln201118.shtml。

村互助养老服务格局。"①全国各地在政府的支持下已经建立了很多具有地方特色的互助方式,宿迁的"幸福小院",上海的"四堂间"等。对于农村高龄老人而言,同一村庄的宗族关系,邻里之间互相照看本身就是农村社会的常态,尤其是家中有独居、高龄的老人,只是目前没有全面制度化、标准化的规范。

现阶段农村的高龄老人养老虽然以家庭养老为主,但是随着农村日间照料中心等社会养老服务的提供,使得他们在居家养老的同时也开始接受社会养老。与此同时,充满烟火气和人情味的农村,邻里宗亲之间的互帮互助也在养老进程中发挥其影响,这部分在高龄老人群体中表现显著,这也是我国构建多层次农村养老保障的体现。

第七节　乡村高龄老人养老服务现状

一、乡村社保参保现状

农村的社保主要包括两大类:养老保险和医疗保险,"新农保"是农村人最熟知的养老保险种类,自2012年8月起,新型农村社会养老保险和城镇居民社会养老保险制度全覆盖工作全面启动,合并为城乡居民社会养老保险,现阶段农村居民缴纳的养老保险即城乡居民社会养老保险。"新农合"是指农村医疗保险,2016年1月《国务院关于整合城乡居民基本医疗保险制度的意见》(以下简称《意见》)发布。《意见》指出整合城镇居民基本医疗保险和新农合两项制度,建立统一的城乡居民基本医疗保险制度。农村的高龄老人目前无需缴纳基本养老保险,但是有国家、省、市等各级政府发放的基础养

---

① 民政部、国家发展改革委印发《"十四五"民政事业发展规划》.2021.5.4[A]。

老金,需自行负担医疗保险。

(一)养老保险

根据国家统计局公布的数据显示,城乡社会养老保险合并以来,参保人数逐年增加,具体数据如图4.5所示,现已基本实现农村养老全覆盖。据2019年5月公布的《中国健康与养老报告》显示,截至2015年,"新农保"的覆盖率就已经达到了98%。农村的高龄老人无需缴纳养老保险,但是现有的缴费收入是支撑老年人养老金发放的基础。同时缴费越多,缴费年限越久,达到退休年龄后领取的退休金标准越高。

养老保险合并之后,城乡居民养老金的标准也进行了统一。居民领取的养老金由两部分构成:基础养老金和个人账户养老金。基础养老金的发放金额由各地政府综合本地区的财政、发放规模等情况自行确定标准。最新的基础养老金标准应当不低于98元/月/人。[①]个人账户养老金根据个人账户全部储存额进行计算,主要包括个人缴纳保险费、政府补贴和利息三部分。这一部分的养老金同一地区统一计算标准,高龄老人同低龄老人并无差别。F镇自2021年1月1日起实施了补充养老保险缴费政策,设置了200元、500元、1000元、2000元、5000元五个缴费档次。现有的高龄老人可以不用缴费直接领取补充养老保险政府补贴待遇,有缴费意愿将缴费部分计入个人账户。这对本地区的高龄老人而言属于利好消息。

---

① 人力资源和社会保障部 财政部印发《关于2022年提高城乡居民基本养老保险全国基础养老金最低标准的通知》(人社部发〔2022〕36号).2022.6.16[A]。

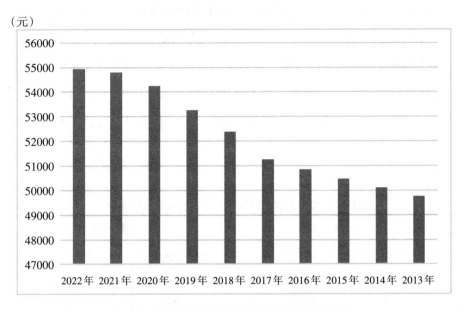

（元）

图4.5　城乡居民社会养老保险参保人数（万人）

（二）医疗保险

老年人属于疾病多发群体，因此对于养老问题的研究不仅要关注养老保险，也要关注医疗保险的情况。据2019年5月公布的《中国健康与养老报告》显示："新农合"覆盖率在2015年就已经达到68.3%，在农业户口人口中更高达93.7%。无论是高龄老人还是低龄老人，都要缴纳医疗保险，并享受同等的报销政策。但是逐年增加的医保费用是一笔不小的开支，这就导致一部分经济困难的家庭的参保意愿降低。除了参保率问题，在"新农合"与"城乡居民医疗保险"合并之后，城乡居民之间的报销比例差距消失，但是职工医疗和居民医疗之间的差距仍然存在。根据官方报道，2018—2022年，全国人口参保率稳定在95%左右，职工医保和城乡居民医保政策范围内住院费用报销比例分别达到80%和70%左右。①但是城镇居民与农村居民在医

———————————

① 孙秀艳：《医保事业实现历史性跨越》，《人民日报》，2023年5月19日。

疗领域的支出比例存在不平衡现象,根据国家统计局公布的《中国统计年鉴
2023年》[①],近5年来农村居民的消费支出约为城镇居民的一半,但是医疗保
健支出约占比65%。此外,医疗保健支出在城镇居民的消费支出中约占比
8%,而在农村居民的消费支出中占比为10%,即使该比例有略微降低的趋
势,也显现出较大的城乡差距,反映了农村居民"看病贵"的现实,具体数据
如表4.2所示。

表4.2　城乡居民医疗保健支出占消费支出的比例

年份	城镇居民			农村居民		
	医疗保健支出（元）	消费支出（元）	比例	医疗保健支出（元）	消费支出（元）	比例
2018	2045.7	26112.3	7.83%	1240.1	12124.3	10.23%
2019	2282.7	28063.4	8.13%	1420.8	13327.7	10.66%
2020	2172.2	27007.4	8.04%	1417.5	13713.4	10.34%
2021	2521.3	30307.2	8.32%	1579.6	15915.6	9.92%
2022	2480.7	30390.8	8.16%	1632.5	16632.1	9.82%

　　虽然城乡居民在报销比例方面一致,但是巨大的医疗资源不平衡也是
困扰农村高龄老人的难题,"看病难""小病拖成大病"的问题在农村高龄老
人中间依然没有得到质的改变。

　　关于老年人关注的大病医疗保险,国家医疗保障局成立后,推动城乡居
民大病保险制度的改革和完善,提高筹资水平,城乡居民基本医疗保险新增
财政补偿的50%用于大病保险,从而使得城乡居民大病保险的人均筹资水

---

　　① 　国家统计局:《中国统计年鉴2023年》(2024.3.8),https://www.stats.gov.cn/sj/ndsj/
2023/indexch.htm。

平提高了35元,将大病保险起付线调整为城乡居民人均收入的50%,同时提高政策范围内大病费用的报销比例,全面取消贫困人口的补偿封顶线。[①]这一系列政策将会大大降低居民大病负担。对于农村高龄老人而言,减轻了他们"没钱看病"的心理负担,尤其是"一站式结算"的实行,降低了他们走流程的难度。

二、乡村高龄老人养老服务供给现状

近年来,我国的养老服务供给能力不断增强。中共中央、国务院印发《关于全面推进乡村振兴加快农业农村现代化的意见》,国务院印发《"十四五"推进农业农村现代化规划》,不断完善农村养老服务网络、推动农村养老服务设施建设,扩大了农村养老服务有效供给,但是由于城乡发展不平衡,现在的农村养老服务供给依然落后。资料显示:城市社区养老院的覆盖率为21.22%,而农村仅10.33%,城市社区老年活动室覆盖率80.58%,但农村仅有39.13%,城市的老年日间照料中心数量比农村高出约4.66倍,农村养老服务起步晚发展慢导致城乡差距较大。[②]与此同时,农村的老龄化程度却高于城市。农村低龄老人对养老服务的需求并不明显急迫,他们可以自行寻找相关服务,但是农村高龄老人对相关养老服务的供给需求具有必要性和紧迫性。

(一)政策供给

党的十八大报告提出:积极应对人口老龄化,大力发展老龄服务事业和产业以来,积极应对人口老龄化开始上升为国家战略。2013年,《国务院关

---

① 王延中、单大圣、龙玉其等:《中国社会保障发展报告(2022)》,首都师范大学、中国社会科学院民族学与人类学研究所、社会科学文献出版社,2022年。

② 复旦大学老龄研究院、21世纪经济报道:《"中国式"养老发展趋势报告》2023年3月14日。

于加快发展养老服务业的若干意见》印发。该文件中对农村养老服务单独列项，标明了农村养老服务的发展方向，即以家庭养老为基础，积极发展"社会化"养老的顶层设计理念。一是健全现有的养老服务网络，保障五保供养的基础上，将村内现有的资源盘活，建设互助型的养老设施；二是充分利用社会资源，政府与社会养老机构共同协作完善农村养老服务。

2016年，国务院办公厅印发《关于全面放开养老服务市场 提升养老服务质量的若干意见》，对农村养老服务能力的提升做出了进一步规划。提出依托现有的设施发展养老功能，加强农村养老院的建设和改造，并指出对农村留守困难等弱势老年群体的心理健康关注。

2021年国务院关于印发《"十四五"国家老龄事业发展和养老服务体系规划的通知》，提出我国老龄事业和养老服务存在城乡发展不平衡问题，对加快补齐农村养老服务短板列出了具体展望和措施。要以邻里互助为基础，以现有的养老院为依托，构建互助式的养老服务网络，还要加大支持各级政府建设改造养老机构。

以上意见和措施中着重提到了农村养老服务，但并没有将高龄老人的养老服务剥离出来。除此之外，各地区结合本地实际也印发了有关农村养老服务的方案。江苏省民政厅2022年印发了《关于推动农村养老服务高质量发展的指导意见》，青岛市2022年出台了《青岛市农村养老服务工作提质升级三年行动方案（2022—2024年）》，吉林省也在2022年公布了《吉林省2022年度农村养老服务提升工作方案》等，各地区自行印发的农村养老方案中都提出要提升农村养老服务，但并没有将高龄老人的养老服务进行细化，而是统一在整个农村提升的框架下，相关高龄老人的具体内容只有按照要求发放高龄补贴和加强关注。

（二）设施供给

现阶段农村的养老设施包括两大类：基础设施建设和服务设施供给。

基础设施建设指的是乡村敬老院、日间照料中心等以照料老人日常生活为主的场所;服务设施供给指的是定期的健康体检服务、残疾老人的免费轮椅提供、失能老人的护理、独居老人的上门帮扶等辅助服务内容。

如今,各地农村已经建立起有地方特色的"敬老院",基本位于县城或者乡镇,主要服务于集中供养人群和五保户,提供基本的起居照料,有专业的护理人员对失能老人提供护理服务,但是护理人员的数量和专业性不容乐观。因此,有学者提出,在全国范围内建立社会长期护理保险制度,以减轻农村照护依赖者及其家庭的脆弱性。[1]当前农村的养老院以兜底保障为主,只能保障基本生活,无法提供高质量的养老服务,且收费标准较低,导致持续运营出现困难。

农村的日间照料中心主要为长期居住在农村的老人提供日间照料服务,服务内容、收费标准、服务对象由运营方自行决定。近年来日间照料中心大力发展,但是并没有做到所有行政村全覆盖。即使已有的日间照料中心,也多为旧房舍改造,设施陈旧,适老化程度不足,尤其是对居住在村内的高龄老人并不友好。目前的日间照料中心,主要提供用餐和活动两种服务。在运营过程中,存在经费不足、供餐比例偏低、部分设施闲置、地区差异化明显等问题。[2]

农村的所有人或所有老人共享养老服务设施,低龄老人和高龄老人对于基础设施的需求内容并无差别,只是需求量、紧迫性和必要性上有所区别。因此,在各类服务设施的供给方面存在年龄限制,也是为了保障高龄老人等弱势群体的最低需求。

---

① 朱玲、何伟、金成武:《农村劳动力转移与养老照护变迁》,《经济学动态》,2020年第8期。

② 姚逊:《山西农村老年人日间照料中心运营现状与发展对策》,《中国民政》,2023年第24期。

（三）资金供给

资金供给保障主要有三方力量：政府、社会、个人。农村养老主要依靠个人，包括个人储蓄、劳动力收入和子女赡养。原因是农村养老金标准远低于城市，而政府的资金主要支出方向之一就是农村养老金支出，据国家统计局最新数据显示，政府养老金保障能力逐年提高。

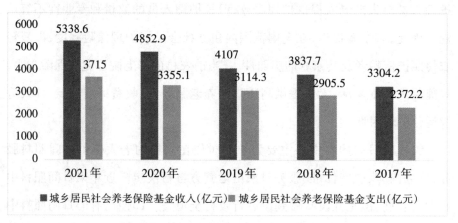

图4.6 城乡居民社会养老保险基金收支

除了养老金，国家养老服务的支出比重越来越高，但是由此也导致了农村养老保障资金过于依赖政府财政的问题，民间资本投入不足，社会力量薄弱。对于农村高龄老人服务而言，除政府投入的养老金支持外，主要就是农村基础设施的改善，由于农村高龄老人居住分散且不愿意集中养老等原因，社会资金很难进入农村高龄老人的养老服务市场。因此我们要建立多元化的农村养老保障资金体系，壮大个人和集体的力量，加大子女和集体经济对养老保障的资金补充，吸引社会和民间资本的进入，让市场进入这一体系，实行专业化运行管理。①

---

① 张艳霞、刘远冬、吴佳宝、王佳媛：《中国农村养老保障资金供给现状及多元化探析》，《中国农业大学学报》（社会科学版），2021年第4期。

（四）服务供给

针对高龄老人的特征，各地区结合实际提供了丰富多样的养老服务，主要包括助餐、助医、助洁、助浴、助行、助急的六助服务。基本涵盖了高龄老人生活的方方面面。

目前落实最多的就是助餐服务。2023年，民政部等11部门联合印发了《积极发展老年助餐服务行动方案》，为老年助餐服务发展指明了方向。该服务在各地的社区发展较为良好，在农村尚不明显。对于农村而言，日间照料中心可以为一部分老人提供助餐功能，但是对于高龄老人而言并不方便，助餐在高龄老人群体中主要表现为上门送餐或上门做饭的服务。该项服务可以由专业机构提供也可以鼓励村内的低龄老人参与其中。

助医服务的提供依赖于构建的区域化医疗网络，属于智慧养老的一环，该项服务在城市社区中已多有实践，但是在农村还没有足够的基础支撑。北京市朝阳区在2019年就建立了居家养老助医服务信息平台，依托已有的养老机构、养老驿站、社区卫生服务中心等服务主体，为居民提供助医服务，但是目前农村的助医服务还在起步阶段，该项服务有利于"医养结合"在农村的发展推广。

助洁服务，顾名思义帮助高龄老人上门清洁家中卫生，助浴即为高龄老人提供洗浴服务。在各地新闻中可以看到社区志愿者或者工作人员帮助居民做家中的清洁服务。其实这样的服务在农村也存在，不定期帮助那些行动不便的高龄老人收拾房间，清理卫生，只是这样的行为并没有规范化和标准化，往往出于自愿。2023年11月民政部发布了《老年人助浴规范》，包括机构助浴和上门助浴两种，对于农村的高龄老人而言，最合适的就是上门助浴服务。浙江省和重庆市已经开展了上门助浴服务，反响较好，但是该项服务未在农村普及。

助行、助急的服务其实就是需要组织定时上门探访。高龄老人身体机能下降,出行不便,且易摔跤或者突发疾病,尤其是农村的高龄老人,居住地分散,若遇紧急情况无法及时被人发现,因此上门探访,提供助行、助急的服务尤其关键。当前各地区在大力推行互助养老,可以达成这两项服务的要求。

三、乡村高龄老人养老服务兜底现状

对农村特殊人群实行的特殊政策由来已久,现阶段对农村老年人中的弱势群体有相关救济兜底措施,包括低保、五保、高龄补贴、失能补贴等。截至2022年末,全国共有4143万老年人享受老年人补贴,其中享受高龄津贴的老年人有3406.4万人,享受护理补贴的有94.4万人,享受养老服务补贴的有574.9万人。[①]

针对农村高龄老人而言,养老服务兜底最主要的就是保障其日常生活,主要需求就是收入。目前,除有经济困难的领取最低生活保障外,大部分的农村高龄老人的稳定收入为养老金收入和高龄补贴,失能老人额外有护理补贴。

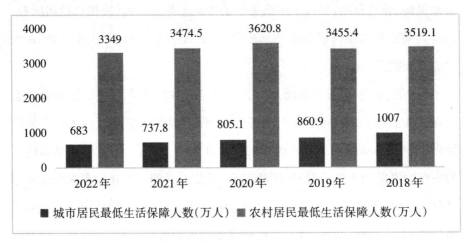

图4.7 城乡最低生活保障人数

---

① 民政部:《2022年度国家老龄事业发展公报》,https://www.mca.gov.cn/n152/n165/c1662004999979996614/attr/315138.pdf。

农村高龄老人的养老金收入受地区影响较大,根据人社部2022年4月16日公布的数据,城乡居民的养老金平均为每月179元。根据民政部官方数据显示,2023年农村低保平均标准为每月615元/人,两者有近5倍的差距。

政府兜底政策实施主要依靠财政支持,国家鼓励各地区对80周岁以上的老人建立补贴制度,但是并没有统一标准,高龄老人的高龄补贴政策属于地方事务,在国家既定标准之下完全依赖地方财政状况,因而不同地区之间的补贴金额、时间、方式等政策会存在显著差异。

综合上述情况,农村高龄老人属于弱势群体,必然在兜底政策的服务范围,但高龄老人目前兜底的收入并不能够保障他们的生活,尤其是养老金水平远低于最低生活保障标准,他们的养老生活和养老质量在目前的兜底政策下并不能完全得到保证。

第八节　F镇高龄老人养老服务情况

一、F镇基本情况

F镇位于华北地区,2021年乡镇合并后,共计下辖45个行政村,4个社区。高速口和高铁站均在本辖区,交通极为便利,农村人口原本以种地为主要收入来源,但近年来随着城镇化发展,越来越多的劳动力选择外出务工。根据第七次人口普查结果,全镇户籍人口50773人,常住人口71445人,其中农村户籍人口26462人,农村常住人口24640人,其中县城所在地C村和D村户籍人口共计4575人,常住人口高达11617人,人口大量集中在县城,除2个城边村外,其余行政村常住人口数量平均不到户籍人口的50%,而常住人口中以老年人为主。

二、F镇高龄老人基本情况

根据第七次人口普查结果,F镇高龄老人760人,但是过去三年,截至2023年12月底,社保数据显示F镇领取80岁老人高龄补贴的有418人,高龄老人大量减少。目前居住在农村的高龄老人养老模式以家庭养老为主,少数五保人群由政府集中供养。家庭养老的模式又分为两种,一种是子女随父母,居住在农村照顾养老,另一种是父母随子女,居住在子女家中养老。

三、调查基本情况

考虑到农村高龄老人的特殊性,无法顺畅快速地填写线上问卷,为调查F镇目前农村高龄老人的养老现状,在辖区农村范围内随机找到了21位居住在农村的高龄老人,对他们目前的养老现状进行问卷调查。调查内容包括高龄老人健康状况、子女数量、日常生活的便利性、村级相关基础设施及服务提供情况及其满意度等。

四、调查数据分析

(一)调查数据

本次针对F镇高龄老人的问卷设计如表4.3所示,问卷设计不仅包括基本情况,重点关注其当前的生活现状及诉求,包括对子女、基础设施和村集体的需求。结果如下:

表4.3　　F镇高龄老人现状调查

调查项目	组别	人数	比例
性别	男	9	42.86%
	女	12	57.14%
子女数量	0	0	0

调查项目	组别	人数	比例
	1	3	14.29%
	2	2	9.52%
	3个及以上	16	76.19%
是否随子女居住	是	12	57.14%
	否	9	42.86%
是否长期与现在这个子女居住	是	10	83.33%
	否	2	16.67%
是否可以自行出门	是	13	61.9%
	否	8	38.1%
平时吃药的数量	几乎不	5	23.81%
	吃一点	9	42.86%
	吃很多	7	33.33%
药品支出占消费支出的比例	10%及以下	6	28.57%
	10%—20%	3	14.28%
	20%—30%	8	38.1%
	30%以上	4	19.05%
购买药品是否方便	是	17	80.95%
	否	4	19.05%
村内是否有其他养老服务	是	9	42.86%
	否	12	57.14%
有没有接受过集体养老服务,是否满意	没有接受过	10	47.62%
	接受过,不太满意	4	19.05%
	接受过,比较满意	7	33.33%
	接受过,很满意	0	0
不满意的原因包括(可多选)	太麻烦了	3	14.29%
	服务态度不好	0	0
	感觉没有用	4	19.05%
	收费不合理	0	0
高龄老人养老最需要	护理	1	4.76%
	陪伴	18	85.71%
	其他	2	9.53%

（二）数据分析

这21名高龄老人都是有子女的老人,但是子女数量不同,且大多为多子女老人,有3个及以上子女的占比76.19%。

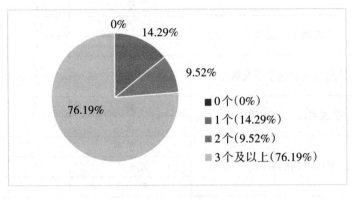

图4.8 子女数量

这些老人大部分随子女居住,但也有老人选择独居或者与配偶同住,对于多子女高龄老人,他们可以选择与同一子女长期居住或是在子女之间轮流居住。有47.62%的老龄老人选择与同一子女长期同住,有42.86%的老人选择不与子女同住。

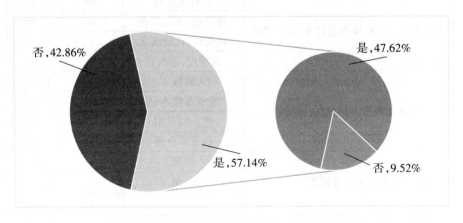

图4.9 是否与子女同住、是否与同一子女长期同住

在这些被调查的高龄老人中大多可以生活自理,有61.9%的老人可以自行外出,38.1%的老人需要外力帮助。

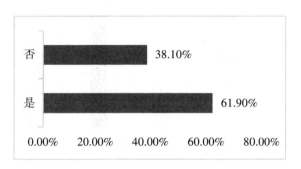

图4.10　是否可以自行外出活动

针对老年人常见的医疗健康问题,高龄老人中经常吃药的和完全不吃药的占比均不高,占比最高的是吃药但不经常的人群,占42.86%。

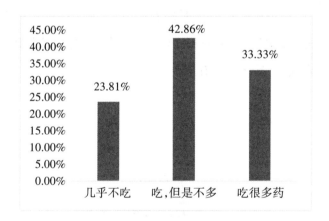

图4.11　吃药比例

药品支出占高龄老人消费支出的比例自诉以20%—30%居多,约占38.1%,高于全国医疗占比消费支出水平9.82%。但是有80.95%的高龄老人认为平时购药比较方便。

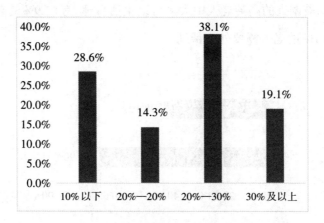

图4.12　药品支出占消费支出比例

根据调查,大部分村内没有养老服务,有42.86%的老人表示村内提供养老服务,有很多老人表示从未接受过集体提供的养老服务,占比47.62%,有过尝试的老人对村内提供的养老服务褒贬不一,但是没有人对该服务表示非常满意,只有33.33%的老人表示比较满意,不满意的原因主要集中在两方面,一是觉得麻烦,二是认为没有用。

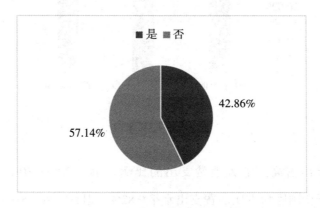

图4.13　村内是否提供养老服务

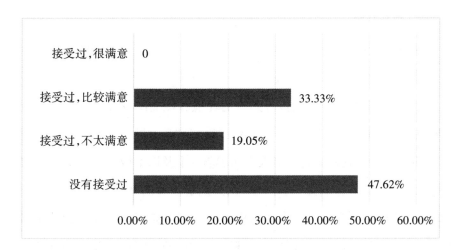

图 4.14 村内集体养老服务满意度

对农村高龄老人而言,在养老过程中最需要的就是陪伴和照料,在此次调查过程中,有85.71%的高龄老人选择了陪伴,同时发现,选择护理的老人多是生活无法自理的老人。

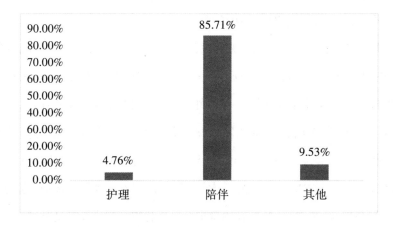

图 4.15 F镇高龄老人需求

（三）分析结果

根据此次问卷调查，高龄老人在医疗健康、居家养老、养老服务和需求等方面都显示出不同程度的问题。

一是居家养老方面。农村有熟悉的环境和社交圈，所以农村高龄老人多选择在村居住，独居或者与子女同住，这也是"养儿防老"的实际体现。根据调查结果显示，农村的高龄老人大多养育3个及以上数量的子女，但是有一半的老人目前不与子女一起居住，尤其是多子女的高龄老人也存在不与子女同住的情况。农村是以家庭为单位的居家养老模式，却出现大量高龄老人独居的情况。甚至子女越多，高龄老人独居的越多，出现"三个和尚没水吃"的怪象。

二是医疗健康方面。这方面的支出对于高龄老人而言是必不可少的，相关支出比重在日常开支中占比并不低。由于医保的普及，普通的疾病花费对于一般家庭而言均可负担，而高龄老人患大病的概率不高，常见的老年人慢性病通过慢性病卡的办理，可以在指定地点用优惠的价格拿药，医疗药品花费不应该在消费支出中占比较高。

三是养老服务方面。F镇现阶段的高龄老人养老服务主要包括：每人500元的高龄补贴、日间照料中心的餐饮服务和娱乐休闲设施、村医对身体常见指标的测量等共性化服务，有条件的村会有村集体的额外补贴，如XSN村70岁以上的老人由当地企业发放每人每月50元的补助。没有高龄老人对集体提供的养老服务表示满意，甚至有大量的老人认为自己没有接受过养老服务。在走访中，有的高龄老人即使选择了比较满意的选项，也会提到对养老服务的不满，原因主要有两部分，一是觉得太麻烦，二是觉得没有用。高龄老人大多行动不便，各村的日间照料中心与家中的距离成为一大障碍，与其麻烦不如自己在家凑合，至于娱乐，最常见的就是串门聊天。除此之外，逢年过节提供的照相、理发、福利慰问等服务需要签字和拍照留痕，甚至有时拍照需要较长的时间,也是他们觉得麻烦的原因之一。认为"没有用"的关键在于村医的检查。受自身水平和农村医疗条件限制,村医的检查并不能为高龄老人排查疾病,也无法进行相关治疗。随着家用医疗器械的逐渐普及,村医的设备与家中并无区别,这就导致村医的实际服务数量降低,也造成高龄老人对该项服务的不满。

四是养老需求方面。为了打破农村高龄老人"养老即等死"的错误观念,必须了解他们的诉求,从而对症下药,解决他们的难题,提高他们的养老质量。结果显示超过80%的高龄老人认为在其养老过程中最需要的是陪伴,包括与子女居住在一起的高龄老人。还有一部分行动无法自如的高龄老人认为在其养老过程中最需要护理。选择其他高龄老人,他们的回答多是金钱,他们认为有充足的资金可以保障他们的养老质量,甚至维系他们与子女之间的亲情。在互联网上可以看到很多子女掏空父母积蓄后对父母不管不问的新闻,所以有此需求也是现实选择。

（四）调查结论

通过此次调查,了解到F镇高龄老人的养老现状。虽然以居家养老为主,但并不是都有子女陪伴照料,独居的高龄老人数量依然不少。高龄老人身体机能下降,但是日常的基础病药品并不昂贵,结果却显示医疗花费占比较大,说明农村高龄老人的收入过低,现有的收入只够维持生活,无法追求高质量养老。高龄老人自身对陪伴的高比例需求反映出其孤独寂寥的心理,"家有一老如有一宝"的俗语也是说明陪伴对高龄老人的重要性。目前农村提供的养老服务显然并不符合高龄老人的需求,流于形式的基层服务,缺乏支撑的医疗帮助和闲置状态的日间照料中心,都没有达到预期的服务效果。

第九节　F镇高龄老人养老服务存在问题

高龄老人作为养老服务的使用者,始终处在一个被动承受的位置,尤其是长期生活在农村的高龄老人,受各类环境限制,无法准确地表达他们对本问题的意见和建议。基于此,本章采用访谈法对F镇高龄老人的监护人、村集体负责人(日间照料中心运营者)、民政助理员,以及社保专员共计12位相关人员进行访谈。访谈内容主要包括当前照料高龄老人过程中存在的困难,以及在提供相关服务过程中遇到的问题,通过访谈对本地区高龄老人养老服务进行更为全面地了解,对存在的问题和原因有清晰的认知。

一、乡村高龄老人收入稳定性缺乏保障

在农村生活的高龄老人收入来源包括以下三种:国家发放的养老金及各类补贴、子女供养和自身劳动收入。而其收入的不稳定性在于两点:一是收入来源不稳定,二是收入能否真正到达老人本人手中存疑。

在国家层面来说,发放给老人的养老金逐年上涨,但是与城镇老人相比差距依然较大。毋庸置疑,养老金和各类补贴稳定性有保障但是发放金额受地区财政影响较大,县区、乡镇甚至各行政村之间都有较大差距。

此外,由于高龄老人基本丧失劳动力,收入的主要来源还是依靠子女供给,而子女的经济状况和赡养观念并不是一成不变的,子女的收入和道德属于不可确定因素,因此在子女供养方面,高龄老人的收入存在极大的不确定性。

对于高龄老人自身的劳动收入则完全取决于其本人的身体状况和个人意愿,个体之间,个体的时间前后,其身体健康情况和个人意愿都存在极大的变数,基于此,高龄老人在其本人的劳动收入方面也具有不稳定性。综上

所述,高龄老人在收入来源上存在极大的不确定性和不稳定性。在访谈过程中发现,在高龄老人的收入中,国家政府部门应该发放至本人的各类补贴,实际上并不一定能到高龄老人本人手中。由于现在各类补贴的发放都采用发放至存折或者一卡通渠道,而生活在农村的高龄老人并不能或者无法自行携带各类证件去取到现金,因此这部分收入都由子女或者其他监护人保管,是否能真正用于高龄老人养老存疑,也体现了农村高龄老人收入的不稳定性。

二、乡村高龄老人缺乏定期健康体检

通过对高龄老人的走访调查和其他相关人员的访谈可以发现,高龄老人患大病重病的概率并不大,除了早年间患病一直在治疗的老人,大部分高龄老人只有一些常见的老年人疾病,包括高血压、糖尿病等慢性疾病,这些疾病并不需要昂贵的治疗费用,吃药所需的费用并不高,只需要平时注意生活习惯和护理。即使高龄老人危重病发生概率低,对其进行基础的健康体检也是有必要的,但是通过访谈发现,大部分农村高龄老人没有定期体检的意识,也没有这方面的服务提供。在众多养老服务供给中,健康体检这项服务尤其特殊,既需要专业人才也需要专业设备,这项服务供给难度较大。

在F镇,物流发展水平较高,网络购物便捷,很多家庭都从网络上购买生活所需,包括基础的血压血氧等测量仪器,但是家庭版的简易监测并不能替代完整的体检。农村没有相关方面的服务提供,最近的体检也需要到县城去,对于农村的高龄老人尤其是居住在偏远山区的农村高龄老人而言,去县城体检是一件极不方便的事情。

在访谈中,"体检总能查出来毛病,查出来就得看,看病就得花钱"这样的说法几乎是每个高龄老人的回答,他们总认为自己已经年纪大了,能坚持多久就坚持多久,体检属于"自寻烦恼"。"不检查就是没毛病"的想法并不罕见,所以更加没有定期做健康体检的习惯。

三、居家养老家庭经济能力支撑不足

农村的高龄老人基本没有劳动能力,收入主要是转移性收入,收入水平较低,不足以完全支撑老人的全部开销。按照现有的养老金水平,两个人一年养老金一共三千多,80岁以后一人多500,也就四千多,地里的农活逐渐力不从心,就靠养老金不足以支撑全部花费,还是全靠子女,但是子女也有家庭要管,还有孩子要念书、结婚、买房,负担本来就重,还得赡养父母,负担更重。在以家庭养老为主的农村,子女对高龄老人的赡养负担主要有两个方面:一是经济负担,二是生活照料负担。

高龄老人的子女即将或已经步入老年,他们也已经无法如青壮年时一样有充足的劳动收入,但是也有自己的家庭责任。子女的读书成家都需要不菲的费用,这些支出对于一个普通农民家庭而言本身就是一个经济负担,加上有老人需要赡养,更增加了他们的经济负担。更有甚者,这些负担转移到了孙子女的身上,不仅需要照顾自己的家庭,赡养父母,还需要承担起赡养祖父母的责任。在当今这样物价飞涨,生活成本提高的时代无疑是对年轻人经济负担的加重。

高龄老人的照料需要子女全身心地投入,这也导致子女或孙子女需要有人全职在家照顾老人的起居生活,也造成了一定有人牺牲自己的时间甚至事业,从而影响了家庭劳动力的收入。"本来他也能出去打工挣钱,因为我拖着孩子们不能出去。"这样自责无奈的声音在农村高龄老人之间比比皆是。赡养的责任和义务,让子女甚至孙子女不仅背负经济负担,还有长期枯燥的生活照料负担。所谓"久病床前无孝子",关键在于长时间的生活照料负担足以压垮一个人的精神。

四、乡村高龄老人对养老服务机构利用率低

为保障农村的养老服务,近年来农村新建了许多养老服务机构,比较典型普遍的是老年人日间照料中心,截至目前F镇共计有14个行政村的日间照料中心正在运行,但是其运行状况有所不同。按照要求,农村日间照料中心服务于全村60周岁及以上人员,提供的服务主要包括日常饮食和提供简单娱乐活动场所。有的村提供一日三餐,有的两餐或者一餐,收费标准也不尽相同,各村视自身的实际情况而定。上级拨付一定的补助经费,不足部分由各村自行解决。补助经费包括两部分,吃饭补助和运行补助,每个日间照料中心吃饭补助4万元,市级负担1万元,县级财政负担3万元,运行补助1万元由上级财政负担。日间照料中心建设要按照村里实际的老人数量,人数不足不能建设,且不能新建房屋用于日间照料中心,只能用本村现存的房屋进行改建,包括旧学校、旧村委或者从现有村委办公场所中划分几间房屋用于该功能。此外,该场所的面积不得小于150平方米。

F镇共计45个行政村,但拥有日间照料中心的不足一半,正常运行的也不足一半,建设和运行困难让很多村集体望而却步。

由此可见,日间照料中心从建设源头就存在种种困难,除指标不足,客观条件不符合外,在走访中发现,有的村由于没有符合条件的场所不能成立老年人日间照料中心。相关部门的政策规定限制了该项目的发展。

各村的日间照料中心运行情况良莠不齐,有的一直正常运行,有的基本处于闲置状态。大部分的日间照料中心实际为70周岁及以上的老人提供服务,服务内容主要就是餐食和简单的娱乐休闲设施。

这两个村属于基本正常运行的,也有的村几乎没人在吃饭,只在重阳节等节日的时候由村集体负责,召集村内老人在日间照料中心进行聚餐,该场所形同虚设,其基本功能没有发挥作用。

上级支付的运行经费有限,难以支撑日间照料中心全年的正常运转,有的村集体经济情况较好可以负担,但大部分村集体经济薄弱无法承担。

除日间照料中心外,F镇X村2023年申请新建了农村居家养老服务建设项目,在村内新建了一所三层养老院,计划服务对象为本村70岁以上独居、可以基本生活自理的老人,预计能容纳20人左右同时居住,两人一间,有独立卫生间,在村内按照就近原则招聘护理人员,一日三餐,每人每顿收取2元费用。目前该项目的主体已完工,只需进行简单装修就可运行。从任何角度而言,这都是对村民利好的信息,老人在村居住,有专人照料子女放心,尤其是高龄老人,无需担心日常基本生活,衣食住行皆有人负责,且收费较低不必忧心给子女增添负担。值得深思的是,F镇45个行政村只有这一处居家养老机构,且目前只服务于本村村民,得知这一项目时,最多的反应是:这是好事啊,周边村民能去吗?这样的疑问折射了农村养老服务机构建设的不足,对高龄老人这一部分特殊人群更加缺乏相关服务。这些机构建设运营困难导致真正有需要的高龄老人无法享受到此类服务。

五、针对乡村高龄老人配置服务设施不足

从各地的新闻中可以看到各式各样的针对高龄老人的社区服务和设施,但是很少有针对农村高龄老人专门的服务和设施。通过对F镇的了解发现,针对高龄老人的措施只有政府发放的每人每年500元津贴,既是低保又满80岁的每人每月额外补贴70元。社区的居家养老服务形式多样,包括医生上门做健康检查,定期有志愿者或网格员上门慰问,代买蔬菜等生活用品,上门理发等服务,有的社区甚至提供上门家政、上门送餐的服务,还有的社区对居家养老的高龄老人进行了"适老化"改造,但是在农村并没有相关服务的提供,慰问和帮助全凭村民或负责人的意愿,缺乏章程。

除了专门的服务,相关的设施配置也有很多不足。高龄老人大多行动

不便,但是只有办理了残疾证才有机会领取到残联发放的轮椅、拐杖等辅助行动工具,否则只能自费购买。老人,尤其是高龄老人摔跤的后果是很严重的,由于他们身体机能下降,摔倒后往往无法自行站起来。农村多在山中建设,道路也多为山路,即使经过多年建设基本实现了水泥路硬化到每家每户,但由于近年来雨水冲刷,路面塌陷,很多入户路已不如之前顺畅,这也为老人的出行带来了隐患。此外,厕所也是很多高龄老人最容易摔跤的地方,农村多为旱厕,且为了方便很多厕所没有屋顶,雨雪过后,路面湿滑,极容易摔跤,年纪越大,行动越不便摔跤风险越大。尤其是独居的农村高龄老人,在无人帮助的情况下极易发生意外。这部分基础设施在年轻人或低龄身体健康的老人看来并不是要紧的建设,但对于高龄老人而言却是生活中极大的隐患。

六、缺少对乡村高龄老人心理健康的关注

近年来老年人的心理健康逐渐进入人们的关注视野,赡养老人的内涵也愈发丰富,从单纯照顾生活起居,到身心健康地安享晚年,这也使得老年人可以度过快乐的晚年。但是农村由于发展落后,观念保守,乐享晚年的思想内涵还没能完全普及,在访谈高龄老人的过程中,不止一次听到"活够了""活这么久没意思"等回答,当问到"过得不开心吗?"等问题时,他们的回答多数是正向的回答,"子女孝顺""啥也不用操心""过得好",但是他们还是觉得"活够了",这样看似矛盾的回答却折射出高龄老人的心理健康问题。

高龄老人都是80岁以上的老人,多数丧偶,无论是独居还是随子女居住,他们内心的孤独都是存在的。且老年人难免跟不上社会潮流,尤其是农村高龄老人,几乎没有社交,没有娱乐,在这样的情况下内心的情绪就有可能不稳定。这也是我们常说的"老小孩"的原因之一。子女或监护人若只照顾高龄老人的生活,只关注其身体健康却忽视心理健康,不利于其养老质

量。因此想要农村的高龄老人也可以有过一个高质量的晚年生活,对其心理健康的关注也是必不可少的。

第十节　F镇高龄老人养老服务存在问题成因

一、经济发展落后

F镇一直是资源发展型地区,煤炭产业在整个地区都是支柱产业,经济发展水平一直落后于其他地区。经济发展的落后带来了一系列影响,教育水平不高、基础设施建设滞后、人口大量流出、城镇化建设缓慢、农村空心化严重等,这些问题都制约着农村高龄老人养老服务的发展。

(一)教育水平落后

教育水平包括老人自身的受教育水平和子女的受教育水平两个方面。农村高龄老人受各类条件限制,文化水平程度不高,尤其是在农村。在对F镇的访谈中发现很多高龄老人甚至是文盲,也从来没有走出县城。这样的受教育水平,也就导致他们只有依靠劳力生活这一选择。年纪越大,其收入来源越受限,也直接影响了老人们晚年生活的质量。而且一代人的教育水平落后不仅影响自己还对子女产生了影响,经过F镇的走访调查发现,高龄老人的子女受教育水平程度也并不高,基本在初中及以下。在受教育的年龄,迫于生计辍学打工、回村耕种的比比皆是,尤其是女性。因此,可以看到,F镇农村80岁以上的高龄老人及其子女当前的生活来源依然是体力劳动为主,政策性的补贴为辅。虽然受教育水平的高低并不完全决定收入多少,但对收入来源的选择多样性有非常大的影响。

教育水平的落后不仅影响了其收入水平还在很大程度上限制了老人对新型事物的接受和使用,比如智能家电和网络服务的使用等。这些产品和服务的发明制造和提供原本是为了方便生活,尤其是方便高龄老人的日常,解决他们因身体不便带来的生活困难,但是由于他们无法接受和使用这类产品和服务,不仅造成相关资源闲置,也导致高龄老人本人的生活质量提升缓慢。

（二）人口流失严重

农村的人口外流现象由来已久,F镇也不例外。F镇作为县城所在地,农村人口和社区人口有近两倍的差距。农村的青壮年劳动力为了生活和前途选择外出务工,导致很多空心村的出现,在F镇除了城中村和城边村,大部分农村常住人口为老人,常住人口甚至不到户籍人口的一半。人口外流导致空巢老人现象越发严重,高龄老人居住在农村没有子女陪伴,缺少家人的照顾,日常生活几乎以"凑合"为主,严重影响他们的晚年生活质量。

人口外流和农村城镇化发展属于双向循环,人口外流导致人才缺失,无法吸引投资,从而影响城镇发展,反之亦然。农村城镇化发展速度缓慢必然导致留不住人才,大量青壮年为了生活远走他乡。在这个双循环中,农村的低龄老人尚且可以依靠自己的剩余劳动力谋生计,但是高龄老人却是被放弃的一个群体,他们无法依靠自己的劳动力为子女或者社会提供足够的价值,只能被迫留在农村度过自己的晚年生活。

（三）基础设施落后

在F镇的农村由于地理位置原因,除少部分农村地势平坦,建筑房屋集中外,大部分村落建设在半山腰,且村民居住地不集中,有的在山脚下,有的在山顶上,在这样的地理条件下保持一定水平的基础设施建设困难重重。很多村民出行的水泥路年久失修,导致高龄老人们出行困难,带来生活不便。虽然自2022年起已开通免费的城乡公交,公交站点固定且发车频率仅一日一至两次,但部分村民居住地较远,需要步行至公交站点且时刻关注车辆返程,免费的城乡公交对高龄老人的外出收效甚微。

除交通设施外还需关注通信设施,在走访过程中发现有的自然村由于常住人口较少,甚至没有手机信号,或只有固定运营商的信号。现在的世界日新月异,对于出行不便的农村高龄老人,手机和电视几乎是他们与外面世界的唯一联系,在农村没有接入家庭网络的比比皆是,甚至手机接收信息,与家人视频通话都需要到院子里乃至山坡高处。通信设施的建设落后影响了高龄老人与社会的接触,也影响了他们与子女之间沟通的方便。

(四)养老服务投入不足

农村的养老服务目前寥寥无几,与社区尤其是经济发展好的地方相比,对高龄老人养老服务的投入更加缺乏,包括农村养老院的建设、"医养结合"服务的推广、老人娱乐休闲学习设施的提供等。

F镇截至目前只有一个村正在建设含有居家养老服务的养老院,甚至有的村没有老年人日间照料中心。这些农村养老服务的提供需要政府、社会等多方面的支持,但是通过对村集体负责人的访谈发现,他们认为"建当然想建,钱从哪里来,政府不给予支持,我们也只能干看着"。没有这方面的投入就无法改变当前农村家庭养老的传统模式,尤其高龄老人的养老质量只能完全依赖于子女,无法实现"老有所养、老有所乐"的目标。而镇上唯一的集中养老场所规模并不大,且只能为基本生活自理的老人提供服务,生活无法自理的失能老人作为最需要专业化照顾的一个群体却无法入住。现在国家正在提倡的"医养结合"养老服务在农村受客观条件影响几乎毫无踪迹,甚至几乎很少有人知道这样的模式。尤其是高龄老人的晚年生活需要专业的照料和陪护,这样的服务模式在农村进行大力度的推广就需要增加投入,完善农村"医疗""陪护"的制度和设施,否则"医养结合"只能退出农村养老服务。

近年来在各地区都兴起了"老年大学",为退休后的老人提供了社交和丰富自身提高自己的渠道,但是在农村却没有这样的平台。农村的高龄老人由于时代原因没有丰富的文化知识,也没有特长技艺,但是不代表他们没有学习的兴趣和能力。养老不仅是生存更是生活,缺少这项投入会让他们的养老生活枯燥乏味,影响他们的生活质量,甚至引发抑郁等心理问题,造成家庭矛盾。

二、高龄老人自身观念保守陈旧

农村的高龄老人受时代和生活条件的影响自身观念较为保守,通过走访调查发现,最突出表现在三个方面:一是对养老院的排斥,二是对体检的抵触,三是与晚辈之间代沟存在的正确认识。

（一）排斥"社会养老"模式

目前在农村,传统的"家庭养老""居家养老"观念根深蒂固,即使他们知道有"社会养老"这种模式,大部分都持反对意见,尤其是高龄老人,养老院养老的方式在他们看来就等于自己被抛弃。有生活自理能力的高龄老人宁可独居也不愿意去集中养老的敬老院生活,失能或半失能的高龄老人则完全选择随子女生活,即使子女无法提供专业细致的照料。F镇建有一所养老院,主要为所辖区域内的老人提供集中养老服务,经过了解该养老院目前居住的老人多为五保老人,甚至有自理能力的五保老人也不愿意在养老院养老。在F镇,有子女的老人去住养老院,其子女会被说"不孝",这样传统保守的观念由来已久,尤其是农村的高龄老人,他们根植于心的"孝文化"最重要的一条就是"养儿防老"。传统的观念导致父母和子女双方都排斥养老院,固然连接了家庭关系,弘扬了孝顺老人的美德,但同时也带来一定的弊端。大量养老资源的闲置浪费,老人得不到专业的护理,加重了子女的负担。

（二）抵触体检

由于农村条件有限,体检不方便,大部分高龄老人在年轻时也很少进行过全面的身体健康检查,随着年纪增长对体检的认识也不准确。医学和体检都是比较专业的领域,普通人尤其是农村的高龄老人在面对有关身体健康的问题上极容易上当受骗,这样的案例在农村时有发生,在进行这方面科普时容易矫枉过正,从而导致群众尤其是农村的高龄老人几乎全面否定体检。除上述原因外,还有最重要的一点就是经济原因。农村高龄老人没有稳定足额的收入来源,而一次全面专业的体检需要不菲的费用。"父母之爱子则为之计深远",为了不让子女增加负担,老人们尤其高龄老人选择不体检这样的方式。

农村高龄老人一方面担心经济困难,另一方面还担心上当受骗,甚至在他们的认知里还有"不检查就等于没病""老都老了,检查出病还得治,能活几天算几天"这样消极的思想认识,种种原因导致他们抵触体检的心理,不利于他们的身体健康。

（三）与晚辈观念的冲突

年龄不同,成长的社会环境和所处的时代不同,一定会导致"代沟"的产生,这在任何时候都是正常的现象。但是在走访中发现有些高龄老人并不理解"代沟"的含义,"你们就是太好活了""我们那时候……",尤其是与孙子女的沟通中,他们并不认为有"代沟"的存在,但其确实存在,两代人甚至三代人的消费观、价值观、生活方式都有很大的差异。高龄老人保守陈旧的思想导致很多老人固执专断的做法,强制性的行为容易造成家庭矛盾,不利于家庭和谐,也有悖于"家庭养老"最根本的宗旨,无益于老人晚年的快乐生活。

三、缺乏专业人才

针对高龄老人的养老而言最需要的人才就是专业的照料看护人员,尤其是当下农村最主要的养老模式依然是家庭养老,由子女或孙子女对高龄老人进行赡养。大部分农村对养老的概念停留在照顾衣食住行,有病治病的阶段,尤其是有基础疾病的老人,家人的照顾固然方便却不够专业,但是农村并没有专业的老人看护,也并没有专业的人员对照顾老人进行培训。农村的医疗条件较差,遇到紧急情况,监护人或其他家属无法采取有效的应急措施对老人展开施救,容易耽误病情。

对于农村高龄老人而言,除专业的看护人员外还需要专业的心理咨询人员。在农村养老最理想的状态依然是"儿孙绕膝""天伦之乐",但是这与目前农村发展城镇化的趋势相悖,子女为了孩子们的教育基本长期居住在城镇,无法做到每日的精心陪伴,只能在周末或寒暑假期间陪伴老人。对于农村高龄老人而言,其子女大部分跟随自己的子女去城镇照顾孩子的生活起居,只留高龄老人在农村生活,这部分老人成为"半空巢老人"。这样的现实导致农村高龄老人的内心无法得到满足,又缺乏排解的渠道,容易滋生心理问题,也不利于高质量养老的实现。

四、缺少符合基层实际的顶层设计

通过此次调查可以发现,现阶段的农村高龄老人养老问题最重要的原因是农村的发展跟不上城市的脚步,一直在时代发展的末尾,是社会力量的"盲区",政府政策的"短板",很多措施在落实中走样严重。

(一)实施办法脱离实际

在走访中,B村由于合并了相邻的自然村,为了给所有老人提供服务申请,扩建本村的老年人日间照料中心,但是该项目被驳回,原因是日间照料中心扩建属于项目"负面清单",此类项目不予通过。该清单的初衷是为了减少政绩工程、面子工程,也为了避免资源闲置,但是"一刀切"的做法使得该村现有的条件无法为全村人提供服务,导致有的老人没有享受到这一红利。类似的包括农村的日间照料中心不允许新建,导致没有闲置房屋的村无法建设该项目,无法为全村老人提供服务。此外,农村对老人提供集体服务基本限制在70周岁以上,约定俗成的条件也反映了农村现状,70周岁以上的老人不是完全劳动力,但是相关部门的政策年龄限制基本在75周岁或80周岁以上,没有考虑到农村老人的现实情况。各类政策办法措施的制定都经过了缜密的调研分析,但是很容易忽视各地区的实际情况,在因地制宜方面存在疏漏。

(二)制定措施忽视农村

养老和医保原本在农村缴纳"新农合",城市居民和农村居民有所区分,但是自合并为城乡居民后每年缴纳的费用逐年上升,导致很多居民排斥缴费。2023年城乡居民医保缴费均为380元/人,若一家四口则需缴纳1520元,按照平均价格,按照F镇的实际情况每亩粮食大约收入800元,仅这一项就需要花费两亩粮食的种植收入。在这样的经济状况之下,高龄老人的参保意愿就会极大地降低,节省资金提供给家里的年轻劳动力,导致高龄老人医疗自费部分增加,继而降低他们的治疗意愿,如此循环往复耽误病情危害健康。

当前各地社区都在推广"医养结合"的养老服务,但是该政策基本在城市和社区当中进行试点实践,并未在农村进行试验,当然,按照目前农村的现实医疗条件,无法实施该项措施,但相关政策部门并未依据农村的实际情况制定推广类似的方案,而是选择忽略。在城镇化、现代化建设的过程中,农村跑得慢,尤其在基础设施建设和服务提供方面远远落后,农村的高龄老人自身跟不上时代的发展,但是他们的晚年生活不应该被忽视。

(三)农村基层落实政策有差距

各地养老金水平存在较大的差距,最主要的原因是各地区经济发展不平衡,尤其是农村,相邻的村落之间由于村集体经济的强弱有异,养老金及其他福利服务也有所差异。从中央到地方制定了最低标准,具体落实高度依赖基层组织,基层组织因领导力差异、地域优势、历史积累等原因会极大地影响村集体发展,进而影响到生活的方方面面。对于农村居家养老的高龄老人而言,他们养老服务的享受完全依赖于村集体,对很多农村基层组织而言所有的福利发放和服务提供又完全依赖上级组织。上级部门把落实和发展交给基层,而基层的发展和落实又大力依靠上级支持,双向的依赖导致了"推诿扯皮"现象的发生,也造成了农村养老服务体系完善的困境,遑论对高龄老人养老服务的关注。

第十一节　提高乡村高龄老人养老服务水平的建议

为加快城乡融合一体化进程,保障城乡居民都能享受到同等水平的养老服务,各地区都先后出台了很多政策,但是在落实和成效方面不同。所以各级政府要把农村养老逐步纳入整个养老服务体系建设中,在建设过程中要考虑到各年龄段老人的特殊需求,逐步完善养老服务的实施办法。

一、细化乡村养老服务方案

各地区的农村经济发展、人文历史、地理条件、人口结构等不同,因此在制定养老服务办法的过程中需要大量的实地研究,因地制宜完善地方政策。出台的各类政策方案需要制定统一的标准,但是要为基层的实际情况留有余地。例如浙江省杭州市先后印发《关于推进城乡统筹农村居家养老服务工作的实施意见》《深化农村居家养老服务实施办法》等支持政策,把农村养老纳入了社会养老服务体系建设中。其中《杭州市居家养老服务条例》最为详细,该条例规定:每个行政村或者相邻行政村至少集中配置一处居家养老服务用房,单处建筑面积不少于300平方米,有效整合了各村老年活动中心(室)、文化礼堂、老年食堂、农家书屋等服务设施,鼓励农村集体经济组织依法使用集体所有土地为本组织成员建设居家养老服务设施,构建形成20分钟农村居家养老服务圈。极大地方便了没有资源在本村建设提供居家养老服务养老院的行政村,有益于农村各年龄段老人的生活娱乐,尤其是行动不便的高龄老人。

根据各地农村实际情况细化方案,涵盖各种情况的老人,失能老人、半失能老人、空巢老人、独居老人、低龄老人、高龄老人,他们的养老需求有共同的地方也有其差异之处。此外,要在农村逐步推广社会养老的模式就需要对农村养老院等机构进行规范审批,保证质量的条件下简化审批手续,方便社会养老机构逐步进入农村养老体系。因此在制度建设、办法制定、方案落实的各个阶段都要进行逐级细化,对老人的基本养老需求采取统一标准,对高龄老人等特殊群体在制度措施方面进行差异化细分,为逐步建立多层次、全覆盖的农村养老体系奠定制度基础。

二、鼓励民间力量参与养老运营

在"家庭养老"占据主要地位的农村推广社会养老必然有很多困难,只依靠政府的力量显然无法改变这一现状,因此要充分利用社会力量,鼓励民间资本参与到农村养老服务体系中。因此各地在进行制度建设和政策制定的过程中要对民营养老机构和提供养老服务的民营企业给予一定的政策支持和资金补贴。机构养老产业在我国刚刚发展,尤其是农村的机构养老尚在起步阶段,运营初期难免遇到困难,给予一定的政策补贴可以帮助吸引更多的民间资本投资,也可以大大缓解政府的养老压力。

比如杭州市《促进微型养老机构规范发展的指导意见》的出台,简化了审批手续、支持农村闲置用房改建微型养老机构,探索10—30张床位的独立法人资格"家院一体"微机构,降规模不降标准,给予每张床位3000—4000元的一次性建设补助和每人每月100—400元的床位运营补助,对有资金需求的给予50%贷款贴息支持,对参加政策性责任保险的给予三分之一补助,依托慈善基金及长护险等可持续运营,形成了村建民营市场化运作的有效闭环,真正实现"垂暮不离亲、养老不离家"。任何产业的运营都需要找准目标客户,即便是运营农村养老院也会进行市场细分,可以生活自理的老人和无法自理的老人、有子女的老人和无子女的老人、独居老人和有配偶的老人、低龄老人和高龄老人,不同的目标群体有不一样的养老服务需求。针对不同目标群体建立的养老院提供不一样的服务,需要不一样的人员和设备,农村高龄老人等有较多服务需求的群体选择社会养老的方式就需要更专业的人员和更多的设备,这些无法完全由政府部门提供,需要社会力量的参与。对于自然村多且分散,交通不便且常住老人较少的村,这样的政策可以有效整合农村闲置住房资源,尤其对经济拮据的高龄老人而言,可以在步行路程内花较少的费用享受到较高质量的养老服务,同时减少了政府投入。

除了鼓励民营企业参与养老产业,还要吸纳更多的人才投入农村高龄老人养老行业中来。采用结对帮扶的方式对现有的照护人员进行定期专业培训,通过民间养老机构提供就业岗位,吸引人才回乡的同时培训更多的专业人员。资本和人才都是农村高龄老人享受高质量养老服务的必要条件。

三、为高龄老人提供餐食服务

高龄老人大多行动不便、牙齿松动脱落、消化能力减弱,因此高龄老人的饮食与他人有所区分。尤其是独居的农村高龄老人,买菜不便导致吃饭凑合基本是常态,行动不便导致不愿去距离较远的日间照料中心就餐。因此,为行动不便或者独居的高龄老人提供上门送餐服务可以解决他们在饮食上的难题。如余杭区百丈镇实施了"中央厨房+配送+助餐点"模式打破以往村与村、项目与项目之间的壁垒,整合照料中心、农家乐、家宴中心等资源,引进专业组织运营,组建配送小队送餐入户,在各村增设1个或多个老年人助餐点,实现助餐全域化,下一步还将以此为蓝本研制省配送餐服务规范。此外建德市的做法也值得推广学习，依托村老年协会负责运营，给有条件的老年食堂安排2到3块农田作为爱心蔬菜基地直供。既可以让老人吃到安心的饭菜，也极大地考虑到高龄老人、失能老人的不便之处，彰显了"人性化"施策。

"民以食为天"基层组织成立送餐小分队，在摸清本村老人的基本情况后，尤其是本村的高龄老人等特殊群体，为其提供上门送餐服务，餐食内容与日间照料中心相同。小分队可以由本村村干部分组轮流担任，既可以解决他们的饮食困境，每日的上门看望也可以及时观察老人的身体状况，以防万一。

四、为高龄老人的居住房屋提供适老化改造

当前很多农村地区的房屋以砖木结构为主，高龄老人故土难离，也有很大一部分居住在窑洞中。窑洞冬暖夏凉适宜居住，但是年代久远，有居住风险且大多空间狭窄，砖木的房间可以保证基本安全，但取暖困难，不适宜冬季居住，这也是农村老人在冬季时多选择与子女进城居住的原因。因此，为保障老人尤其是高龄老人的居住条件，可以对其常住房屋进行适老化改造。按照不同需求增添老年人的辅助设备，包括辅助行走、上厕所辅助器、洗漱辅助等满足基本生活需求，此外还可以安装智能检测设备，与子女或村干部的手机绑定，如果出现特殊情况可以及时反应，采取措施。目前已有部分农村家庭进行了相应的改造，完全是子女或家庭的自主行为，并没有相关的标准和规定。

2020—2022年，义乌市连续3年完成民生实事生活困难老人家庭适老化改造工作，累计改造461户。同时，通过政府出资，委托6家养老机构为全市失能等级1—3级的独居、高龄、家庭困难老人提供每月4—8小时的养老上门服务。但是该服务基本集中在社区，下一步将这样的适老化房屋改造和

上门养老服务推广到农村,由政府牵头,集中社会力量为农村地区的老人尤其是高龄老人打造安全、舒适、智能养老的晚年居所。

五、在乡村高龄老人中推广"医养结合"服务

"医养结合"服务在社会机构养老中较为普遍,农村鲜为人知。每个行政村都有村级卫生室并配备一名村医,这一点于该模式在农村推广有力。无需新建医疗机构,也无需新招聘专业人员,对农村现有的村医进行更为专业的培训,尤其是康复理疗、中医按摩等方面,村医即可提供"医"的作用,也不必打破老人认同的居家养老模式。

根据F镇的情况,各村的卫生室目前配备了简单的仪器和治疗床,下一步可根据各村老年人的身体状况、高龄老人的人数配置一定的理疗仪器,相关部门按照一定比例给予资金补贴,村卫生室按照服务项目不同收取合理的治疗费用。医保卫健机构分析研判之后决定该项目是否纳入医保报销,确定报销比例。

六、规模性推广"互助养老"模式

"互助养老"模式开展较早但是并未大规模推广,反映了这种模式在实际落实过程中存在的问题。互助模式要求村民之间有较高的信任度,对第一批低龄老人有较高的道德标准,对乡风文明有一定要求,在实际实施中极大地依赖宗族关系和领导的个人威信。

当前的村落很多还是以姓氏论家族,因此可以在各个家族中推选一位德高望重的老人负责此事,并制定明确的乡规民约,由固定的低龄老人照顾高龄老人,原则是"就近,就亲,就便",同时确定该低龄老人以后的结对者。互助内容包括日常起居、精神关爱、生活陪伴、医疗陪诊等,对于可以生活自理的高龄老人主要提供看护和陪伴服务,产生的相关费用由子女或老人自

身负担,无子女且不愿入住养老院的高龄老人,相关费用主要由老人负担,不足部分由村集体自筹,相关规则条款需公开透明,并制定一定的约束奖惩机制,将互助养老的模式健康持续地发展下去。

七、实现乡村养老"数字化"

"互联网+"的概念和应用已经深入我们的日常生活,当前农村的互联网普及程度已经足够,搭建"互联网+养老"平台,横向与多部门数据交互,纵向与各级系统对接,动态掌握老人信息,方便子女及其他监护人即使无法全天候全身心陪伴也可以做到"云陪伴"。在杭州市农村实行了"重阳分"机制,打破过去传统支付模式,为农村低收入高龄及失能老年人开通电子养老卡及全域通用电子货币"重阳分",老人既可用于居家养老上门服务,也可带入各类养老服务机构用于床位费及护理费等。手机端提供实时查询服务,可以熟练使用智能手机的在其本人的手机端使用,无法自行使用的可以绑定其监护人的手机端,查询内容涵盖周边村级养老设施、预约助餐、助浴、代办、康复等多项服务,互联网养老护理员可在线接单,提供养老服务,打破城乡区域养老服务壁垒,服务项目根据价值不同灵活计价。

低龄健康的老人对数字化的农村养老服务的需求并不急迫,主要为农村高龄老人和失能老人提供服务,帮助老人在居家养老的过程中省时省力,也为子女在赡养过程中减轻负担。康复理疗等专业性较强的工作交由专业的人来做,没有时间陪伴的也可以从平台预约专职人员陪伴老人,心情郁结情绪低落的老人可以从平台上找到专业的咨询师为其纾解情绪。由于该平台具有较强的地域性,各地区可以依据本地区的风格增添特色养老服务,如很多农村冬季仍采用烧煤取暖的方式,夜间容易发生意外,高龄老人行动不便,不够警醒,该平台可以加入一氧化碳含量检测功能,及时发出警报,保障安全等。

八、发放便携智能的养老设备

由政府部门牵头联合社会各界的民间力量为农村低收入的高龄老人提供便携智能的养老设备,充分利用科技的力量,帮助老年人养老。尤其是农村高龄老人外出不便,自行操作的智能设备于他们而言不会操作,佩戴和使用养老设备尤其是含语音功能的检测类设备极大地有利于他们的养老。

往往这类设备价值不菲,尤其是对于农村的高龄老人,没有稳定足够收入的现实条件,加上"养老即等死"的固执心态,他们不可能自己购买该类仪器。由各级政府进行摸排,对确有该方面需求的老人进行登记,与社会资本和民间力量进行沟通,经正规渠道进行采购,在保证商品质量和基本功能的前提下用最低的价格完成发放,惠及有需要的人。

九、支持村集体经济发展壮大

高龄老人的收入除各级政府按照规定发放的部分,还有基层组织发放给老人的补贴,这部分资金的来源就是村集体经济收入,因此各级各部门都出台了很多的政策支持村集体产业发展,为了鼓励各村建立自己的产业,发展壮大村集体经济还需多措并举,齐心合力。

一是党建引领发掘特色经济。曹县的汉服、义乌的小商品等享誉全球,但并不是所有的地方均可以模仿借鉴的产业,需要基层组织结合当地实际,发掘本村特色,积少成多,由小到大。发挥基层党组织对村集体经济发展的主导作用,将党建引领与产业发展深度融合,发挥党支部的"领头羊"作用。

二是盘活闲置资产,鼓励人人参与。农村集体产权制度改革就是为了彻底清查各村的资产状况,借助此次改革将村集体存量资产、自然资源进行盘活,从而有利于下一步高效利用。要深化农村改革,充分挖掘农村产业资源,通过一、二、三产业融合发展,使地方资源产业化,增强村级集体经济薄弱村的组织"造血"功能,让集体资金、资产、资源实现保值增值。借助"人人有股份"产权交易平台载体有效整合多个村庄的资源、资产、资金,以"股份合作"等形式构建紧密的联结机制,把农民融入村集体经济发展的产业链。

十、改善乡村基础设施

农村基础设施是提供养老服务的基础,尤其是农村高龄老人在交通、通信、医疗卫生条件等基础设施方面有实际需求,提高他们的养老质量,缩小城乡差距的必要条件就是完善农村现有的基础设施。

一是道路交通方面。农村高龄老人出行困难,尤其是山区的农村,道路崎岖,为了出行安全便捷,不仅各行政村需要定时公交,有人居住的自然村也需要提供城乡公交服务,方便老人外出采买,避免与世隔绝。此外,农村道路尤其是入户路需定时检测维修,尤其是遭遇大雨、大雪、泥石流等恶劣天气后,不仅要关注住房安全也要关注出行道路安全。

二是通信覆盖方面。根据中国互联网络信息中心最新报告显示,截至2023年6月,我国农村的互联网普及率为60.5%,与城市的85.1%还有较大差距。[1]为不让农村高龄老人被时代洪流淹没,也为后续的智能化养老服务可以顺利进入农村,必须加强农村的通信建设。支持各大运营商在农村建立基站,实现互联网全覆盖,并对运营商的后续服务进行监管,及时对相关设施进行维修更新。

三是医疗卫生条件方面。三甲医院的人员技术普及并不现实,但是可以依托现有的条件进行人员专业培训和村级卫生室改造。三甲医院与各县区医院相互结对,定期组织村医培训,主要培训常见病基础病的识别和应急

---

[1]　数据来源:中国互联网络信息中心2023年8月28日发布的第52次《中国互联网络发展状况统计报告》。

处理,以及常见的康复理疗手法,帮助村内出行不便的高龄老人进行康养治疗。此外对村级卫生室进行一定程度的升级,除了常用药的配齐,还要配备常见的医疗器械尤其是检测仪器和康复仪器,帮助村内高龄老人及时就诊方便康复。

十一、吸引人才回乡就业

近年来直播带货的兴起促使了一大批年轻人回乡创业,尤其是助农直播收获大量好评。出台政策吸引和帮助年轻人尤其是高质量人才回乡就业,不仅可以缓解自身的就业压力,也帮助农民在家门口就业,让"居家养老"不再是高龄老人一个人的家,真正意义上成为"家庭养老"。政府要出台政策为回乡就业的年轻人提供便利。包括提供专业培训、资金支持、官方宣传、搭建互助沟通平台、简化审批流程等措施,为其创业就业过程清除障碍。此外,让尚有余力的老人包括身体健康的高龄老人做力所能及的工作,如少量种植蔬菜、制作手工艺品等,发挥余热的同时增加收入。

十二、丰富高龄老人精神文化生活

除了关注高龄老人的身体状况也要关注其心理和精神状况,长期居家、无人陪伴、缺乏娱乐容易造成心理问题,也是老人"养老即等死"错误心态的原因之一。在村内组织秧歌队、模特队、歌唱队等民俗表演队伍可以丰富他们的精神,充实他们的内心。高龄老人可以根据自身的爱好和身体状况参与各类活动,比如秧歌、舞蹈、戏曲等,身体状况不允许的可以参与脑力活动,比如象棋、五子棋、书法等。多参与集体活动,既可以增进村民之间的关系,也可以实现"老有所养,老有所乐"。

由村集体进行组织并提供场所,相关娱乐活动还需要老师教授。村内若有该项目爱好者或特长者可直接联系,若没有,年轻的基层干部可以担任

"农村老年学校"的老师,参照城市的老年大学,给农村的高龄老人提供相应的服务。

附录A　问卷调查

尊敬的先生/女士：

您好！我现在在进行关于乡村高龄老人养老情况的研究,需要实地了解目前乡村高龄老人的现状和问题,需要问您一些问题,请根据您的真实情况填写。我保证问卷数据仅限于统计分析,对您的个人信息将予以严格保密。感谢您抽出宝贵时间参与问卷调查。

1.您的性别?

A:男　　　　　　　B:女

2.您有几个子女?

A:1个　　　　　　B:2个　　　　　　　C:3个以上

3.您现在随子女居住吗?

A:是(转5)　　　B:否(转7)

4.您是长期与现在的这个子女住在一起吗?(超过1年)

A:是(转7)　　　B:否(转6)

5.您平时可以自己出门吗?

A:是　　　　　　B:否

6.您平时会经常吃药吗?

A：几乎不吃　　　　B：吃，但是不多　　　　C：吃很多药(转9)

7.您每个月在药品方面的支出占生活支出大概有多少?

A：10%及以下　　　B：10%—20%　　　C：20%—30%　　　D：30%以上

8.平时买药是否方便?

A：是　　　　　　　B：否

9.村里是否提供其他的养老服务?(日间照料中心、定时体检等)

A：是(转12)　　　　B：否

10.您有没有接受过集体提供的养老服务? 还满意吗?

A：没有接受过　　　　　　　B：接受过，不太满意(转13)

C：接受过，比较满意　　　　D：接受过，很满意

11.您不满意的原因是什么?(可多选)

A：太麻烦了　　　　　　　　B：服务态度不好

C：感觉没有用　　　　　　　D：收费不合理　　　　E：其他

12.您觉得高龄老人养老最需要什么?

A：护理　　　　　　B：陪伴　　　　　　C：其他

13.您对现阶段的农村养老服务体系还有什么建议?

附录B　访谈提纲

一、访谈对象：监护人

1.您照顾您的父亲/母亲大概多久了，平时感觉怎么样？

2.您的父亲/母亲在生活自理方面大概是怎样的情况？

3.平时照顾他们最需要注意什么？

4.您兄弟姐妹有几个？ 你们之间对照顾老人这件事是怎么决定的？

5.有没有想过把老人送到养老院这类的机构，原因是什么？

6.有关养老的政策制度大概了解些什么？ 平时从什么渠道获取这些信息？

二、访谈对象：村集体负责人（农村养老机构经营负责人）

1.村里目前常住人口的年龄结构大概是怎么样的？ 80岁以上的老人大概有多少？

2.村里的高龄老人都是随子女居住生活吗？ 有没有在养老院养老的？

3.村里提供过哪些服务老人的服务？ 大家反响如何？

4.就本村情况而言，高龄老人的养老状况如何？ 老人的幸福度大概有多高？

5.现阶段本村缺少哪些养老服务或者设施？ 没能健全的原因有哪些？

有日间照料中心存在的村补充：

6.现在村里的日间照料中心还在运营吗？ 基本情况是怎么样的？

7.运营过程中遇到哪些困难？有解决方法吗？

8.您觉得日间照料中心的运营有没有给村里的老年人带来方便，有没有继续运营的必要？

9.日间照料中心的运营有哪些需要改进的地方，包括制度、设施等各个方面？

三、访谈对象:乡村卫生所村医

1.村里的老年人平时在这里拿药的多吗？主要都买哪类型的药品？

2.买药的时候是老人自己来买还是子女来买？

3.他们买药所花费的支出多吗？大概是个什么情况？

4.村里的卫生所有没有给老人们提供过相关的服务？都有些什么？

5.老人对卫生所提供的相关服务评价如何？有哪些需要改进的地方？

6.如果培训村医一些老人的专门护理知识，然后由你们教给村民，这样的方式可行吗？不合理的话为什么？

7.在现在的制度体系下,村级卫生所和村医还能做哪些工作来完善整个养老服务体系？

四、访谈对象:民政助理员

1.困难高龄老人的相关补贴政策有哪些？整体的流程是怎样的？

2.本地区目前日间照料中心的整体运营情况如何？

3.有关日间照料中心的建设和运营有哪些制度？

4.一部分老人享受了护理补贴,这项政策的判断依据和流程是怎样的？

五、访谈对象:社保专员

1.目前的养老金发放标准是什么？

2.农村养老保险的参保率怎样？

3.本地区享受高龄补贴的大概有多少人？

4.现阶段的养老金及相关政策的落实情况如何？

第五章　城乡社区养老育幼服务观察

第一节　从"养老"到"老养"：积极配置银发资源的
中国方案

习近平总书记一直重视老龄工作,多次对老龄工作作出重要指示。党的十八大以来,在以习近平同志为核心的党中央领导下,我国践行积极应对人口老龄化的"中国方案"。截至2022年底,全国60岁及以上老年人口达2.8亿,占总人口的19.8%,预计2033年将突破4亿,2053年将达到4.87亿的峰值。如何应对未来的银发浪潮,既需要理念、原则、标准的引领,也需要各领域、各群体的群策群力、积极行动。

长期以来,无论是理论界还是实践界,传统的主体论调往往单一停留在把老年人视为"养老""适老""亲老"等一系列行为的抚养对象,强调对老年群体的"负担心态"和"责任""义务"视角,视老年群体为纯粹的弱势群体,而较少以平等的视角把老年人视为与其他群体等量齐观的有为主体,进而忽略了对老年人积极老龄观的意识形态培养和宣传,忽视了对我国庞大且极有潜力的老年人力资源的积极开发。

　　传统且僵化的"养"老视角下的千篇一律、保姆式的养老照护,不仅给各级政府、社会组织、子女孙辈等提出了极高的保障要求,造成了较大的社会保障和家庭照料压力,更是对我国数量庞大、潜力无限的老年人群体资源的浪费。长此以往,不仅无法真正满足老年群体多样化、立体化需求,更不足以应对我国现阶段人口数量和人口结构的巨大变化,无法为全面推进中华民族伟大复兴提供更加厚实、全方位的助力。应该看到,随着人口老龄化的进一步加深,以及我国经济发展的转型现状,综合、细化考虑我国老年人的年龄构成和健康状况,老年人既是一系列"养老"服务和行动的指向对象,更是能够实施"老养"的有为主体。现阶段我们需要通过全面树立起新思维,变"养老"为"老养",改变单一地把老年人群体"养起来"的传统观念,转变为分层、自愿原则主导下的老年人群体"起来养",鼓励他们以一种积极向上、各尽所能的状态,投身于家庭、社会和国家建设,全方位助力中国式现代化建设,共赴社会美好生活新征程。

一、"养老"视角下的老年群体各项资源面临闲置和浪费

(一)老年人的技能无处施展

　　随着我国人均预期寿命的不断提高,老年人生理和心理机能退化也呈现出逐渐推后的趋势。2022年7月12日,国家卫生健康委员会发布的《2021年我国卫生健康事业发展统计公报》显示,随着近年来我国居民生活水平和健康意识的提高,以及医疗水平和社会保障水平的持续进步,中国居民人均预期寿命提高到78.2岁,其中55—65岁的低龄老年人中,身体健康的人群占比约为65.5%,基本健康的人群占比约为27.4%,两项合计约为92.9%。除了少数失能、失智老人,绝大多数老年人身体机能基本正常,工作技能和生活经验积累深厚,对工作仍然有着现实的经济或精神需要,无意或无力彻底停下来被动养老。根据某线上招聘平台数据显示,2022年,在该平台上活跃的

55岁以上求职者数量已同比上涨27%,68%的老年人退休后再就业意愿强。但现实情况是,除了在农村劳动市场中继续从事个体农业劳动的老年群体,其他行业的老年群体或多或少受到现行退休制度或固有年龄观念的影响,被不加区分地打上能力弱化、退化标签,被劳动力市场招聘中随处可见的"年龄上限""超龄清退"等要求拒之门外。"养老养老,越养越老;干活干活,越干越活",这种根据单一年龄因素一刀切、忽视年龄和技能经验之间正向积累关系的做法,使得很多老年人积攒多年的技能无处施展、欲用无门,内心失落和经济压力无法排遣,反过来在一定程度上促使原本健康、充满活力的老年群体加速衰老,给个人、家庭和政府增加了养老负担。

(二)老年人的闲暇时间过于浪费

老年人因为年龄增长被划归为单一的养护对象后,与老年等同于退化衰老的刻板印象相伴随,社会对老年生活也开始形成了一种固化归类。社会主流叙事体系中,有意无意的将"养老"生活简单等同于脱离工作和儿女的牵绊,有钱有闲、纯粹的娱乐、休息等。新闻报道中时常出现老年人与年轻人争夺场地跳广场舞,在棋牌室、麻将馆消磨时间,在抖音、快手直播间沉迷于购买保健品等内容。久而久之社会普遍形成一种不分年龄、不分状态的"老年生活泛娱乐化"的主题论调,进而有意无意的衍生出"老年边缘论"甚至"老年无用论",又进一步助推了社会各界对老年主体社会权益的单一化和狭窄化。长此以往,不仅会进一步加深劳动力市场对老年人人力资源的忽视和不信任,甚至也会让老年人自身形成一种老年生活的思维定式和自我矮化,压抑了老年群体的潜在社会需求,阻碍了老年群体的潜能持续发挥,进一步收紧了老年人的发展进步空间。

(三)老年人的财务支出遭遇偏差和风险

由于时代背景机遇、积累时间较长、生活消费习惯等方面的原因,老年群体普遍有着或多或少的财富积累,相应有着一定的消费能力。但由于信息技术、人工智能等一系列新技术在生活场景中的广泛应用,尤其在与老年人日常生活息息相关的消费和金融领域,层出不穷的新模式、新技术对他们提出了极大的认知和应用挑战。社会日新月异的技术化发展和老年群体应用新技术的普遍落后保守之间形成了明显的错位,"信息鸿沟""技术壁垒"等在老年群体日常生活中成为普遍的困境,老年人的财务支出、情感需求成为不法之徒加以利用和欺骗的重点对象。他们有的利用老年人对高科技信息手段和金融方式的不熟悉,打着"高额利息""多倍返现"的旗号进行金融诈骗,有的利用老年人对"健康养老""品质养老"的迫切需求进行非法集资,有的利用老年人儿女不在身边、生活孤单、情感空虚,大肆向老年人推销保健品或其他商品,甚至以"相亲"为名义进行情感诈骗,更有甚者专门针对老年人开发手机软件,诱导老年人参加传销组织、邪教组织,制造社会不稳定事件。

二、"老养"视角下配置银发资源的路径探索

(一)积极吸纳老年人,培"养"爱国情感

老年人由于年龄原因,或长或短经历了漫长又曲折的新中国成立、建设、发展的全过程,自身的生活、工作和国家、民族、社会发展紧密相连,他们是新中国第一线的建设者和见证者,普遍对祖国的日益开放强大有着鲜活又丰富的经历和感受,对国家和民族有着真挚又深厚的情感。早在2013年3月17日,习近平总书记在第十二届全国人民代表大会第一次会议上就高瞻远瞩地指出:"实现中国梦必须弘扬中国精神。这就是以爱国主义为核心的民族精神,以改革创新为核心的时代精神。这种精神是凝心聚力的兴国之魂、强国之魂。"要实现这一目标,各个年龄段的老年人无疑是最佳讲述者,最有说服力、公信力、感染力。各级政府和社会组织可以试着把老年人的这一情感优势集中组织、利用,以老年宣讲团、座谈会、巡演等方式,鼓励老年

人深入基层,积极开展"忆青春、感党恩""我与新中国一起走过"等相关爱国宣讲活动。教育部门可以推动相关领域的退休专家作为"课程思政"的兼职教师或顾问,鼓励老年退休教师重返课堂,以亲身经历现场教学,增强思想政治教育的鲜活度和感染力。民政部门也可以通过把爱国主义精神和家风建设结合起来,鼓励老人在家庭生活中通过言传身教,做子孙后辈爱国主义道路上的引领者和培育者。如上所述,让老年群体以春风化雨、润物无声的姿态投入爱党爱国主义精神的宣传和教育活动中,既能发挥该群体广泛、均衡、联系紧密的力量优势,提升教育的广泛性和有效性,又能进一步激发老年人的生命活力和社会价值,使他们意识到,自己并没有因为年老力衰而落后于时代和国家,他们与年轻人一样,是国家和民族发展不可或缺的同路人甚至是引领者,进而更深层次地提升老年人的生命活力和幸福感,促进我国老龄事业的良性循环发展。

(二)积极吸纳老年人,"养"承工作技能和经验

2020年11月14日,习近平总书记在全面推动长江经济带发展座谈会上指出,要"强化企业创新主体地位,打造有国际竞争力的先进制造业集群"。结合当前我国从"制造大国"向"制造强国"转型的时代背景,回应习近平总书记对新时代我国技能型社会、终身学习社会的殷切期望,重视人才尤其是具有丰富工作技能和经验的老年技能人才,有意识地给退出工作一线的有活力的老人们继续提供施展工作和生活技能的舞台和渠道,是我国现阶段推动制造业和实体经济高质量发展、全面建成小康社会的重要一环。

第一,让老年技能人才在身体允许的情况下,继续以返聘、顾问、监督等形式,在生产、制造、服务需要的各个环节对年轻人进行"传""帮""带",既是实现产业技能和经验有效传承和积极创新的基础,也能从精神上帮助这些老年人树立具体目标,保持活力,最终实现经济效益和社会效益的多重提升。

第二，以企业为对象，出台一系列优惠政策如税收优惠、补贴、奖励等，鼓励企业在岗位劳动强度允许的情况下，扩大低龄老人岗位供给，挖掘低龄老年群体劳动潜力，提高全社会平均劳动生产率，助力区域和国家经济发展。

第三，进一步提升行业和企业数字化、机械化、电子化等技术手段应用，加大对老年群体的信息化、智能化手段应用培训，让"老年人"和"机器人"相结合，从事一些机器主导、人工辅助、劳动强度较低的工作，提高老年人工作能力，增加老年人就业机会。

第四，要在法律法规层面上保障老年群体就业权利，如进一步完善劳动法再就业制度，增加关于"就业权利年龄"上限的制度安排，完善老年就业职业保险制度等，允许老年人在合理评估自身情况的基础上，有选择工作与否的自由。最后，在某些年轻人不愿或较少从事的行业，如传统体力劳动领域的建筑业、货运业等，鼓励和允许更加吃苦耐劳、韧性十足的适龄老年群体停留，给予他们更多的制度保障和人文关怀，既能缓解该部分老年群体的生活经济压力，提升他们的生活水平，又能借由他们的劳动和拼搏精神，给年轻人树立精神榜样和追赶目标，进而在全社会形成"劳动最光荣"的美好风尚。

（三）积极吸纳老年人，"养"育家庭

随着我国20世纪80年代以来的城市化进程的加快，人口流动尤其是年轻人异地求学、工作进而成家成为一种普遍现象。这些年轻人的父辈群体，有相当一部分会选择在年老之后随迁子女，既能在日常生活中继续照料子女和孙辈生活，又能为自己未来进行家庭养老作准备。没有流动人口的家庭中，父辈老人继续与子女共同生活的也不在少数。即使分开居住，老年人和子女孙辈生活联系紧密、彼此照顾也是我们中华民族的优良传统。据统计数据显示，我国现阶段拥有60岁及以上老年人的家庭数量，从2010年的

1.23亿户增加到2020年的1.74亿户。"家有一老,如有一宝",老年家庭成员的存在,不仅能在生活中帮助子女分担琐事压力,如买菜、做饭、打扫卫生等,很多老年人也承担起抚养孙辈、教育孙辈的重担。除了生活上任劳任怨,还有很多老年人在经济上需要继续支持子女,动用自己半生的积蓄帮助儿女"六个钱包"买房,贴补儿女日常家用,给自己的"全职儿女"发放工资,支持儿女创业等屡见不鲜。种种现象表明,我国老年群体在家庭稳定和代际传承中,以其极高的责任心、极强的奉献精神,成为一个个家庭运转的中流砥柱,他们从未在家庭生活中消失或弱化,是经济上"养"、精神上"育"的中坚力量。未来我们要继续鼓励老年人发挥在家庭经济生活,尤其是精神传承中的重要作用,鼓励老年人自觉传承历史文化传统,模范遵守法律法规,弘扬爱党爱国精神,践行社会主义核心价值观,构建和传递优良家风,以小家成就大家。

(四)积极对接老年人需求,输"养"年轻人就业创业

面对庞大的老年人口基数,全面满足老年人的物质和精神需求,有针对性地挖掘老年经济潜力,全面、优质发展老年产业,是保证我国经济持续良性发展、社会稳定和谐的重要一环,也给广大年轻群体带来了大量的就业和创业机会。老年信息化场景应用服务如医院陪诊、飞机托老等急需有志年轻人的投入,针对老年群体的养老保险、保健品和药物开发等潜力巨大。随着国家对养老服务建设的高度重视,公办养老机构和民营养老机构需要大量专业的养老护工、护理、医疗人员,人才供应缺口巨大。除此之外,传统行业如地产业、旅游业、制造业等孵化出的一系列与老年人相关的新兴细分行业,如养老地产、老年旅游、老年康复器械、老年家具设计制造等,也亟待年轻人贡献自己的力量去耕耘和发展。而一直与老年群体息息相关的传统行业如殡葬业、康复医疗等,也随着我国老龄化程度的日益加深,呈现出高速、提质发展的良好态势。凡此种种,都让我们看到老龄化社会发展空间巨大,

年轻人和老年人各自优势明显。年轻人要把握时代发展浪潮,积极以老年产业和需求为切入点,挖掘机遇,对接自身就业和创业需求,在为我国老龄事业发展做贡献的同时,实现自身价值和梦想。

第二节　积极探索构建亲老教育体系
助力中国式现代化建设

2023年5月29日,中共中央政治局就建设教育强国进行第五次集体学习。习近平总书记在主持学习时强调,要建设全民终身学习的学习型社会、学习型大国,促进人人皆学、处处能学、时时可学,不断提高国民受教育程度,全面提升人力资源开发水平,促进人的全面发展。

习近平总书记的讲话,为我国继续大力发展终身教育指明了方向。在其中,进一步完善发展老年教育,是应对老龄化、少子化挑战的重要举措。通过积极探索构建一种全新的"亲老型"教育体系,有助于又好又快地实现全民终身学习的学习型社会、全面提升人力资源开发水平等重要目标。

一、老年教育所面临的现实条件

(一)隔代养育占据老年群体大部分时间精力

带着孩子的老人们,是中国社区公共活动场所中最为常见的景象。老龄人群中的绝大部分,都需要替儿女承担起抚育下一代、促进儿女小家庭运转的主要任务,在本该颐养天年的年纪继续承担抚育孙辈、买菜做饭等诸多体力脑力劳动。他们有的随子女迁徙到陌生的城市,有的独自留守家乡,但无论身处何方,隔代养育是这些老人生活中的主旋律,时间和精力大多花费在对后辈的支持和代替上,少有自己的闲暇时间。对于城市职场退休的老年人而言,几十年积累的专业技术、工作经验少有发挥余热的空间。对于没有经历过职场的农村老人而言,大多也是重复年轻时日复一日的生活场景,摆脱不了传统的日常劳作,都少有活到老学到老、发掘"自我"的闲暇余力。在当前我国劳动力人口逐渐减少、即将进入深度老龄化的过渡阶段,广大老年人尤其是拥有长期专业经验积累的技能型老年人,被迫回归家庭承担非专业家庭劳动,无法释放其本身尚存的专业劳动力,这无疑是对优质劳动力资源的错位配置,与党中央、国务院现阶段大力提倡的"积极老龄观"背道而驰。

（二）随子女居住迁徙后面临陌生居住环境

根据国家卫健委此前发布的数据显示,我国现有随迁老人近2000万人,其中肩负隔代养育重任的老人占比近50%。他们为支持子女的事业和生活,背井离乡来到或近或远的不同区域,面临着大到语言口音、文化习俗,小到居住环境、饮食起居的陌生差异。由于年龄增长带来的客观生理退化,以及学习适应能力的下降,绝大多数老年人无法迅速适应生活环境的变化,并进而在心理和生理上造成或大或小的压力,影响生理和心理健康。加之儿女忙于工作,与随迁父母疏于交流或交流时间有限、范围过窄,造成很多随迁老人即使忙于隔代养育的家庭琐事,仍然会面临挥之不去的孤独感和虚无感。这种孤独感和虚无感,大大影响了老年人个人认知定位和价值发挥。我们在调研中发现,很多随迁老人开玩笑自称正在"服刑",希望隔代养育任务结束即孙辈入读小学以后能"刑满释放",大多数都盼望回归随迁之前的熟悉生活。

（三）狭窄的社交平台和信息渠道

面对日新月异的社会发展尤其是知识、技能、场景等的迭代更新,区别于年轻人的精力充沛,身体机能和思维认知日益退化的老龄群体,其社交平台、信息渠道大多较为传统和有限。原有的街坊邻居、亲友同事构成了大多数老年人为数不多的朋友圈,广场舞、老年旅游团等短时间、浅层相互陪伴式的文娱活动是老年人少有的社交舞台。随着信息社会带来的一系列变化，也有一部分身体健康、思维活跃的老年人，积极适应、勇于尝试新生事物，不断通过学习、应用信息技术来拓展自己的认知边界，但大多仍停留在对少数手机软件如抖音、快手等的下载应用，观看网络视频、聊天交友仍是老年人网络活动的主要内容。更让人担心的是，囿于系统教育渠道的缺乏，以及有害信息的无孔不入、监管乏力等诸多因素，加之老年人客观存在的学习、分辨能力下降，很多老年人更面临虚假广告、电信诈骗、网络成瘾等种种负面信息，成为信息社会的"被抛弃者"和受害者。

二、构建亲老教育体系的路径

(一)将亲子教育融入亲老教育

人类的舐犊天性，加上社会经济发展带来的物质生活条件的持续提升，亲子教育成为我国近几十年来愈演愈烈、持续高速发展的新赛道，吸引着一个个父母前仆后继、无怨无悔的情感和金钱投入。但随着我国新生儿出生率的持续下降，大量的亲子培训、游乐、教育场所等面临供过于求的竞争压力，预见未来这一形势将随着我国人口出生率的持续走低无法得到根本改善。与此相伴的是，我国已进入中等老龄化阶段，大量的养老需求比如娱乐、医疗、照护等存在巨大市场供应缺口。亲子教育与亲老教育固然存在诸多内容和要求的差异，无法完全等同，但两者之间对于生命的尊重和爱护这一本来之义、对于养护场地的需求、对于行业从业人员的职业道德和职业规范要求，甚至课程的内容，联系都极为紧密，可以相互融通。面对这一态势，政府应通过理念宣传，加强引导，以亲子教育"之余"补亲老教育"之不足"，既能通过不同领域的资源共享促进社会经济持续发展，又能对我国现阶段面临的人口老龄化艰难挑战提供助力，进而实现社会各领域的均衡和谐发展。

对于持续良性发展的亲子教育机构主体,应鼓励和引导其在现有亲子教育基础上增加亲老教育相关内容,打造"全家乐"培训教育模式。如前所述,我国现有养育结构,一半以上属于隔代抚养。一方面,隔代抚养是家庭内部的代际支持的重要体现,是缓解年轻父母工作和生活压力的重要支撑,所以即使在亲子教育机构,我们也看到很多孩子都是由祖辈父母陪同而来,而非自己的父母。如何给陪同孩子上课或娱乐的祖辈父母提供适合他们的教育内容和场所,使他们在陪伴孩子的同时,自身也学有所得、学有所乐,是未来亲子教育机构可以进一步发展的全新领域。亲子教育机构甚至可以在现有基础上进一步拓展,打通幼儿亲子教育、年轻父母教育、亲老教育三个体系,开发多样化、互相促进的内容和场景,真正实现"全家乐"培育场景。

(二)将城市养成教育融入亲老教育

依托于科学技术的高速发展,以人工智能等技术手段应用为依托,城市管理流程日益科学化、精细化和技术化,城市生活内容和场景也越来越丰富、连通和智能。但对于生活在城市里的绝大多数老年人来说,受限于体力和思维的自然退化,知识结构尤其是最新科技知识的相对缺乏,以及生活场景的相对单一性,面对日新月异且五光十色的城市生活场景,往往会产生力有不逮的恐慌感和无所适从的虚无感,进而导致很多老人对城市生活从不习惯到产生疏离甚至抗拒,退缩到自己的单一生活领域,生活经验无法施展,空余的时间和精力无法发挥更大的社会价值,在当下老龄化社会中极大地浪费了充裕的人力资源。因此,我们要把城市形成尤其是运转的相关知识融合到对相关亲老教育内容中,把城市文化、城市现阶段和未来发展路线、城市智能小程序应用、城市市民文明守则、城市特色活动等,纳入相关社区教育、志愿者服务和家风建设活动中,积极帮助老年人了解城市、适应城市生活,和家庭、子女一起,真正成为城市建设的引领榜样和中坚力量。

（三）将技能教育融入亲老教育

技能教育是亲老教育中极其重要的组成部分。一方面,老年人是技能教育的教育主体。"莫道桑榆晚,为霞尚满天",长期的生活和工作经验的积累,老年人掌握了很多年轻人所不具备的生活经验和工作技能,是我国现阶段重要的人力资源主体,小到一个家庭的良性运转,大到社会的技能迭代更新,都需要依赖于老年人群体的无私奉献和经验传承。另一方面,如前所述,面对社会的高速前进和智能进步,老年人又是现代智能技术的教育对象,需要学习有关社会发展的最新技能尤其是智能技术的相关理论和实践应用,熟悉城市生活场景的各种技术应用,才能更好地融入城市生活。除此之外,进步文明的生活理念、生活习惯、社会文明等,也都应融入老年人的技能教育中,为老年人打造一个立体化、多层次、与时俱进的现代社会技能教育体系。

（四）将公共政策教育融入亲老教育

"敬老爱老是中华民族的传统美德。要把弘扬孝亲敬老纳入社会主义核心价值观宣传教育,建设具有民族特色、时代特征的孝亲敬老文化。"早在2016年,习近平总书记就曾这样论述我国新时代亲老教育所应具有的政治特色和中心思想。现阶段,围绕我国老年人展开的老龄事业已经体现在社会政策的方方面面,并形成了包括社会福利、社会保障、公共交通、医疗卫生、环境生态等在内的完整的制度体系。从政策制定过程来看,老年人既是政策关怀的主要对象,也是政策制定尤其是执行的重要参与主体。孝亲敬老政策和我国老龄事业发展能不能取得良好效果,关键要看老年人参与不参与、支持不支持。这就要求我们在展开亲老教育的过程中,要把党和国家的大政方针政策、政府有关老龄事业发展的各项具体政策内容作为亲老教育关键的内容,一方面要宣传和拓宽参与渠道,积极主动地咨询广大老年人的意见,真正做到"老年人有所盼,政府有所应",同时也要开辟和运用各种平台,制作各种契合老年人体力和思维需求、吸引老年人兴趣的节目资源,把党和政府出台的各项老年政策完整、及时地传达出去,使老年人能够及时、准确地把握政策精神和内容,并能自觉地将其融入个人生活中,提高老年人生活质量,进一步巩固广大老年人群体对党和国家的认同支持,进而更加积极主动地参与到中国式现代化建设过程中来,成为实现中华民族伟大复兴的坚实力量。

第三节　构建老幼友好兼顾型社区

"一老一幼"是中国式社区治理现代化所指向的重点目标人群,而在各方面资源皆受到约束的真实情境下,强化优化社区治理工作需要并行兼顾老幼友好。本章以解析社区治理该如何回应"一老一幼"这一中国正面临的重大现实问题和治理议程为己任。

习近平总书记和党中央一直十分关心"一老一幼"这一事关千家万户的民生课题。2022年8月17日,习近平总书记在辽宁省沈阳市牡丹社区考察时强调,"老人和小孩是社区最常住的居民,'一老一幼'是大多数家庭的主要关切。我国已经进入老龄化社会。要大力发展老龄事业和老龄产业,有条件的地方要加强养老设施建设,积极开展养老服务。未成年人健康成长事关国家和民族未来,事关千千万万家庭幸福安康。社区要积极开展各种公益性课外实践活动,促进未成年人身体健康、心理健康、心灵健康"。

带着孩子的老人们,是中国社区公共空间中最为普遍的场景。家家都有小,人人都会老,"一老一幼"牵动着亿万家庭。作为连接千家万户的"毛细血管",社区需要为面向"一老一幼"的各项服务工作发挥出重要作用。

一、两化叠加：中国社区治理面临的老龄化和少子化挑战

科学研判人口少子化和老龄化是当前形势和未来趋势，中国长期发展战略的决策基础也是对少子化和老龄化问题的认识与解决。

当前，中国处于较低甚至是极低的生育水平，低生育率持续了近30年。根据王广州教授汇总的人口抽样数据来看，2010年、2015年和2017年，40—49岁育龄妇女生育0孩的比例在递增，1孩、2孩和3孩以上的生育比例在下降。由于较低生育率，出生人口规模将呈逐年下降趋势。在2023年前，有望保持1200万以上的新出生人口。而到2024年的人口峰值点，中国新出生人口将下降到1200万以下。在2030年、2035年、2040年和2050年，中国新出生人口将下降到1016万、995万、1013万和873万。到2050年，新出生人口规模将减少1/3以上。

同时，根据数据预测2050年老年人口比例将达30%左右，总抚养比将突破50%。2010年第六次全国人口普查显示，中国60岁及以上、65岁以上人口规模分别为1.78亿和1.19亿，占比分别达到了13.3%和8.87%。2018年，60岁及以上、65岁及以上人口规模分别为2.49亿和1.67亿，占比分别为17.88%和11.94%。这表明，近年来持续的低生育率导致中国人口老龄化程度不断加深且速度急剧提高。

人口变动给中国公共政策提出了新的挑战，养老托育问题的直接解决主体向社区下移，社区将直面儿童人口和老年人口数量变化的挑战。一方面，三孩政策尚存在的阻碍，社区层面能否通过资源重组和高效利用，解决适龄妇女对养育多孩的担忧；另一方面，老龄化是中国不可逆转的新趋势，社区养老服务亦需与社会实际同步发展。正是在人口老龄化和少子化的社会问题客观存在的大背景下，社区作为直面社会居民的最基层组织，在对养老托育问题的回应上应发挥其独特的作用。

根据中国知网关键词检索,近年来"儿童友好社区"和"老年友好型社区"逐渐成为我国学术界的研究热点。以"儿童友好社区"为关键词的研究,从2017年开始丰富并呈现出上升趋势,2019年出现第一个高峰阶段;而以"老年友好型社区"为关键词的研究从2015年热度开始逐年上升,二者的热度上升趋势大致相同。

"儿童友好"和"老年友好"的理念,来源于"儿童友好型城市"和"老年友好型城市"。自1996年国外学术界提出"儿童友好型城市"概念以来,将儿童生活空间纳入整个城市的空间体系中依然成为城市新的发展趋势,我国"十三五"规划纲要、新一轮的《中国儿童发展纲要(2011—2010)》都明确提出要保障儿童的权利。2018年联合国儿童基金会以儿童为重点发布了《儿童友好型城市规划手册》。在儿童为主体的社区友好研究中,以儿童需求为关切重点,从儿童居住和活动空间改造的理论设想,到儿童社区活动的参与,再到社区全过程儿童友好环境的营造。理论界在儿童友好社区建设层面的研究渐趋丰富,从实体改造到权益保障,研究内容也更加深入。

老年友好型城市的概念最早于2005年在巴西里约热内卢召开的第十八届老年病学和老年医学IAGG世界开放会议上提出。2007年世界卫生组织提出了老年友好城市主题内容,包括户外空间与建筑、交通、住房、社会参与、尊重与社会包容、公众参与与就业、交流与信息、社区支持与健康服务。中国的老年友好社区研究虽然起步较晚,但是理论层面也已经逐渐成熟,并在部分城市社区进行了试点。从对社区进行功能改造,贴近老年人社区养老需求,到社区养老模式构建,社区日常照护服务提升,再到重视老年人口良好的社交氛围构造,营造尊重与包容的社区养老环境。与儿童友好社区研究发展路径相似、时间轨迹高度重合,老年友好社区建设理论发展同样迅速。

由此可见,单一儿童或单一老年主体的理论发展,经过学界的努力,在各自领域单一主体友好社区理论已然丰富,逐渐进入理论落实阶段。但其二者均将视角聚焦社区层面,且理论研究基本在同期进行,二者同时进入理论落实阶段对资源有限的社区来说难度巨大,而仅儿童或老年主体进入落实阶段又难免顾此失彼,无法满足老幼居民需求的独特性。因此,单一主体友好社区研究有向双主体友好社区研究转变的必要性,二者如何有效融合,是未来双主体友好社区即老幼友好社区研究关切的重要方向,理论的发展也为双主体兼顾提供了可行的学术借鉴。

除了所提及的单一儿童友好或单一老年友好社区理念的理论突破外,国内外营造可持续发展的"儿童友好型"社区已然进入试点实践阶段。全球范围内有代表性的儿童友好行动方案如:关注儿童健康和福利的西班牙巴塞罗那超级街区、关注儿童安全的哥伦比亚波哥大的儿童优先区、关注儿童社会交往和社区包容性和可达性的智利圣地亚哥两百周年儿童公园。国内方面,不仅"十三五"规划纲要、新一轮的《中国儿童发展纲要(2011—2010)》明确提出要保障儿童的权利,根据《儿童友好社区建设规范》,中国社区发展协会在2020年还确定了首批"中国儿童友好社区建设试点"名单。

同时,国内外老年友好健康社区营造实践也在徐徐展开。美国、加拿大、英国和日本,是世界上开展老年友好社区实践最早且最具代表性的国家,先发国家的经验表明,老年友好的健康社区营造需要结合"政府主动有为"和"社会积极作为","自上而下"和"自下而上"相结合,构建更为平衡的多元主体关系。我国的老年友好社区实践亦有之,如国家卫生健康委、全国老龄办印发《关于开展示范性全国老年友好型社区创建工作的通知》,提出要创建1000个示范性老年友好型社区。

从目前来看,单一儿童友好或单一老年友好社区均有较为成功的代表项目,且向社区发展落实的脉络相似,存在时间维度的轨迹重合。但不可否认的是,无论是儿童群体还是老年人口,二者的需求都同样需要受到社区层面的重视,如进行单一主体友好社区改造,势必会倾一社区大部分资源力量,对另一主体友好的落实也势必会产生影响。单一主体试点改造不符合现行社区主体状态——即养老托育问题、老龄化少子化问题向社区层面提出重大挑战的状态。因此,满足养老托育要求双管齐下,是单一主体友好社区向双主体友好社区转变的必要之实践,而已有的单主体社区的规划建设实例,对老幼友好兼顾的探索提供了可行的方案借鉴。

二、社区是做好养老育幼服务的关键载体

社区发展与社区人口结构紧密相连,社区人口结构在很大程度上决定着社区建设的性质和任务,社区发展的出发点和落脚点在于为具有不同人口学特征的社区人口服务,二者必将走向一体化。但从中国城镇社区长期形成的人口结构来看,社区的人口结构是复杂的,人口来源、年龄、性别、文化、家庭等结构对社区发展的复杂作用不容忽视,因而社区人口的偏好也具有复杂性。同时,随着中国城镇生活水平不断提高,社区居民特别是人口结构复杂、人员流动性强的社区,其居民的生活需求、活动偏好也在不断变化。这对整合社区资源,构建老幼友好社区提出了严峻挑战。

不同结构层次的社区居民的偏好在不同时期也是多变的,老幼友好社区主要从人口的年龄结构进行区分,重点关注社区层面的儿童人口和老年人口。从近十至二十年来的社区变化来看,儿童人口的需求较为稳定,体现在对儿童活动设施的需求,相对具有变化的是近年来对儿童人口的包容度和对儿童社会交往活动的重视。

但社区层面老年人口的需求变化就更具阶段性,变化也更加频繁。如在20世纪末,老年人口的主要社区活动集中于下棋。随着社会生活水平的不断提高,老年人口的运动需求提升,更多新的运动、新的活动进入社区,社区的老年运动场所增加,如门球、羽毛球、乒乓球等老年活动中心(场所)逐

渐进入社区。近年来,随着广场舞在中国各大城市风靡,社区广场舞对场地的需求也在逐步提升,社区用地矛盾也频频出现。

此外,不区分年龄结构的需求,即医疗需求、托育教育需求和社会交往空间需求等不同层次的需求也在社区发展过程中不断增加。需求更迭,是社区内部的人口客观条件的变化所致,也是社会客观需求的变化体现。正如广场舞对社区的用地提出问题挑战,在需求变化过程中难免会出现更多、更棘手的社区需求挑战。这些有关人口结构,特别是有关人口年龄结构的问题,是老幼友好型社区重点关切的问题,也是构建老幼友好型社区的必要所在。

进入新时代以来,社区在基层治理中的作用越来越重要,政府各部门的社会管理服务工作也多向社区落实。社区是最贴近城市居民的基层组织,具有居民自治的重大作用。但正如前所述,社区层面客观的资源限制,使得政策目标供给端和社区实际落实存在一定的矛盾和限制。

2020年中国社区发展协会审查通过了T/ZSX 3-2020《儿童友好社区建设规范》团体标准,标准中提到建议建立由民政、教育、工信、公安、司法、财政、人社、住建、文化、卫生、体育等部门,以及青年团、妇联、科协、残联等群团组织共同参与的联席会议机制。2021年国家卫健委印发《全国示范性老年友好型社区评分细则》,针对老年群体的医疗服务、教育服务、法律服务、民政服务等一系列服务在社区层面同步落实,方能建成老年友好型社区。

多部门参与协调,方案建设全面的同时,对社区层面的资源亦是一种挑战。如儿童友好层面的民政、教育、文化、卫生,客观上对这些方面设施均不具备或设施较为落后的社区来说,是一项发展的矛盾。多部门政策目标向同一社区作用,一方面使社区建设者分身乏术,另一方面使社区资源被分散化,单一儿童主体友好对老年主体友好的资源进行分散,老年主体友好便难以得到保障。

社区资源的客观限制,加之政策目标层面的多项供给落实,暴露出单一主体社区发展过程中的矛盾。构建老幼友好社区,对于阶段性和主体性供给特征的矛盾更具综合能力,更能有效配置社区有限的资源,平衡满足老幼主体需求。

而本组在调查中发现,目前学界对于需求的研究较为充足,而对供给的研究略显薄弱,但需求和供给同时存在的复杂性是不容忽视的客观事实,需求和供给都需要研究,且需要兼顾建设。

作为老幼友好型社区建设的主体层面,基层社区发挥着两个相互关联,而又相互对立的作用。一方面,对于社区居民来说,基层社区是主要的自治发展建设者,承担着对老年群体和儿童群体需求回应的职责,是推动老幼友好型社区建设的最直接力量。另一方面,对于国家权力来说,基层社区也是国家权力嵌入社会的具体执行方,也承担着通过建设改造,自我革新,对上回应的职责。换言之,基层社区不仅是建设者,也是被建设者;基层社区不仅是供给方,也是需求方。

基于社区自治的属性和国家在场建设的必然性,社区自治发展过程和国家在场肯定是无法分割开的。社区自治和国家介入的背反逻辑和契合逻辑同时存在而又在各自不同的背景下发挥作用,使得在老幼友好型建设中形成了基层政策执行和社区自我建设、治理的复杂关系。社区在落实基于国家权力进行的主体友好改造决策时,必然会依据其自治权力和社区资源实际进行变化执行,这也就形成了目前单一主体友好多盛行而主体兼顾友好少案例的特点。

因此,在老幼友好型社区建设中,社区对政策的策略性回应值得探讨,基层社区的策略性回应从客观上具有可解释性,而科学合理的解释有助于对"老幼友好型社区"建设推进起到积极、正面的作用。一方面,策略性回应是基层自治智慧的体现;另一方面,策略性回应的客观存在也证明了老幼友好型社区的基层建设中可能存在难点、痛点亟待解决。基层社区的策略性回应,本质上可以说是对国家在场的权力嵌入的一种限制行为,既是限制就存在着矛盾,而这样的矛盾需要一种良好的政社互动模式,方能推动老幼友好型建设的真正、长远地落实。

三、将养老和育幼合二为一

1996年,联合国儿童基金会最先提出"儿童友好型城市"理念,旨在为儿童提供成长空间,满足儿童成长需要,开启了国际范围内儿童友好型城市的研究。根据联合国儿童基金会的定义,"儿童友好型社区"是致力于维护儿童切身利益、能够关怀社区儿童并对社区儿童友好的社区。一个"儿童友好型社区"的具体标志主要包括:儿童的人身安全得到保障;社区内有针对儿童活动的空间与环境场地;社区与学校、家庭联动配合;社区内有针对儿童服务的专业性社会组织;儿童有参与社区事务治理的权利和机会;社区内有专业性儿童服务的社会工作者。总而言之,"儿童友好型社区"是以社区为载体,儿童权利保护及发展为宗旨,为儿童提供集安全、教育、权利等众多服务于一体的综合系统。

对于"老年友好型社区"的概念,目前有多种不同的说法,但尚未形成系统、准确的定义来解释它。一般认为,老年友好社区应包括以下内容:提供多样化的交通、进行居家环境改造和设施维修、鼓励支持老人参与多样化活动,包括教育、文化、健康等。进入智慧城市建设以来,便利且可支付的交通、住房、医疗保健、安全和社区参与机会等要素也开始成为老年友好社区建设的基本内容。目前各个城市尤其是中心城市,注重从老年群体的居住、健康、社区参与等方面提供生活、医疗、教育、文娱等设施和服务,目的在于为老年人打造安全、舒适、和谐的宜居社区,去打造"老年友好型社区"。同时,强调老年人不仅是社会工作者的服务对象,还是老年友好社区建设的主体。

围绕老幼友好社区这一主题,研究者们各自展开了对应的解析。与之相关的概念及视角包括:"全龄社区(community for all ages)""代际互助(intergenerational mutual assistance)""终生社区(lifetime neighborhood)""长者友善社区(elder-friendly community)""宜居社区(livable community)"等。其中,"全龄友好型"和"代际互助型"是该研究领域中的主要版块。

"全龄友好社区"概念缘起于20世纪90年代早期规划设计界所提出的"Lifetime Homes"概念,其是指为每个年龄段社区居民提供住宅、服务设施、环境设施的共享空间,形成健康的、有均等参与机会的居住社区。根据Rader等提出的原则,可持续的全龄社区应具备5项特征:一是可达性和包容性;二是美观和安全(包括交通安全和治安安全),并且可以容易和舒适地进出;三是提供设施、开放空间和优质服务;四是良好的社会和自治组织,包括志愿服务和非正式网络,多主体参与的决策机制;五是强烈的场所感和归属感。

而在代际互助中,研究者们主要着眼于代际共享设施和代际合居。代际共享设施是指为多代参与者提供服务或各类活动的设施,其通过将针对不同年龄人群的服务设施进行结合,鼓励了代际交流与互动。一般来说,代际共享设施的服务内容主要针对两类人群:成年人(特别是老年人)与儿童,不同年龄人群在设施使用过程中,获得了非正式会面与交流的机会。而代际合居主要是一种居住模式,有助于缓解年轻人的经济压力,也减轻了老年人的孤独感。

与理论研究同步,各国和地区纷纷开始倡导建设全龄友好社区、代际互助社区,并开展了一系列实践探索。1993欧洲年以"老年人与代际团结"为主题,此后代际关系受到国际社会广泛关注与探讨;1995年,世卫组织提出"健康老龄化"、强调改善代际关系;1999年,联合国强调"多代关系",提出要打破年龄隔离和老年歧视；2000年，老龄问题世界大会强调增进代际团结；2002年，费城天普大学代际学习中心提出了全龄住区概念，关注儿童、青年和老年三个主体的代际互助与互动；2005年在巴西里约热内卢召开的第十八届老年病学和老年医学世界开放会议提出了"老年友好型城市"概念，强调将老年人、儿童的需求纳入城市各项规划中，通过系统的设计让老年人、儿童在城市中生活的环境更为安全、健康、公平。社区作为整个城市的"细胞"，是老年、儿童友好城市建设的基础和起点。2005年后，积极老龄化和代际互助团结的概念在国际社会上广受重视。如探究了老年人获得经济支持和帮助照顾的因素，提出代际互助是重要环节，其对于建立可持续住区非常重要。

典型的代际互助城市居住项目类型有合作居住社区、多代屋、代际共享设施、代际合居和代际互助等。典型案例如发源于北欧国家的合作居住社区，为"代际互助"深入实践提供了借鉴。学界认为，合作居住社区是将私人生活和社区生活相结合，鼓励社区内的合作与互动，但随着项目拓展，现合作居住社区主要由政府与社会组织主导。

此外被学者们广泛研究的还有起源于20世纪末德国的多代屋，其主要特点是社区居民不论身体能力如何都可以轻松便捷地使用住区内的基础设施。学界对德国的多代屋进行了研究，通过梳理萨尔茨吉特SOS母亲中心、斯图加特西区多代屋、柏林橘色邻里中心的特征，认为多代屋从2006—2020年取得了三个阶段性的成果：从单纯的多代屋覆盖，到重视加强社区内人们的就业能力、改善当地就业情况，帮助居民平衡家庭和工作关系，再到重视代际融合、志愿服务和社会空间导向。学者提出，德国多代屋具有开放性、代际交往性和可组织性等优势，可为国内老幼兼顾型社区服务提供借鉴。

综观已存尤其是近来有关于老幼友好社区建设的各类研究，可以发现，既有研究大致呈现出以下三方面特点：一是游离于宏微观两端，部分偏重于宏观层面的规划框架、指标体系,部分偏重于微观层面的典型个案;二是多属于建设规划领域,来自公共治理、社会治理领域的专门研究较少;三是老年友好社区与儿童友好社区之间的分疏显著。虽然一些研究尝试兼顾老幼友好,但基本还是属于建筑改造、规划重设的物理范畴。基于这些认知,本书一方面将继续以社区为分析单元,另一方面则倡议将老年友好社区与儿童友好社区导入公共性、社会性场域中展开并置解析。

多数研究的"硬件思维"浓厚,倾向于通过全面改造升级社区公共空间的基础设施去构建老幼友好社区。事实上,受限于社区资源,老幼友好社区的改造需要更加注重"微改造""空间叠加""场景翻转"而非全面铺开。此外,老幼友好社区还应更加关注党政机制方面,注重国家在场、政府主导和党建机制构建。综而简言之,基于政社关系的相关理论和社区自治特征,社区在各类资源受限的现实背景下,如何有机地兼顾起老幼友好,是未来老幼友好型社区建设研究的一大重要新方向。

四、构建老幼友好兼顾型社区的中国式方案

党中央一直十分关心"一老一幼"这一事关千家万户的民生课题。国家"十四五"规划纲要明确,以"一老一小"为重点完善人口服务体系,促进人口长期均衡发展。2020年11月,中央全面深化改革委员会第十六次会议审议通过《关于促进养老托育服务健康发展的意见》。会议强调,解决好"一老一小"问题,对保障和改善民生、促进人口长期均衡发展具有重要意义。2021年5月,中共中央政治局召开会议,审议《关于优化生育政策促进人口长期均衡发展的决定》。7月,决定正式公布,指出以"一老一小"为重点,建立健全覆盖全生命周期的人口服务体系。2022年8月16日,国家卫健委等17部门印发的《关于进一步完善和落实积极生育支持措施的指导意见》发布。根据指导意见,2022年,全国所有地市要印发实施"一老一小"整体解决方案。

（一）融合新界面：从单一友好到复合友好，丰富研究谱系

随着老龄化、少子化日益成为人类社会面临的重大问题，学界对于社区养老托育问题的研究也日益增加。其中最具代表也最具影响力的研究成果是将老人和儿童视为一种积极的社会资源，在此基础上学者进而分别提出"老年友好型社区"和"儿童友好型社区"的主张。

这两个主张自国外引入我国后，主要被来自建筑学、规划学领域的学者们所津津乐道，并推广应用于城市更新、社区营造等领域。尽管学界已然取得了一系列成果，但是也存在如下一些不足：第一，现有研究多为单一案例或者小范围的改造案例，不足以给予政府及社区以普遍启发；第二，儿童友好与老年友好的研究彼此分离，不完全符合社区建设的实际情况，也未能满足社区居民的现实需求。

于是，学界开始了对老幼友好统筹、老幼友好复合型社区建设的探索。这一方面，更加符合社区实际，避免重复建设与资源浪费；另一方面，社区人口组成日益复杂、家庭结构发生变动，这是真正有助于满足社区居民需求、具有可持续发展性的现实主张。未来的社区建设应当兼顾老幼友好，以各个城市中各社区的老幼友好建设情况为研究对象，展开多视角的学理化解读，进一步丰富老幼友好兼顾型社区的研究谱系。

（二）开辟新端口：从需求端到供给端，拓宽研究视阈

建筑学、规划学在这个议题上多讨论的是"居民需要什么"和"社区相应地提供什么"等需求端的问题，出现了一批关于建设指标体系、评价体系、个案分析的研究。然而考虑到中国的社区建设对政府的依赖较大，这种依赖具体体现为政府的政策要求和相应的政策支持。因此，缺乏对供给端一侧的探讨，缺乏对于这一议题中政府与社区关系的研究，将不利于各种建议主张的切实落地与发展。

本书正是注意到了社区需要同时做好老幼友好服务的现实挑战以及社

区资源受限的实然困境，故而强调"两个端口"都要抓牢、供给与需求并重，尤其是在未来强化党建引领和政府引导对社区兼顾老幼友好行动的政策支持，从而拓宽对这一议题的研究视阈。

（三）回应新需求：助力社区承接"一老一幼"治理任务

随着老龄化、少子化的重叠效应加剧，中国社区面临着一系列挑战。这包括以下几方面：家庭结构的变迁，即家庭结构小型化，呈现"上有老下有小"的形式，以往的血缘为纽带的代际互助需要向社区邻里为纽带的代际互助转移；城市人口流动性加强，社区人口组成日益复杂，管理与沟通任务日益繁复；老龄化严重，社区居民如何养老的问题日益显现；养育压力增大，社区儿童托育问题日益显现；社区内部人口年龄代沟加大，影响社区和谐与社区治理等。

面对这些状况，作为治理基石的社区应主动回应和担当，充分利用相关资源兼顾起老幼友好，促进社区建设和运营的高质量发展。因此，本书提出老幼友好兼顾型社区建设，应当是社区未来建设发展过程中一条重要的可选路径。

（四）供给新选项：为政府和社区提供更具操作性的政策建议

不同于以往研究仅仅关注需求一端的"居民和社区需要什么"，本书亦注重探讨在供给一端的党建引领、政府支持下的"社区治理应当如何做"。由于中国社区建设是国家在场的社区建设，兼顾老幼友好的社区治理工作显然需要探讨这一互动关联。因此，本研究关切在构建老幼友好兼顾型社区过程中，如何为政府和社区提供更具操作性的政策建议，从而达成一种更加良好的政社互动关系。

基于"老龄化遇上少子化"这一"两化叠加"的现实考量，本书主张社区未来的建设和治理应当兼顾起老年友好与儿童友好。从需求方面而言，这符合"全龄共享"的时代理念，不至于使社区建设顾此失彼，有利于真正满足社区居民的切实需求,发挥社区养老托育的作用;从供给方面而言,这有利于以整体性思维进行社区建设,减少资源浪费,集约化利用各社区的资源禀赋,促进社区可持续建设。

在既有文献专注于需求端的基础上,需要尝试打开分析视野,即从供给端着手对该议题展开进一步的扩展性讨论。在"国家-社会"的研究范式下,探析影响社区兼容老幼友好的多重治理机制,厘清党政主体与社区要素之间的交互轨迹,进而追求一种良好的政社互动模式,作为破解社区老幼友好建设问题的关键。

老龄化、少子化这一"两化叠加"正在对社区治理进行着最为现实的质询。社区建设需要兼顾起老幼友好,显影在物质空间、社会空间、治理空间、网络空间中。一方面,秉持年龄包容观、年龄正义观与年龄差序观,把握好老幼友好理念背后年龄平等这一隐意;另一方面,充分发挥各类空间的载体作用,通过空间设计与建设打造"空间底座"、通过制度组织培育形成"空间机制"和通过空间互动与融合构建"空间系统",以助益老幼社区建设的进阶。

主要参考文献

一、专著

[1]黄志光、刘洪波:《乡村厕所革命实践与指导》,中国建材工业出版社,2021年。

[2][美]迈克尔·K.林德尔、[美]卡拉·普拉特、[美]罗纳德·W.佩里:《公共危机与应急管理概论》,王宏伟译,中国人民大学出版社,2016年。

[3]苗艳青、陈文晶:《农村水和环境卫生:成效与挑战》,社会科学文献出版社,2016年。

[4]农业农村部农村社会事业促进司:《农村厕所革命政策与知识问答》,中国农业出版社,2019年。

[5]周星:《道在屎溺——当代中国的厕所革命》,商务印书馆,2020年。

[6]竺乾威:《公共行政理论》,复旦大学出版社,2015年。

二、期刊论文

[1]白福臣、李彩霞:《新时代基层社会治理"三社联动"机制:理论构建、模式选择与路径优化》,《学习论坛》,2019年第7期。

〔2〕白玲:《农村"厕所革命"协同治理路径探究》,《党政论坛》,2020年第6期。

〔3〕白维军:《流动公共服务视角下的民族地区农村养老保障服务创新》,《内蒙古社会科学》,2014年第2期。

〔4〕本清松、彭小兵:《人工智能应用嵌入政府治理:实践、机制与风险架构——以杭州城市大脑为例》,《甘肃行政学院学报》,2020年第3期。

〔5〕曹海军、梁赛:《社区公共卫生应急管理的"精控"之道——现实困境、逻辑理路和治理策略》,《理论探讨》,2020年第3期。

〔6〕曹海军:《党建引领下的社区治理和服务创新》,《政治学研究》,2018年第1期。

〔7〕曹建飞、韩延玲:《数字经济对城市经济高质量发展影响的实证检验》,《统计与决策》,2022年第16期。

〔8〕曾雁冰、林晨曦、张加会等:《高龄老年人养老服务需求及其影响因素分析》,《中国卫生统计》,2020年第4期。

〔9〕陈芳、方长春:《家庭养老功能的弱化与出路:欠发达地区农村养老模式研究》,《人口与发展》,2014年第1期。

〔10〕陈家喜:《反思中国城市社区治理结构——基于合作治理的理论视角》,《武汉大学学报》(哲学社会科学版),2015年第1期。

〔11〕陈鹏:《城市社区治理:基本模式及其治理绩效——以四个商品房社区为例》,《社会学研究》,2016年第3期。

〔12〕陈水生:《城市治理数字化转型:动因、内涵与路径》,《理论与改革》,2022年第1期。

〔13〕陈水生:《迈向数字时代的城市智慧治理:内在理路与转型路径》,《上海行政学院学报》,2021年第5期。

〔14〕陈水生:《数字时代平台治理的运作逻辑:以上海"一网统管"为

例》,《电子政务》,2021年第8期。

[15]陈天祥、杨婷:《城市社区治理:角色迷失及其根源——以H市为例》,《中国人民大学学报》,2011年第3期。

[16]陈伟东、吴岚波:《从嵌入到融入:社区三社联动发展趋势研究》,《中州学刊》,2019年第1期。

[17]陈晓运:《技术治理:中国城市基层社会治理的新路向》,《国家行政学院学报》,2018年第6期。

[18]陈雄、余知澄:《深度老龄化背景下社会养老服务的法律保障及完善路径》,《湖南科技大学学报》(社会科学版),2023年第1期。

[19]陈秀红:《城市社区治理的制度演进、实践困境及破解之道——"十四五"时期城市社区治理的重点任务》,《天津社会科学》,2021年第2期。

[20]陈毅、阚淑锦:《党建引领社区治理:三种类型的分析及其优化——基于上海市的调查》,《探索》,2019年第6期。

[21]陈永森、贺振东:《中国"厕所革命"的成就与经验及其对社会文明的促进作用》,《福建师范大学学报》(哲学社会科学版),2023年第1期。

[22]程宇:《从科层治理到圈层治理:城市社区治理结构的转型——以S市社区治理实践为例》,《求实》,2018年第4期。

[23]春娟、卢愿清、赵海燕:《农村改厕障碍因素的文化分析》,《中国公共卫生管理》,2008年第1期。

[24]崔慧姝、周望:《城市治理的中国之道:基于创城机制的一项分析》,《学习论坛》,2018年第8期。

[25]代凯:《注意力分配:研究政府行为的新视角》,《理论月刊》,2017年第3期。

[26]刀永思:《景东县农村"厕所革命"的现状分析和解决对策》,《科技经济导刊》,2020年第14期。

[27]丁冬汉:《从"元治理"理论视角构建服务型政府》,《海南大学学报
人文社会科学版》,2010年第5期。

[28]丁强、王华华:《特大城市数字化治理的风险类型及其防控策略分
析》,《上海行政学院学报》,2021年第4期。

[29]董克用、王振振、张栋:《中国人口老龄化与养老体系建设》,《经济
社会体制比较》,2020年第1期。

[30]段立君:《构建城市社区应急管理体系路径研究——评〈城市社区
建设与管理〉》,《科技管理研究》,2022年第5期。

[31]方舒:《协同治理视角下"三社联动"的实践反思与理论重构》,《甘
肃社会科学》,2020年第2期。

[32]方梓丞:《"厕所革命"政策背景下乡村新型厕所推广路径研究》,
《农村经济与科技》,2019年第11期。

[33]付彦芬:《中国农村厕所革命的历史实践》,《环境卫生学杂志》,
2019年第5期。

[34]高青莲、游艳玲:《城乡社区参与公共应急管理的比较优势与作用
机理分析》,《理论月刊》,2010年第12期。

[35]高艳、韩志明:《清晰与模糊交织的治理图景——城市数字化转型
的前景及未来》,《浙江学刊》,2022年第3期。

[36]葛天任:《建国以来社区治理的三种逻辑及理论综合》,《社会政策
研究》,2019年第1期。

[37]顾东辉:《"三社联动"的内涵解构与逻辑演绎》,《学海》,2016年
第3期。

[38]顾林生、马东周:《日本社区应急管理体系建设及其启示》,《中国应
急管理科学》,2021年第2期。

[39]顾永红、刘宇:《行政吸纳服务:双重委托代理困境下政府购买养老

服务策略研究——基于武汉市"五社联动"经验》,《社会保障研究》,2022年第2期。

[40]关爽:《城市社区治理中"三社联动"的发展条件与支持体系建设——基于治理情境的分析》,《华东理工大学学报》(社会科学版),2019年第6期。

[41]韩沛锟、程瑶瑶:《农村养老服务:需求、政策实践与发展展望》,《学习论坛》,2021年第3期。

[42]韩兆柱、马文娟:《数字时代治理理论研究综述》,《甘肃行政学院学报》,2016年第1期。

[43]韩志明、刘羽晞:《"轻便"的智慧治理——来自B镇"一码通用"系统的实践案例》,《理论探讨》,2022年第5期。

[44]韩志明:《在模糊与清晰之间——国家治理的信息逻辑》,《中国行政管理》,2017年第3期。

[45]郝文杰:《民主党派在社区治理中的作用探究》,《福建省社会主义学院学报》,2020年第4期。

[46]何海兵:《我国城市基层社会管理体制的变迁:从单位制、街居制到社区制》,《管理世界》,2003年第6期。

[47]何霜梅:《社区统战与社区管理》,《中央社会主义学院学报》,2012年第4期。

[48]贺小林、梁燕:《城市高龄老人居家照护服务利用与政策优化:基于群体差异的潜在类别分析》,《上海行政学院学报》,2023年第4期。

[49]贺雪峰:《互助养老:中国农村养老的出路》,《南京农业大学学报》,2020年第9期。

[50]胡锦杰、卜邑:《浅析榆林市横山区农村"厕所革命"现状和存在问题及对策建议》,《农家参谋》,2022年第3期。

[51]湖北省民政厅课题组、孟志强:《"五社联动"助推基层治理体系和治理能力现代化》,《中国民政》,2021年第17期。

[52]黄杨森、王义保:《发达国家应急管理体系和能力建设:模式、特征与有益经验》,《宁夏社会科学》,2020年第2期。

[53]姬德强、蒋效妹、朱泓宇:《数字城市的内里与实践》,《新闻与写作》,2022年第12期。

[54]纪春艳:《新型城镇化视角下农村互助养老模式的发展困境及优化策略》,《农村经济》,2018年第1期。

[55]姜勤勤、刘丽娟、赵哲等:《中国高龄老年人抑郁症状状况及影响因素分析》,《中国医学导报》,2023年第35期。

[56]解垩:《"新农保"对农村老年人劳动供给及福利的影响》,《财经研究》,2015年第8期。

[57]金家厚、吴新叶:《社区治理:对"社区失灵"的理论与实践的思考》,《广东社会科学》,2002年第5期。

[58]金志、戴琬莹:《共享发展视阈下"五社联动"的逻辑思维与实现路径》,《厦门特区党校学报》,2018年第4期。

[59]孔娜娜:《"新治理":新时代城市社区治理的趋势与挑战——以2011-2018年全国社区治理和服务创新实验区为分析对象》,《社会主义研究》,2019年第4期。

[60]李菲菲、庞素琳:《基于治理理论视角的我国社区应急管理建设模式分析》,《管理评论》,2015年第2期。

[61]李风华:《治理理论:渊源、精神及其适用性》,《湖南师范大学社会科学学报》,2003年第5期。

[62]李汉卿:《协同治理理论探析》,《理论月刊》,2014年第1期。

[63]李泉:《治理理论的谱系与转型中国》,《复旦学报》(社会科学版),

2012年第6期。

[64]李润金、何章银:《"五社联动"助推J城市社区治理的初探》,《法制与社会》,2021年第11期。

[65]李韬、冯贺霞:《数字治理的多维视角、科学内涵与基本要素》,《中国社会科学文摘》,2022年第7期。

[66]李威利:《空间单位化:城市基层治理中的政党动员与空间治理》,《马克思主义与现实》,2018年第6期。

[67]李新艳、李恒鹏、杨桂山:《江浙沪地区农村生活污水污染调查》,《生态与农村环境学学报》,2016年第6期。

[68]李艳霞、周小斌:《统一战线融入城乡社区治理路径研究——以湖北省基层统战工作为例》,《上海市社会主义学院学报》,2021年第4期。

[69]李阳、刘敏、徐玉梅:《韧性社区公共卫生应急管理问题与策略研究》,《卫生经济研究》,2022年第6期。

[70]李云新、阮皓雅:《自然灾害协同治理的实践过程与运行逻辑——以四川雅安为例》,《西南民族大学学报(人文社科版)》,2018年第3期。

[71]李振:《作为锦标赛动员官员的评比表彰模式——以"创建卫生城市"运动为例》,《上海交通大学学报》(哲学社会科学版),2014年第5期。

[72]李治邦、王先芳:《加快农村改厕推进新农村建设》,《农村经济与科技》,2010年第5期。

[73]梁超、林晨、王素素:《农村人居环境、居民健康和医疗负担:基于"厕所革命"的研究》,《世界经济》,2023年第12期。

[74]刘敏:《"国家+"治理:社区治理模式的新探索——以深圳为例》,《新视野》,2017年第2期。

[75]刘妮娜:《欠发达地区农村互助型社会养老服务的发展》,《人口与经济》,2017年第1期。

［76］刘伟忠：《我国协同治理理论研究的现状与趋向》，《城市问题》，2012年第5期。

［77］刘志鹏：《城市社区自治立法：域外比较与借鉴》，《国家行政学院学报》，2012年第3期。

［78］陆建城、罗小龙：《澳大利亚社区卫生应急规划与管理》，《国际城市规划》，2022年第3期。

［79］吕青：《创新社会管理的"三社联动"路径探析》，《华东理工大学学报》（社会科学版），2012年第6期。

［80］吕元、曹小芳、张健：《友好型社区老幼共享公共空间构建策略研究》，《城市住宅》，2019年第11期。

［81］马红鸽：《个人禀赋、社会信任与新农保参与研究——基于新农保参与过程选择的视角》，《统计与信息论坛》，2016年第3期。

［82］聂建亮、唐乐：《人际信任、制度信任与农村老人互助养老参与意愿》，《北京社会科学》，2021年第5期。

［83］彭华民、黄叶青：《福利多元主义：福利提供从国家到多元部门的转型》，《南开学报》（哲学社会科学版），2006年第6期。

［84］彭小兵、彭洋：《乡村振兴中地方政府的注意力配置差异与治理逻辑研究——基于410份政策文本的扎根分析》，《中国行政管理》，2022年第9期。

［85］青连斌：《推动厕所革命，补齐民生短板》，《人民论坛》，2018年第4期。

［86］曲顺兰、王雪薇：《乡村振兴战略背景下农村养老服务研究新趋势》，《经济与管理评论》，2020年第2期。

［87］任敏，胡鹏辉，郑先令：《"五社联动"的背景、内涵及优势探析》，《中国社会工作》，2021年第3期。

[88]荣敬本:《"压力型体制"研究的回顾》,《经济社会体制比较》,2013年第6期。

[89]尚虎平:《政府注意力的分配与改善路径》,《人民论坛》,2022年第7期。

[90]邵俊涛:《数字治理中领导者注意力分配失衡现象及其矫正》,《领导科学》,2022年第7期。

[91]沈荣华:《城市应急管理模式创新:中国面临的挑战、现状和选择》,《学习论坛》,2006年第1期。

[92]沈燕梅,张斌:《社会组织参与应急救援的现状、困境与路径探析》,《广东行政学院学报》,2020年第2期。

[93]盛保华,高良敏,钱新等:《堆肥式生态厕所处理人类排泄物变化规律研究》,《江苏环境科技》,2007年第2期。

[94]施生旭,周晓琳,郑逸芳:《韧性社区应急治理:逻辑分析与策略选择》,《城市发展研究》,2021年第3期。

[95]石金梅,郝旭航,王丹丹,索照斌,康子恬:《河北省农村"厕所革命"问题与对策研究——基于多主体协同治理视角》,《农家参谋》,2020年第23期。

[96]石炼,秦嘉琦,程小文等:《中部地区某县农村"厕所革命"专项规划实践研究》,《给水排水》,2019年第6期。

[97]史金玉:《新型城镇化下农村空巢老人养老困境》,《农业经济》,2020年第6期。

[98]史云贵:《当前我国城市社区治理的现状、问题与若干思考》,《上海行政学院学报》,2013年第2期。

[99]宋海霞:《农村养老服务供给侧结构性改革的困境及思路》,《农业经济》,2021年第2期。

[100]隋永强,杜泽,张晓杰:《基于社区的灾害风险管理理论:一个多元协同应急治理框架》,《天津行政学院学报》,2020年第6期。

[101]随淑敏、彭小兵、肖云:《"新农保"的福利效应与地方政府信任》,《经济理论与经济管理》,2021年第1期。

[102]孙柏瑛、周保民:《政府注意力分配研究述评:理论溯源、现状及展望》,《公共管理与政策评论》,2022年第5期。

[103]孙传明、张海清:《留守背景下农村养老问题研究——以安徽省安庆市一个自然村为例》,《山西农业大学学报》,2020年第6期。

[104]孙轩:《多维定义下的智慧城市建设:来自英国的实践经验》,《城市观察》,2021年第6期。

[105]孙玉滨:《基层治理:农村厕所革命的困境与优化路径探析——以济南市小龙堂村厕改实践为例》,《北京农业职业学院学报》,2023年第5期。

[106]锁利铭:《数据何以跨越治理边界:城市数字化下的区域一体化新格局》,《人民论坛》,2021年第1期。

[107]唐桂娟:《美国应急管理全社区模式的实施及对中国的启示》,《中国行政管理》,2017年第6期。

[108]唐晓琦:《从技术治理到生活治理:中国城市社区治理的范式转向与经验嬗变——基于S市漕街的实证研究》,《城市发展研究》,2022年第2期。

[109]陶东杰、王军鹏、赵奎:《中国农村宗族网络对新农保参与的影响——基于CFPS的实证研究》,《湖南农业大学学报》,2019年第6期。

[110]陶建群、陈阳波、肖鹏等:《株洲:多元共治深化"厕所革命"》,《人民论坛》,2020年第4期。

[111]田凯、黄金:《国外治理理论研究:进程与争鸣》,《政治学研究》,2015年第6期。

[112]汪劲柏、常海兴:《全龄友好社区的"场景化"设计策略研究——以中部某市老旧小区连片改造设计为例》,《上海城市规划》,2021年第1期。

[113]汪阔林:《"五社联动"中的共建共治密码》,《中国社会工作》,2021年第10期。

[114]汪三贵、张梓煜:《协同赋能:农村失能老人养老服务供给研究》,《湖南农业大学学报》,2022年第1期。

[115]汪向阳、胡春阳:《治理:当代公共管理理论的新热点》,《复旦学报》(社会科学版),2000年第4期。

[116]汪玉凯:《城市数字化转型与国际大都市治理》,《人民论坛·学术前沿》,2021年第Z1期。

[117]王东杰、谢川豫、王旭东:《韧性治理:城市社区应急管理新向度》,《江淮论坛》,2020年第6期。

[118]王东勤:《统一战线参与基层社会治理的实践与启示》,《河北省社会主义学院学报》,2020年第1期。

[119]王法硕、王如一:《中国地方政府如何执行模糊性政策?——基于A市"厕所革命"政策执行过程的个案研究》,《公共管理学报》,2021年第4期。

[120]王芳、李宁:《赋权·认同·合作:农村生态环境参与式治理实现策略——基于计划行为理论的研究》,《广西社会科学》,2021年第2期。

[121]王欢明:《"一网通办"撬动城市治理现代化——评〈"一网通办":新时代的城市治理创新〉》,《中国行政管理》,2021年第7期。

[122]王辉、唐树山、胡颖等:《天津市农村厕所革命管护问题探究》,《农业资源与环境学报》,2023年第5期。

[123]王惠娜、马晓鹏:《政府注意力分配与政策执行波动——B制革区企业整合重组政策的案例分析》,《公共管理与政策评论》,2022年第3期。

[124]王进文、刘琪:《迈向老年群体本位的农村互助养老:何以可能与如何可为》,《理论月刊》,2021年第7期。

[125]王礼鹏:《超大城市有效治理的探索与案例》,《国家治理》,2017年第35期。

[126]王洛忠、陈宇、都梦蝶:《中央政府对信息化的注意力研究——基于1997—2019年国务院〈政府工作报告〉内容分析》,《理论探讨》,2019年第5期。

[127]王少泉:《数字时代治理理论:背景、内容与简评》,《国外社会科学》,2019年第2期。

[128]王诗宗:《治理理论与公共行政学范式进步》,《中国社会科学》,2010年第4期。

[129]王士瑞、张晓楠、孙德功:《"四高"标准创建老年友好社区》,《人口与健康》,2021年第11期。

[130]王亚华、毛恩慧:《城市基层治理创新的制度分析与理论启示——以北京市"接诉即办"为例》,《电子政务》,2021年第11期。

[131]王阳、石玉敏:《分散式污水处理技术研究进展》,《环境工程技术学报》,2015年第2期。

[132]王印红、李萌竹:《地方政府生态环境治理注意力研究——基于30个省市政府工作报告(2006—2015)文本分析》,《中国人口·资源与环境》,2017年第2期。

[133]王莹:《社会资本理论视角下应急管理多元参与面临的困境及其化解》,《党政干部学刊》,2020年第1期。

[134]王永生、刘彦随、龙花楼:《我国农村厕所改造的区域特征及路径探析》,《农业资源与环境学报》,2019年第5期。

[135]王玉:《我国社区应急管理体系优化问题研究——以A市B区为

例》,《中共福建省委党校(福建行政学院)学报》,2021年第3期。

[136]王玥、毛佳欣:《"时间银行"互助养老模式实现路径——以"五社联动"社区创新治理为背景》,《北京航空航天大学学报》(社会科学版),2022年第2期。

[137]王长征、彭小兵、彭洋:《地方政府大数据治理政策的注意力变迁——基于政策文本的扎根理论与社会网络分析》,《情报杂志》,2020年第12期。

[138]王志刚:《多中心治理理论的起源、发展与演变》,《东南大学学报》(哲学社会科学版),2009年第S2期。

[139]韦彬:《电子政务碎片化与整体性治理研究》,《理论月刊》,2013年第5期。

[140]翁士洪:《数字时代治理理论——西方政府治理的新回应及其启示》,《经济社会体制比较》,2019年第4期。

[141]吴标兵、林承亮:《智慧城市的开放式治理创新模式:欧盟和韩国的实践及启示》,《中国软科学》,2016年第5期。

[142]吴建南、郑长旭:《中国城市治理研究的过去、现在与未来——基于学术论文的计量分析》,《中国行政管理》,2017年第7期。

[143]吴结兵、林坤洋:《行动视角下的社区应急管理策略与韧性机制建设:以杭州市杨柳郡社区为例》,《浙江工商大学学报》,2022年第6期。

[144]吴晓林、郝丽娜:《"社区复兴运动"以来国外社区治理研究的理论考察》,《政治学研究》,2015年第1期。

[145]吴晓林、侯雨佳:《城市治理理论的"双重流变"与融合趋向》,《天津社会科学》,2017年第1期。

[146]谢岳、葛阳:《城市化、基础权力与政治稳定》,《政治学研究》,2017年第3期。

[147]吴晓林、左翔羽:《大数据驱动的特大城市风险治理有效吗?》,《行政论坛》,2022年第4期。

[148]吴晓林:《党如何链接社会:城市社区党建的主体补位与社会建构》,《学术月刊》,2020年第5期。

[149]吴晓林:《数字时代的流量城市:新城市形态的崛起与治理》,《江苏社会科学》,2022年第4期。

[150]肖燕、曹李耘、王彦蓉、李豫鄂、谌迪:《共建共享理念下肿瘤医院"五社联动"模式探索》,《中国肿瘤》,2023年第1期。

[151]徐柳怡、汪涛、胡玉桃:《后疫情时代韧性社区应急管理的思路与对策——基于武汉市社区应急管理的实践探索》,《领导科学》,2021年第16期。

[152]徐梦周、朱永竹、杨大鹏:《数字经济发展的空间关联与协同治理:以长三角城市群为例》,《治理研究》,2022年第5期。

[153]徐永祥、曹国慧:《"三社联动"的历史实践与概念辨析》,《云南师范大学学报》(哲学社会科学版),2016年第2期。

[154]徐中振、徐珂:《走向社区治理》,《上海行政学院学报》,2004年第1期。

[155]许斌:《农村地区互助养老模式的应用研究——以江苏苏州为例》,《商业经济研究》,2016年第4期。

[156]许建业:《公共文化服务体系建构中的图书馆发展路向——兼论新公共服务理论对图书馆事业革的启示》,《国家图书馆学刊》,2006年第3期。

[157]许竹青、骆艾荣:《数字城市的理念演化、主要类别及未来趋势研究》,《中国科技论坛》,2021年第8期。

[158]薛澜、沈华:《五大转变:新时期应急管理体系建设的理念更新》,

《行政管理改革》，2021年第7期。

[159]薛泽林、宋雪：《超大城市应急管理中的社区参与》，《上海文化》，2022年第8期。

[160]薛泽林、吴晨：《城市治理数字化转型的美国实践与启示》，《电子政务》，2022年第4期。

[161]闫薇、张燕：《"五社联动"增强社区治理力量》，《中国社会工作》，2021年第3期。

[162]闫学芬、韩建民：《服务型政府视域下优化"三社联动"机制问题探讨》，《理论导刊》，2016年第12期。

[163]闫臻：《共生型社区治理的制度框架与模式建构——以天津KC社区三社联动为例》，《中国行政管理》，2019年第7期。

[164]严丹：《以五大发展理念为指针健全民族地区农村养老公共服务体系》，《理论与改革》，2016年第6期。

[165]颜德如、张玉强：《新时代社区应急管理变革：逻辑、困境与模式选择》，《哈尔滨工业大学学报》（社会科学版），2021年第6期。

[166]颜克高、唐婷：《名实分离：城市社区"三社联动"的执行偏差——基于10个典型社区的多案例分析》，《湖南大学学报》（社会科学版），2021年第2期。

[167]颜烨：《社区应急的制度——结构因素与韧性能力建设》，《党政研究》，2022年第2期。

[168]晏晓娟：《数字驱动还是技术掣肘：数字城市治理的反思与实践》，《江西社会科学》，2022年第10期。

[169]杨丽新：《嵌入、制衡与借势：转型期农村家庭养老秩序再生产机制》，《人口与社会》，2023年第2期。

[170]杨政怡：《替代或互补：群体分异视角下新农保与农村家庭养老的

互动机制——来自全国五省的农村调查数据》,《公共管理学报》,2016年第1期。

[171]姚虹、向运华:《健康状况、空巢原因与社区居家养老服务需求——以恩施市农村空巢老人为例》,《社会保障研究》,2018年第1期。

[172]叶南客、陈金城:《我国"三社联动"的模式选择与策略研究》,《南京社会科学》,2010年第12期。

[173]尹丽英、张超:《中国智慧城市理论研究综述与实践进展》,《电子政务》,2019年第1期。

[174]于晴、张毅:《应急管理应将防控力量下沉社区》,《人民论坛》,2020年第15期。

[175]于书伟:《农村养老服务供给侧结构性改革的困境及对策研究》,《求实》,2018年第4期。

[176]余敏江:《"超前治理":城市管理的范式革命——评〈"花园城市"的"管"与"治"——新加坡城市管理的理念与实践〉》,《理论与改革》,2017年第4期。

[177]郁建兴、樊靓:《数字技术赋能社会治理及其限度——以杭州城市大脑为分析对象》,《经济社会体制比较》,2022年第1期。

[178]郁建兴、王诗宗:《治理理论的中国适用性》,《哲学研究》,2010年第11期。

[179]袁志刚、陈功、高和荣等:《时间银行:新型互助养老何以可能与何以可为》,《探索与争鸣》,2019年第8期。

[180]张斐男:《技术治理与意义重建:社会学视角下的"厕所革命"》,《福建论坛》(人文社会科学版),2022年第12期。

[181]张健、陈轶喆、吴曼曼:《合肥探索基层社会治理创新的"五社联动"模式》,《中国社会组织》,2017年第7期。

[182]张立荣、何水:《公共危机协同治理:理论分析与中国关怀——社会资本理论的视角》,《理论与改革》,2008年第2期。

[183]张龙辉、赵泽泉:《技术治理范式下城市风险治理的变革、隐忧及效能提升路径》,《求实》,2022年第3期。

[184]张平、雷洁琼:《社区服务、社区建设、社区管理、社区治理的概念辨析》,《淮北职业技术学院学报》,2017年第1期。

[185]张平、隋永强:《一核多元:元治理视域下的中国城市社区治理主体结构》,《江苏行政学院学报》,2015年第5期。

[186]张世青、王文娟、陈岱云:《农村养老服务供给中的政府责任再探——以山东省为例》,《山东社会科学》,2015年第3期。

[187]张蔚文、金晗、冷嘉欣:《智慧城市建设如何助力社会治理现代化？——新冠疫情考验下的杭州"城市大脑"》,《浙江大学学报》(人文社会科学版),2020年第4期。

[188]张翔:《城市基层治理对行政协商机制的"排斥效应"》,《公共管理学报》,2017年第1期。

[189]张艳霞、刘远冬、吴佳宝、王佳媛:《中国农村养老保障资金供给现状及多元化探析》,《中国农业大学学报》(社会科学版),2021年第4期。

[190]张晔、程令国、刘志彪:《"新农保"对农村居民养老质量的影响研究》,《经济学》,2016年第1期。

[191]张悦玲、解聪:《国外农村养老模式有何特色》,《人民论坛》,2017年第1期。

[192]张志元、郑吉友:《我国农村失能老人居家养老服务多元供给思考》,《河北经贸大学学报》,2018年第5期。

[193]赵光勇:《参与式治理的实践、影响变量与应用限度》,《甘肃行政学院学报》,2015年第2期。

［194］赵静、薛澜、吴冠生:《敏捷思维引领城市治理转型对多城市治理实践的分析》,《中国行政管理》,2021年第8期。

［195］郑会滨、周丽娟:《后疫情时代社区重建的"三社联动"机制研究》,《江汉论坛》,2021年第8期。

［196］郑磊、张宏、王翔:《城市数字治理的期望与担忧》,《治理研究》,2022年第6期。

［197］郑巧、肖文涛:《协同治理:服务型政府的治道逻辑》,《中国行政管理》,2008年第7期。

［198］周黎安:《中国地方官员的晋升锦标赛模式研究》,《经济研究》,2007年第7期。

［199］周飞舟:《锦标赛体制》,《社会学研究》,2009年第3期。

［200］周林兴、林凯:《城市数字化转型视域下公共数据资源开放共享机制研究》,《现代情报》,2022年第9期。

［201］周文彰:《数字政府和国家治理现代化》,《行政管理改革》,2020年第2期。

后 记

本书得到重庆城市管理职业学院2023年校级高等教育教学改革研究项目《讲好新时代城市治理成就——高职城市管理类课程思政教学创新与实践》(项目编号2023jgkt012)的支持。谨致谢忱。

全书共20.4万字(正文19.4万字、参考文献1万字),由重庆城市管理职业学院副教授崔慧姝博士和其他作者共同完成。崔慧姝承担12万字,其他作者共承担8.4万字,具体分工如下:

引论共0.2万字,崔慧姝承担0.2万字;

第一章共5.4万字,崔慧姝承担3万字、庞小彤承担2.4万字。

第二章共3.3万字,崔慧姝承担2万字、王爽承担1.3万字。

第三章共4.2万字,崔慧姝承担2万字、朱辉承担2.2万字。

第四章共4.3万字,崔慧姝承担2.3万字、张蔚承担2万字。

第五章共2万字,崔慧姝承担2万字。

参考文献共1万字,崔慧姝承担0.5万字、周望承担0.5万字。

天津人民出版社的郑玥副总编、佐拉编辑,其耐心且细致的工作,让人敬佩,更使拙作增色不少。为了本书的出版,两位老师付出了辛勤的汗水和智慧。我向她们和出版社各个工作环节上的各位朋友致以诚挚的谢意！

在研究和写作过程中，我引用了一些前辈、同行的研究成果和相关新闻报道中的资料和数据，并尽量一一注明了出处，倘若挂一漏万，请予指正。同时，祈望学界前辈、同行，特别是实务部门的朋友们不吝赐教。真诚欢迎所有的批评、交流和建议！

崔慧姝

2025 年春